經營顧問叢書 ③

U0034854

財務主管工作手冊

李健利　編著

憲業企管顧問有限公司　　發行

《財務主管工作手冊》

序　言

　　企業經營管理是一個複雜的過程，有許多瑣細的環節，牽一髮而動全身的就是財務管理。財務管理貫穿於企業經營的各個環節，它對企業的重要性是不言而喻的。

　　企業負責人、財務主管若不擅長財務管理，就長遠而言，必然會遭逢失敗的厄運。

　　良好的財務運作，能夠加快企業的運轉，不當的財務運作，就會引發企業危機，使企業的運營舉步維艱。一家成功的企業，必有良好的財務運作；一家失敗的企業，其財務運作肯定會存在很大的問題。

　　財務主管是現代企業中最重要的部門主管之一，他在企業決策層中佔有重要的地位。在現代企業中，由於企業追求利潤的需要，和資本市場的日益發達，財務主管的地位已逐漸超越其他部門主管，成為僅次於總經理的部門主管，手握大權。

　　身為財務管理者，是財務運作中的核心人物，按照企業的發展

要求，合理財務運作、調度企業資金，有效地利用財務槓桿，使企業利益最大化，風險最小化，為企業發展奠定堅實的基礎。

　　本書是針對「財務主管、企業經營者、部門主管」對象而撰寫，專門講解「如何操作管理各項財務工作」，結合案例，介紹確實有效的財務管理策略和具體方法。書內講述的都是財務管理經常遇到的問題，例如建立健全的財務管理機制，如何有效的籌資，如何控制公司財務、如何靈活運用資金、如何防範監督、減少財務漏洞，如何成功地融資，如何才能掌控企業的財務，如何規避風險呢？如何降低成本，本書向您提供最有效的手段和方法，能夠幫助您有效控制企業的財務，加速企業的發展。

　　主管在日理萬機之餘，抽出時間來閱讀本書，熟悉這些財務技巧，將為您在企業經營與財務操作帶來莫大的好處。

2016 年 12 月

《財務主管工作手冊》

目　錄

第一章　財務主管職責 / 8

第二章　如何建立財務制度 / 28

第六章　企業必備的預算管理 ／ 128

第七章　企業資金的需求量分析 ／ 145

第八章　確保經營安全的財務分析 ／ 168

第 一 章

財務主管職責

1 財務主管做什麼

　　高明的戰略戰術講究「知己知彼，百戰不殆」。因此，一定要先瞭解財務主管日常從事那些工作。有了充分的瞭解，才不會打沒有準備的仗，自然也就把握更多的勝券。

　　財務主管的工作流程，如圖 1-1 所示。

1. 財務設計

　　財務設計是財務管理的前期準備工作，其目的在於奠定財務管理基礎，以確保財務目標的順利實現。企業財務設計主要包括財務組織結構設計、財務制度設計和財務部門崗位設計三大方面。財務主管應熟練掌握並運用這三大方面的設計知識，以保證自身的職業技能能夠有效協助高層完成財務設計工作。

圖 1-1　財務主管工作流程

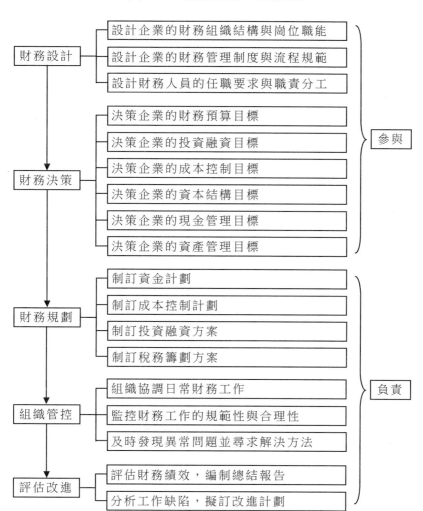

財務設計
- 設計企業的財務組織結構與崗位職能
- 設計企業的財務管理制度與流程規範
- 設計財務人員的任職要求與職責分工

財務決策
- 決策企業的財務預算目標
- 決策企業的投資融資目標
- 決策企業的成本控制目標
- 決策企業的資本結構目標
- 決策企業的現金管理目標
- 決策企業的資產管理目標

參與

財務規劃
- 制訂資金計劃
- 制訂成本控制計劃
- 制訂投資融資方案
- 制訂稅務籌劃方案

組織管控
- 組織協調日常財務工作
- 監控財務工作的規範性與合理性
- 及時發現異常問題並尋求解決方法

負責

評估改進
- 評估財務績效，編制總結報告
- 分析工作缺陷，擬訂改進計劃

(1)財務組織結構設計

　　財務主管首先應明確財務組織結構的基本形態，而後依據企業財務管理的工作特點和實際狀況，對基本形態進行修正，在兼顧組織功

能、運作效率等多項因素的基礎上,確保設計的財務組織結構能夠保證企業財務系統的正常高效運作。

此外,財務主管參與企業財務組織結構設計還應遵循三項原則。

①專業化原則。財務組織結構應依據財務工作的專業特性,在滿足財務工作能夠順利開展的基礎上,從不同角度提高績效。

②經濟性原則。財務組織結構應避免臃腫,在保持作業順暢和工作正常的基礎上,追求經濟簡縮,以有效減少成本和提高效率。

③穩定性原則。財務組織結構應具有一定的穩定性,能夠有效適應環境的變化和內部的調整,避免出現頻繁改動的情況。

(2)財務制度設計

財務制度設計是對企業的籌資、投資、成本管理等財務工作的規範標準進行整體規劃的過程。財務制度設計涉及面廣、技術性強,財務主管在參與該項工作時,應努力提高自身的財務制度設計能力,並遵循設計要求,以保證財務制度的科學有效。

(3)財務部門崗位設計

財務部門崗位設計不僅直接關係到企業財務系統的運轉,還影響到財務人員的配置問題,在財務設計中同樣重要。財務主管在參與財務部門崗位設計工作,應當遵循最低數量、整分合、能級三項原則。

2.財務預測

財務預測是根據實力資料和現實數據,對企業未來一定時期的財務狀況進行預測,從而為經營決策提供重要依據。為保證預測結果的準確性與可靠性,財務主管應具備合格的財務預測能力。

3.財務分析

財務分析是依據財務信息數據,運用系統方法評估企業的財務現狀與發展趨勢,為企業經營決策提供依據。財務主管作為財務分析的

負責人，應切實掌握兩項基本內容，努力提高自身的財務分析能力，以保障分析結果的科學性和有效性。

(1)財務分析的主要內容

財務分析的主要內容可概括為三個方面。

①償債能力分析。分析企業的資金結構對於償還長期債務和短期債務的能力。

②營運能力分析。分析企業資產的分佈結構和週轉狀況。

③盈利能力分析。分析企業的獲利能力，預測企業的盈利前景。

綜合各項分析結果，就可以評估企業的總體財務狀況及其發展趨勢，揭示企業財務活動的優勢和薄弱環節，明確財務改進的重點和方向。

(2)財務分析的基本方法

財務分析的基本方法主要包括趨勢分析法、比率分析法和因素分析法三種，具體說明如下。

①趨勢分析法是將不同時期的財務數據作比較分析，確定其中關鍵指標變動的方向和幅度，以評估企業財務狀撫的變化趨勢。

②比率分析法是透過計算主要的財務比率來評估企業的財務狀況，如資產負債率、流動比率、存貨週轉率、資產報酬率等。

③因素分析法是透過確定影響分析對象的關鍵因素，假設其他因素不發生變化，逐個評估單一因素變化時對分析對象的影響。

4.財務控制

財務控制是為了保證企業財務活動能夠按照預定的財務目標正常進行，所開展的一系列控制活動。財務主管應具備良好的財務控制能力，以保證有效的控制力度。企業財務控制的主要內容，如表 1-1 所示。

表 1-1 財務控制主要內容說明表

控制維度	內容說明
籌資控制	1. 控制籌資方案設計的合理性 2. 控制籌資活動實施過程，確保籌資活動滿足數量、期限等要求
投資控制	1. 透過篩選投資機會，控制投資方向的合理性 2. 控制投資方案可行性的研究工作，確保研究分析結果的科學性與客觀性 3. 控制投資實施過程，及時發現並解決投資項目進展過程中的異常問題
財務收支控制	1. 控制財務收支計劃的編制，確保編制過程的規範性與編制結果的合理性 2. 控制財務收支的業務處理過程，確保從業務發生到帳務處理都能規範正確
現金流量控制	1. 控制現金預算的編制工作，確保預算編制結果的科學性 2. 控制現金流量表的編制工作，確保現金流量信息的真實、準確和完整
實物資產控制	1. 控制實物資產的增減與使用，及時、完整地登記台帳，以保證資產的安全性 2. 控制實物資產的保存與維護，有效避免資產的非正常損壞
成本控制	1. 控制費用定額制定的合理性，以確保成本目標的合理性 2. 控制成本計劃的編制過程，確保成本計劃與成本目標相一致 3. 控制成本的實際發生，確保各成本項目嚴格遵照成本計劃的指標要求
風險控制	1. 控制風險的識別與評估過程，確保風險識別的全面性與風險評估的科學性 2. 控制風險的應對過程，確保應對措施的有效性與落實性，並及時處理其他異常問題

5.財務決策

財務決策是對財務信息進行分析思考,從而選擇和決定財務方案與財務政策的過程。決策是管理的重要職能,直接影響到後續事物的發展方向。財務主管必須提高自身的決策能力,以有效保證財務決策的合理性。

企業財務決策的主要內容如下。

⑴企業籌資的財務決策。透過分析企業的籌資需求與財務現狀,確定籌資數量,籌資方式、籌資管道及最佳資本結構等。

⑵企業投資的財務決策。透過分析投資可行性、預期效益、潛在風險等因素,決定是否參與投資及投資的具體方向和額度等。

⑶企業經營的財務決策。企業經營的財務決策主要是根據企業採購、銷售等經營需要,而對相關的現金收支業務進行的決策。

⑷企業分配的財務決策。企業利潤分配應按規定程序進行,利潤分配的財務決策主要是關於企業分配政策的決策。

6.財務管理

財務主管負責企業的日常財務管理工作,必須具備合格的財務管理能力,才能保證財務系統的正常運行。企業日常的財務管理工作主要包括三大方面。

(1)現金管理

現金流動是企業日常財務活動的核心內容,日常財務的現金管理主要包括現金流入管理、現金流出管理兩大方面。

現金流入管理。主要包括現金流入業務的核算與帳務處理,以及應收票據,應收帳款等重要項目的管理。

現金流出管理。應審核確認現金流出業務(尤其是大額流出項目)的合理性,以及核算與帳務處理的規範性。

(2)贏利管理

贏利管理主要包括收入管理和成本管理兩大方面。贏利管理的主要內容是在維護企業穩定贏利的基礎上，追求贏利的擴大。財務主管在贏利管理中的工作內容如下。

①收入管理。

透過分析企業收入的核算信息，判斷收入的穩定性，查找異常波動及其原因。

與行銷部門一起參與商品價格的制定，依據財務信息提出增加收入的合理建議。

②成本管理。

分析企業各項成本的核算信息，查找異常的成本支出並明確原因。

加強成本控制與預算的執行力度，有效節約成本，縮減不必要的支出。

2 財務主管的特質

1. 數字敏感

儘管隨著時代的進步，財務主管的主要工作內容已經不再僅僅是傳統的財會管理工作，有很多的數據處理工作也完全可以交給電腦來做。但是量化數據已經佔據了工作的很大空間。無論是在指導或者親自從事財務工作的過程當中，還是在審計財務工作的過程中，對於數

據的一種敏感，都是必要的。當經驗積累到一定程度，你就會發現，有一些數據上的錯誤，你不一定要依靠工具才能發現，而是只需要眼到，就會發現紕漏。這種數字敏感，在一定時間以後，也許會變成一種與他人不同的習慣，它對你的生活並不會產生什麼不好的影響，但是對於你的工作卻有很大的幫助。試想一下，當所有的人還在從頭考慮有沒有問題的時候，你的這種「數字敏感」的職業病已經向你指明了懷疑的地方，這種依靠經驗而獲得高效率工作是不容忽視的。

2.計劃性

財務主管要有計劃地開源節流，由於財務報告或者財務計劃，等等，往往需要在一定的週期內提供給管理層，因此，財務主管的工作性是很強的，這樣一來，相對來說彈性就比較小了。所以，你在生活中也要注意到，儘量培養自己在計劃的時間完成計劃必須完成的事情，不要隨便修改計劃，因為你的工作是不允許隨便更改計劃的。

3.守口如瓶

守口如瓶的職業病，是因為你掌握著公司的資本運作情況和財務情況，也就是說你比任何人都瞭解公司目前的狀況。可是有些公司為了有好的發展，可能會在一定程度上，也就是法律範圍內，對公司的財務情況進行有選擇的部份公開。即便不是為了自身的發展，僅從保護自己的商業機密來說，公司的財務情況也是不能全部公開的。因此，作為財務主管，隨時都要注意守口如瓶，不該說的不說，不該多說的不多說。在自己的生活中，也要注意養成這樣的習慣，寧可沉默寡言，也不要誇誇其談，將那些不該說的話都說出去。從事這樣的工作，通常來講需要性格穩重一些的人，因為這樣的人至少看起來比較容易值得信賴。

3 財務主管的工作習慣

　　也許你以前從未從事過財務工作,也許從前你從未規劃過自己的收入,但是現在,這一切都必須馬上改變。不要再讓你的另一半來為你當家,嘗試著自己當家,看看柴米油鹽醬醋茶怎麼安排,算算這個月你們的收入有多少盈餘。開始逐步培養自己的理財習慣吧。

　　當好一名財務主管,在進入這個行業之前,最好養成如下的一些生活和工作習慣:

1. 善於節流,更善於開源

　　財務主管的傳統職責主要集中在節流方面。為公司管好錢,不要讓公司的錢財無端浪費,更不要使公司的錢財莫名流失。但是在現在金融市場日漸發達的宏觀經濟環境下,財務主管的職責權限已經在很大程度上超越了這個範疇。

　　日本三菱株式會社在臺灣有一家水產公司,每天上午,極其高效專業的財務人員早早的就完成了自己手裏的常規財會工作,而下午的時間,整個財務部都在進行一件事情:資本運作。每年這家水產公司的營業外收入也是非常驚人。實際上,在這個資本市場越來越被重視的時代,財務主管在很多時候也是公司的資本運作者,是公司的投資專家。為了培養自己開源節流的意識,你在入門之初,最好爭取一些機會,無論是用公司的小錢,還是用自己的積蓄,都嘗試著進行一次開源節流,使自己迅速建立這個意識。要知道,光是節約是不能發家致富的,但是只顧開源,毫

不顧及節流，就會成為花光資金的「月光族」。

2.行事嚴謹

因為財務主管從事的工作，大多數時候需要和數字打交道，所以需要你對數字比較敏感，而更重要的是，即便是在平時的工作中，你也要養成嚴謹的習慣。行事嚴謹，是財務主管必要的素質和職業操守。在你的職業生涯中，如果從一開始就沒有這個意識和習慣，那麼極容易犯下一些無法彌補的錯誤。

3.心態平和

財務主管的工作，需要和數字產生很大的關聯，而另一方面，你的一部份工作又很細緻繁瑣。因此，一個性格浮躁的人是不適合當財務主管的。因為，在擔當扮演審計者角色的時候，性格浮躁，不能長時間靜下心來的人，是很難取得在財務會計和財務管理工作方面的成就的。

財務主管的性格最好是在總體上有上進心，而在平時為人處事方面，要沉著穩重。受過良好教育並且有一種穩定愉快的生活狀態的人，通常比較容易有這樣的習慣。因此，在此建議你組建一個美滿的家庭，或者保持愉快的單身狀態。總而言之，在一種好的生活狀態下，容易使你有更大的熱情、更多的精力和更合適的心態來開拓你的職業發展之路。

4.消費有計劃性

自己在進行個人消費的時候，需要有一定的計劃性。有俗語說，吃不窮，穿不窮，不會計劃一輩子都窮。作為一個剛剛入門的人，你在個人消費的時候就要注意培養自己的職業素質。以後，真正開始掌管公司的資金的時候，才能有一定的計劃性。否則沒有任何一個公司的董事會或者企業主能夠放心地把公司的財務大權交給你。

5.主動學習的習慣

知識經濟的到來，讓職場人士都開始認識到學習和再學習，尤其是持續學習的重要性。相信你在翻開這本書的時候，就已經進入了學習的狀態。但是要提醒的是，在開始之初，就要有學習和堅持學習的狀態。且不說長江後浪推前浪，後起之秀對你的威脅，單就財務管理的發展來說，你也需要不斷地學習。財務管理在最近的幾十年發生了很大的變化，無論是職責範疇上還是工作的內容上，都今非昔比。也許，你從事這個工作就是因為自己以前有一定的財會基礎知識，但實際上，也許你學習過的一些知識，已經不再適合這個時代的財務管理。時代在發展，管理的方式模式也在變化，要以發展的眼光看問題，要清楚地認識到知識發展的速度日新月異，並將這種認識轉換成為促進前進的動力。

4 財務主管的新觀念

進入 21 世紀，社會經濟發展速度越來越快，這種日新月異的變化決定了一名財務主管必須善於抓住機遇，必須及時進行知識更新，樹立一系列與不斷變化的財務管理環境相適應的財務管理新觀念。新世紀財務管理新觀念主要包括：

1.經濟效益觀念

市場競爭本質上是一種損益經濟，企業作為一個自主經營、自負盈虧、自我發展、自我約束的經濟實體，不斷提高經濟效益是其基本

特徵之一。所以財務主管在工作過程中必須牢固地確立經濟效益觀念。在籌資、投資以及資金的運營上都要講究「投入產出比」，在日常的理財管理工作中，盡可能降低成本、提高資金利用率，「開源」與「節流」同時並舉，以更好地實現企業財務管理目標。

2.時間價值觀念

資金的時間價值，簡單地講，便是今天的 1 元錢不等於明天的 1 元錢，時間價值觀念是企業財務主管必須樹立的觀念。

資金是有時間價值的，一定量的資金在不同的時點其價值量是不同的，而二者之間的差額便是時間價值。財務主管必須重視資金時間價值的存在，許多看似有利可圖的項目在考慮到資金的時間價值後，可能就變成一筆賠本買賣了，這種生意可千萬別做。

3.風險價值觀念

市場經濟中充滿了各種各樣的風險，現代企業在組織財務活動的過程中，由於各種不確定性因素以及一些突發性因素的影響，企業的實際財務收益往往與預期財務收益發生較大差異從而使企業有蒙受經濟損失的可能。如何防範這些可能發生的風險是財務主管必須明確的。財務主管在進行財務決策時，應盡可能回避風險以減少損失，增加收益，但要注意風險與報酬是相伴而生的，低風險往往對應的是低回報，取得高報酬要冒更大的風險。如何在風險與報酬之間進行選擇，是財務主管面臨的一大挑戰。

4.競爭觀念

「物競天擇，適者生存」，競爭為現代企業財務管理帶來了活力，創造了機會，但也形成種種威脅。優勝劣汰的原則使每一位財務主管必須樹立強烈的競爭意識。新世紀市場經濟必將進一步發展，市場供求關係的變化，價格的波動，時時會給企業帶來衝擊。財務主管應當

對這種衝擊做好充分的應對準備，強化財務管理在資金的籌集、投放、運營及收益分配中的決策作用。並在競爭中不斷增強消化衝擊的應變能力，使企業自身的競爭實力一步一步提高，在激烈的市場競爭中站穩腳跟並力求脫穎而出。

5.財務公關觀念

財務主管及其下屬人員不要只關門算帳。對外，應加強與財政、稅務、銀行及上級業務主管部門的聯繫，以便得到他們的指導和支持；對內，應協調財務部門與生產部門、營銷部門、公關部門、人力資源管理部門的關係，以便得到他們的理解和配合。由於財會部門處於經費分配的位置，往往與經費使用部門的看法不一致，從而引起矛盾，這時可換一種思維方法，設身處地為其他部門考慮，必要時，請有關領導做溝通協調工作。

6.良好的個人形象的觀念

財務主管的個人威信來源於自己扎實的業務水準和對重要事項能果斷和公正地處理。在為人方面要寬容和慎言，在處事方面要果斷和明智。由於工作分工不同，有的會計崗位需要多接待來客，有的崗位則需要集中精力理財，對此，財務主管要心中有數，不可強求所有會計人員工作風格一致。

在工作安排上，不可優柔寡斷，要有自己明確的工作原則，並且要堅持正確的工作原則，佈置下屬的工作，說一不二，言出必行，樹立良好的工作形象。

5 財務主管的素質與能力

　　財務主管作為現代企業最為重要的部門主管之一，在企業決策層中佔有重要的地位。可以說，企業的任何決策都與財務主管有關，財務主管能否發揮決策參謀的作用，受到企業所處客觀環境的制約，但從根本上講，還是取決於財務主管本人自身的素質與能力。企業的財務管理工作既是一項科學又是一門藝術，要想勝任這一重要的工作，成為一名優秀的財務主管必須具備較高的素質與能力。

1. 財務主管應具備的素質

　　一名優秀的財務主管應具備的素質主要包括道德素質、知識素質以及身體素質等幾個方面。

(1)道德素質

　　財務主管是現代企業核心部門的負責人，由於其所處位置的重要性，其道德素質對企業的發展至關重要。財務主管的道德素質主要有以下幾個方面：

　　①誠信第一，操守為重。一個優秀的財務主管應當具有良好的工作作風，不論做人還是做事都實事求是、光明磊落，在財務管理工作中遵紀守法、廉潔奉公，嚴格按規章制度辦事，堅持原則，對企業負責。

　　②敬愛工作。一名優秀的財務主管應當熱愛本職工作，把工作視為一種實現自我價值的需要。在工作中，勤懇踏實，不斷創新，自覺學習相關工作知識與技能，不斷提高自身業務水準。

③同舟共濟，以企業為家。主要表現在：視企業利益高於自身利益，不做任何不利於企業的事情，對企業財會工作中的各種商業機密，財務主管應嚴格保密，自覺維護企業形象，並為企業的發展積極出謀劃策。

(2)知識素質

企業財務管理是一項專業性很強的工作，財務主管作為企業財務部門的負責人，必須掌握一定的專業知識，才能做好企業的理財工作。

財務主管必須具備微觀與宏觀經濟學知識。這些知識給財務主管以正確的思維方法，使人能比較好地把握經濟形勢對企業經營的影響。要分析經濟環境、經濟形勢，離不開宏觀經濟學中的貨幣與財政政策知識；而微觀經濟學中邊際成本與邊際效益以及市場運作原理對於正確地進行企業財務決策又至關重要。

財務主管必須熟練掌握會計知識。財務主管進行財務管理活動最重要的資訊來源便是會計帳目，企業的一切活動和營運情況都在會計帳目中有所體現。財務主管在進行各種財務經營決策時，都要用到會計帳目所提供的各種資訊。

一名優秀的財務主管必須掌握相關的專業知識以及有關財務、會計工作的政策法規。像企業財務管理、審計、管理會計、責任會計、稅收會計等專業知識是財務主管開展工作的基礎，對《公司法》、《票據法》、《企業會計準則》、《企業會計制度》等政策法規，也應當熟悉。

財務主管還必須對本企業的生產產品有較深刻的瞭解，產品性質不同，其所需資金運轉情況便不一致。財務主管不應局限在自身所處的部門，其心中應有對整個企業各個方面的全盤認知，這樣才能更好地開展工作。

2.財務主管應具備的能力

一名優秀的企業財務主管，還必須具備一定的管理能力，即：理財能力、組織能力、溝通協調能力、分析判斷能力及用人能力。

(1)理財能力

理財是組織財務活動、處理各種財務關係的一種管理活動。「理」就是處理、管理的意思，「財」就是財務、錢財的意思，理財就是要講究「生財」、「取財」、「用財」之道，提高經濟效益，以謀取最大利潤。

理財之道並非人人都會，精明能幹的人會把企業財道理得有條有序。財務主管作為管家，主管企業的財會工作，負責現金的收支。企業的財務收支、資金調撥全靠他掌握，所以管家好不好對企業影響很大。只有那些能夠適合管家標準的才是理財方面的「專才」和「將才」，他們熟知理財方面的知識，責任心強，講究「聚財」「生財」「用財」之道，能節約該節約的錢，也能賺企業該賺的錢。財務主管作為管家，其具體理財工作包括以下八個方面：

- 組織編制和執行預算、財務收支計劃與信貸計劃。
- 負責籌措資金，開闢財源，有效地使用資金，並將計劃與執行情況報告給董事長、總經理。
- 進行成本費用預測、計劃、控制、核算，分析和監督，督促企業有關部門降低消耗，節約費用，提高經濟效益。
- 建立健全經濟核算制度與財務制度，利用財務會計資料進行經濟活動分析。
- 負責對本企業財務機構的設置和會計人員的配備，為會計專業職務的設置和聘任提出方案，組織會計人員的業務培訓與考核，支持會計人員依法行使職權。

· 督促本企業財會人員嚴守企業財務秘密,建立保密制度。

· 協助董事會及總經理對企業的生產經營、投資等問題做出決策。

· 承辦董事會作為管家,主管理財工作的戰略導向問題,需要具有獨特靈活的思路,在理財經驗和工作中應有深厚的資歷,以便靈活地處理事務。對於財務主管而言,理財能力是其應具備的首要工作能力。

(2)組織及協調能力

財務主管的組織能力是指策劃指揮、安排調度的能力。財務主管應當把下屬組織成為一個有較強凝聚力和戰鬥力的團體,並領導他們完成既定任務,接受企業最高決策層要求完成的工作等。

此外,財務管理工作中各崗位的設置,財務資訊的收集與處理,報表的編制,以及投資、籌資和利潤分配等活動都需精心組織、週密安排。每一個環節都容不得半點差錯,這的確需要財務主管有較強的組織能力。

(3)分析判斷能力

財務主管應具備從各種相關資訊中分析出自己所在的企業所面臨的各種問題及相應解決方案的能力。從外部來看,財務主管應具備對整個國民經濟的發展趨勢以及市場環境變化的分析判斷能力,能根據市場上的財務機會和財務風險,為企業的財務決策提供依據。從內部來講,財務主管應能從企業紛繁複雜的各種財務活動中,發現某些規律,找出存在的問題並提出解決方案。

(4)表達能力

表達能力是財務主管的一項重要能力,也是一項基本功。尤其是財務主管在反駁總經理的決策時,更需要超強的表達能力去遊說董事

會成員，以使董事會支持自己的決策。表達能力包括口頭表達能力和書面文字表達能力兩個方面。口頭表達能力，即說話的能力，表現為一個財務主管對演講、對話、報告、討論、談判等各方面的技巧與藝術的運用。書面文字表達能力，也就是文字水準的能力，對財務主管來講，主要是指對發展規劃、財務報告、總結等的寫作能力。

從口頭表達技巧來看主要包括堅定信心，配合恰當的體態，注意口語修飾，利用懸念手法，根據反應調整內容等。從書面文字表達能力來看大體有以下三個方面：

①計劃。寫計劃時一般分為標題、內容（包括情況分析，目的、任務、措施、步驟以及完成期限等），制訂計劃的日期、時間和單位名稱。

②報告。報告是下級機關向上級彙報工作，反映情況，請求指示和批准的一種公文，報告的結構一般分標題、正文、簽署三個部份。

③總結。總結是企業或個人對前一個時期的工作或學習進行分析和研究，總結經驗和教訓，找出規律性的東西，以指導今後工作。總結一般分為標題、正文、署名和日期三個部份，總結的語言要準確、簡明、嚴謹。

那麼如何提高財務主管的表達能力呢？主要注意以下四點：

· 看書學習，積累知識；
· 在培養思維能力上狠下功夫；
· 多行動，多練表達技巧；
· 要加強文字修養，多寫多練。

(5)參與決策的能力

財務主管作為企業最為重要的部門主管之一，會經常參與到企業的各種決策活動中，當然，財務主管在這其中的主要職責是當好參

謀，為最高決策層的拍板定案提供建議和資金、財務方面的支援。財務主管應當從盡可能降低耗費、用好資金、提高效益的財務管理要求出發，對各種決策方案進行分析、研究和評價，為最高決策層最終作出決策提供依據，當好參謀。

(6)溝通與交流能力

要想做好財務主管僅靠一個人的力量是遠遠不夠的，你必須有效地與別人進行交流與溝通，這樣才能減少彼此之間的分歧，從而獲得別人和其他部門的支持。只有團結協作，才會使企業各部門凝聚在一起，形成一種向心力，從而為企業在市場競爭中贏得整體優勢，自己的工作價值此時方才得以體現。

(7)應變能力

應變能力，是一種根據不斷發展變化的主客觀條件，隨時調整領導行為的一種難能可貴的能力，是複雜的現代領導活動對領導者的素質提出的一條起碼的要求，也是確保領導活動獲得圓滿成功的一個先決條件。

具有應變能力的財務主管，不例行公事，不因循守舊，不墨守成規，能夠從表面的「平靜」中及時發現新情況、新問題，從中探索新路子，總結新經驗，對改革中遇到的新事物、新工作，能夠傾聽各方面的意見，認真分析，勇於開拓，大膽提出新設想、新方案；對已取得的成績，不滿足、不陶醉；能夠在取得成績的時候，不得意忘形，能透過成績找差距、挖隱患，百尺竿頭，更進一步。在實踐過程中，主要有兩種情況：

· 變化尚未偏離領導活動的前進方向的量變階段；
· 變化明顯偏離領導活動的前進方向的質變階段。

對於量變階段的變化，一般無需對原決策方案作根本性的變動，

只需要適當地對方案作某些局部的調整，以適應變化的環境。如財務主管遇到一項工程缺少一部份資金，因為在工程實際需要的資金數額比原計劃預計的要多，就可以臨時增撥一筆款額。對於質變階段的變化，就需要進行謹慎的斟酌，對原先的決策作較大的改動，甚至重來。這就需財務主管有機智的應變能力，以適應外部環境的變化和客觀實際的要求。

⑻使用人才及培養人才的能力

財務主管作為企業的一位部門負責人，要學會有效地培養和使用骨幹，借助於骨幹的力量，使一人的智慧和才能變成眾人的智慧和才能，從而帶動整個財務工作順利開展。同時要注意適當分權，讓下屬分管部份工作，從而使自己從繁瑣的具體事務中脫離出來，凡事不可事必躬親，要集中精力做好全局性的財務管理工作，這是對一個優秀的財務主管的要求。

心得欄

第 二 章

如何建立財務制度

1 企業經營應以財務管理為中心

　　企業管理是一項複雜的系統工程，在企業計劃管理、經營管理、生產管理、品質管制和財務管理等各項專業管理中，財務管理是發揮核心作用的專業管理。企業管理以財務管理為中心，反映了財務和財務管理的本質，是適應和促進市場經濟發展的必要手段。

1. 財務和財務管理的本旨

　　財務是對資金運轉及其體現的貨幣關係進行管理的業務。財務管理本質概念的完整表述是：財務管理是遵循客觀經濟規律，按照政策、法律、法令和財經制度，以提高企業綜合經濟效益為目的，合理組織資金運轉，正確處理財務關係的綜合價值管理工作，它是企業管理的核心組成部份。這個完整的概念，包括以下四個相互關聯的完整涵義：

　　第一，財務管理是企業惟一的綜合價值管理工作。在企業各項專業管理中，只有財務管理是以貨幣為計量單位，透過價值形態管理，達到對實物形態管理的綜合價值管理。而其他專業管理，有的只涉及使用價值，有的只涉及使用價值和價值形態的一部份，惟有財務管理是企業各項管理中綜合性最強的綜合價值管理。

　　第二，財務管理是旨在提高企業綜合經濟效益，以企業綜合經濟效益最大化為目標的專業管理。但經濟效益最大化是以利潤最大化為基礎的，是透過資金的籌集、使用、收回、分配而最終反映到財務成果上來的綜合效益。這一完整價值管理，是歷史賦予財務部門的本質任務，非財務管理莫屬。

　　第三，財務管理的基本任務就是講求生財、聚財、用財之道，合理組織資金運轉，正確處理財務關係。「三財」之中，聚財是條件，用財是根本，生財是目的。為了生財，必須廣聚財，善用財。合理組織資金運用，正確處理財務關係，善於用財，又是完成財務管理基本任務的根本所在。

2.財務管理是企業管理的中心

　　在企業各項專業管理中必須有一個中心，但中心不是自封的，惟一的衡量標準就是看它能否對其他各項專業管理起到牽制和帶動的「龍頭」作用。

　　⑴財務管理可以牽制和帶動其他專業管理，提高企業綜合經濟效益。因為財務管理與經濟效益有著密切的「血緣」關係，故兩者之間有許多內在的必然聯繫。

　　其一，財務管理與經濟效益同屬於價值範疇和價值管理範圍。前者是對價值的管理，後者是對價值管理的方法論和有效性。兩者都是既研究生產關係又研究生產力的，其研究對象與任務被客觀地聯繫在

價值運動的全過程中。

其二，財務管理與經濟效益共同服務於一個根本目的。財務管理的直接目的是提高經濟效益，它與「以最少的勞動佔用和勞動消耗，取得最大勞動成果，以滿足社會日益增長的物質和文化需要」這個根本目的是完全一致的。抓住財務管理就等於抓住了提高經濟效益的「龍頭」。

其三，財務管理與經濟效益同受「時間成本」規律的制約，有著互相依存、互相促進的關係。由於「時間成本」規律的作用，需要正確及時的記錄、計算和反映。人們高度重視經濟效益，就迫切要求加強財務管理，從而促進財務管理水準的提高；人們高度重視財務管理，就迫切要求提高財務管理的地位，從而促進經濟效益的提高。

⑵財務管理可以牽制和帶動其他專業管理發揮各自專業的作用，產生企業管理的整體效應。同其他專業管理相比，財務管理具有以下特點。

一是涉及面廣。財務活動是企業一切管理活動的基礎，涉及企業人、財、物和產、供、銷等方方面面。由於財務管理涉及面廣，有著牽一髮而動全身的作用，所以抓住財務管理，就可以牽制和帶動其他專業管理，發揮企業管理的整體效應。

二是綜合性強。財務管理是以貨幣為計量單位的價值管理。資金運轉的各個階段、各個環節、各個部門以及單位的工作成果與問題，都在最終的財務成果上得到綜合反映。

三是靈敏度高。它主要表現在兩個方面：資金的比例關係與資金的平衡關係。只有各種比例關係都比較合理，企業的資金週轉才能通暢地進行，否則就會失調。只有運用動態資金靜態化的平衡方法，才能及時發現動態資金失衡的方位和原因，透過挖掘潛力，調整不平

衡，達到新的平衡。

四是制約力大。市場經濟說到底就是法制經濟。財務管理作為受法規制約最多的專業管理，必須按照有關的法律和制度處理各種經濟活動，協調各方的經濟關係，評價和控制各類經濟效果，從而形成強大的制約力，規範人們的理財、用財行為，保證市場經濟的健康發展。

(3)財務管理可牽制和帶動其他專業管理，為企業作出科學決策。因為財務決策是企業經營決策的重要依據，對企業經營決策起著舉足輕重的作用。企業的重心在經營，經營管理的重心在決策。財務部門掌握著企業的經濟命脈。在企業經營決策中，財務決策嚴格遵循效益性原則，對企業經營管理起綜合平衡作用，對各種經營方案起評價與選擇作用，對資金籌集和資源分配起指導與協調作用。所以搞好財務決策，就為企業的科學決策提供了重要條件。

(4)財務管理還有一套可以牽制和帶動其他專業管理為實現企業宗旨和財務管理目標的科學方法。企業宗旨和財務管理目標都是為了實現利潤最大化和財富最大化，並以「兩化」為目標，制定了一整套理財方法，包括財務預測方法、財務決策方法、財務計劃方法、財務控制方法和財務分析方法。這些方法是對各專業管理方法的綜合運用，也是對各種管理效益的有效保證，進而促進企業管理水準的全面提高。

綜上所述，財務管理在其他專業管理中起著決定性作用和龍頭管理作用，企業管理必須以財務管理為中心。抓好財務管理，也就抓住了企業管理的根本，企業管理才會產生效益。

2 設立健全的財務組織機構

　　一個現代化的企業必須設立合理、健全的財務管理機構，並配備相應的人員，每個部門和每位員工的責任、權限都應該明確規定。這樣一來，各個職能部門便可以各司其職，既互相聯繫，又互相制約，從而可以大大提高工作效率，並最終有效地實現企業的財務管理目標。建立一套健全合理的組織機構可以使你從那些程序化的、規範化的日常工作中跳出來，更好地去抓住主要問題來開展工作。

　　由於各個企業的性質以及內部管理模式等差別很大，所以各自設立的財務管理機構也不盡相同。目前，企業財務會計機構的常見組織形式主要有以下兩種：

1. 財務與會計併為一體的組織形式

　　在這種形式下，企業的財務管理和會計兩套機構合併在一起，這是目前多數企業採取的形式。一般情況下，企業設一個財會科室，由總會計師或主管經濟的副經理來領導，負責全公司財務和會計兩方面的管理工作。這種形式的基本結構，如下所示：

　　一體化的財務會計組織形式優點在於關係簡明，便於財務業務集中管理，並能提高工作效率。但是，隨著社會主義市場機制的建立，

企業已逐步成為自主經營、自主理財、自負盈虧的經濟實體，企業所面臨的理財環境越來越複雜，財務管理的內容越來越豐富，財務管理對企業的重要性日趨增強，在這種情況下，這種一體化的組織形式有些跟不上目前財務管理的發展形勢。

2.財務與會計設置不同管理機構的組織形式

在這種形式下，企業將財務、會計分開設置管理機構，各司其職。財務和會計部門各有自己的一套組織機構，在這種組織結構中，會計主任主管會計核算的所有工作，如：編制預算、業績評價和業務諮詢，負責內部會計控制、會計核算，辦理納稅，編制會計報表等；而財務主任則統管財務管理的所有工作，如：投資、籌資財務決策等。

這種組織機構在實際運行中，有利於財務、會計各自發揮各自的作用，權責明確，既保證財務工作又保證會計工作，可以適應市場經濟環境下企業管理的要求。

在這種財會管理機構下，企業財務主管的職責是參與企業經營決策，管理資金，組織財務活動，對經濟活動實行財務監督，更好地履行財務管理的職能。

與其職責相適應，財務主管在企業的生產經營活動中要完成以下任務：圍繞處理好各方面財務關係和努力提高經濟效益這個中心，為促進企業生產提供資金，並設法合理、節約使用資金，保證資金使用達到最佳效果；制定本企業的成本和利潤計劃，確定最優利潤指標及其實施方案，督促有關部門執行降低成本和提高生產技術的措施，嚴格執行財經紀律，及時、足額上繳有關稅金；積極利用獎金等經濟手段調動公司員工的生產積極性；參與有關生產、銷售、產品開發以及對外投資等計劃的編制與決策。

3 合理設置財務崗位

　　企業應設置相應的財會部門作為企業的會計機構。企業根據自身規模的大小，可以將財務部與會計部份開設立，也可以合二為一。企業會計機構的主要職責包括組織會計核算、進行會計監督、制定本單位的內部會計制度和會計政策、參與本單位各種計劃的制定和考核、進行會計分析、實施會計控制。

　　崗位責任制是設置和管理會計機構的主要方式。會計人員崗位責任制，就是在企業內部按照會計工作的內容和需要，將會計機構的工作劃分為若干個崗位，配備會計人員，並為每個崗位規定職責和要求的責任制度。

　　就大中型企業而言，會計工作崗位一般可分為：會計機構負責人（通常稱為 CFO）或會計主管、出納、財產物資核算、薪資核算、成本費用核算、財務成果核算、資金核算、往來核算、總帳報表、稽核、檔案管理等。這些崗位可以一人一崗、一人多崗或一崗多人。

　　需要指出的是，為了加強內部控制，必須執行不相容崗位分離制度，例如出納人員不得兼任會計、會計檔案保管和收人、費用、債權債務帳目的登記工作等。

　　企業也可以按業務和會計方法相結合的原則進行分工，設置資金核算組、成本核算組、綜合報表組、審核分析組和計劃決策組等，以發揮會計的職能作用。

　　崗位設置的目的在於，使各崗位目標和責任更加清晰。但同時也

需要加強會計崗位之間的分工協調，以便提高會計工作效率，發揮企業的財務管理職能。

對於小企業而言，為降低企業管理成本，可以簡化財務部門，但至少需要設置以下財務崗位：

1. 出納和倉儲保管

出納主要負責企業的資金的存取等，倉儲保管負責企業產品或商品的入庫、出庫。因此這一崗位的財務人員是不可或缺的。

2. 會計

會計主要負責做帳、記帳和編制報表，以及企業納稅申報等。在企業規模較小時，也可以聘請專業的財務代理公司或代理記帳公司。但企業內部也必須要有嚴格的記錄，否則最後很可能成為一本糊塗帳。

如果條件許可，企業應設置主管會計，以加強財務管理工作。中小企業發展到一定規模後，財務部門的管理工作一定要及時跟上，包括崗位設置與分工可以越來越細，確保財務管理的規範化。

4 健全財務制度

無論是大企業，還是小企業，都需要建立財務制度。

一個良好的企業財務管理體制應對企業資金籌集、資產營運、成本控制、收益分配、重組清算、信息管理、財務監督等方面進行全面的規範，使企業相關財務行為制度化、程序化。

對於小企業而言，必須建立內部稽核制度和內部牽制制度、財務審批權限和簽字制度、成本核算和財務會計的分析制度等，本書介紹的各項資產的管理，如貨幣資金、往來款項、存貨等資產都需要有嚴格的管理制度。在此基礎上，企業可以建立風險防範制度、內部審計與監督制度等，確保企業的資產得到保護、財務管理目標得以實現。

某公司主要從事矩陣產品的生產與銷售。張經理特地聘請了自己的表妹負責現金出納，請高中同學負責倉儲保管。企業報表就請代理記帳公司負責編制並代理納稅申報。三年來大家相安無事。今年張經理的高中同學因家裏有事請辭回鄉，正好張經理的妻子辦理內退，決定親自來企業做現金出納，表妹則做倉儲保管。公司對存貨和貨幣資金進行了全面審查。結果發現，現金日記帳中有將支付物業費、取暖費的收據複印重覆入帳觀象，存貨帳本和實物亦相去甚遠。張經理認為，表妹和同學都不是外人，怎麼也不那麼可靠呢？

任人唯親只能給管理者一種心理安慰，但管理的規範還得靠制度約束。長期沒有約束的管理制度會給舞弊者以機會和誘惑。如果張經理能定期對貨幣資金和存貨進行審查，並將二者崗位進行定期輪換，那這種管理上的漏洞就可以有效避免了。

為了加強會計人員對企業各業務流程的熟悉，提高會計人員的業務素質和技術水準，企業應該要求會計人員在不同的工作崗位上有計劃地進行輪換。崗位輪換也有利於加強會計監督，能夠減少由於長期佔據某一崗位可能發生的舞弊行為和差錯情況。

1. 會計工作交接

會計人員因故離職，必須將本人所經管的會計工作全部移交給接替人員。接替人員應接管移交工作，並繼續辦理移交的未了事項。會

計工作交接一般需經過下列程序：

　　會計人員在進行交接工作之前，應將未完成的會計工作完成，同時應編制移交清冊，列明應移交的會計憑證、會計帳簿、會計報表、印章、現金、有價證券、支票簿、發票、文件、其他會計資料和物品等；移交會計軟體及密碼、會計數據（數據存儲介質）等內容。

　　一般會計工作交接中需要指定監交人員負責監交。通常會計人員交接，由會計主管監交；單位主管交接，由單位領導人監交，必要時可由上級主管部門派人會同監交。在會計監交人員的監視下，移交人員應按移交清冊逐項向接交人員移交。具體包括：

　　①現金、有價證券要根據會計帳簿有關記錄進行點交，與會計帳簿記錄不一致的，移交人員必須限期查清。

　　②會計憑證、會計帳簿、會計報表和其他會計資料必須完整無缺，如有短缺，必須查清原因，並在移交清冊中註明，由移交人員負責。

　　③銀行存款帳戶餘額要與銀行對帳單核對，如不一致，應編制銀行存款餘額調節表。各種財產物資和債權債務的明細帳戶餘額要與總帳有關帳戶餘額核對相符。

　　④移交人員經管的票據、印章和其他實物等必須交接清楚。

　　⑤對於實施會計電算化工作的，要對有關電子數據在實際操作狀態下進行交接。

　　會計工作交接完畢，交接雙方、監交人員要在移交清冊上簽名或蓋章，並應在移交清冊上註明：單位名稱、交接日期、交接雙方和監交人員的職務、姓名，移交清冊頁數以及需要說明的問題和意見等。移交清冊一式三份，交接雙方各執一份，存檔一份。移交人員對所移交的會計憑證、會計帳簿和會計報表其他有關資料的合法性、真實性

承擔法律責任。

2.財務人員的考核

對於財務人員的考核，應結合專業勝任能力、職業道德以及其工作績效幾方面進行。

財務工作是政策性很強的工作，相關政策變化很快，新準則新制度不斷修訂頒佈，財務人員必須及時瞭解把握財務政策的動態，並評價其對本企業的影響。這與財務人員的專業勝任能力直接相關。

在進行財務人員考核時，根據上述內容可設計如下的考核方案（見表 2-1）：

表 2-1　財務人員考核方案設計表

考核項目	考核比率	考核得分
政策、法規瞭解掌握情況	20%	
業務理論、技術學習和運用	20%	
職業道德	20%	
會計實務和操作	30%	
會計工作管理	10%	
綜合評分		

企業可以根據實際企業，自行設計考核題目進行評價，大型企業可以透過仲介機構如人力資源評價機構對企業財務人員進行考評。進行財務人員考核的目的，就是促進財務人員與時俱進，並作為獎優罰劣的依據。

5 健全企業會計系統

　　會計系統是企業組織結構的重要組成部份,它處於企業組織結構中的基礎部份,為企業資源戰略管理、企業資本運作管理、企業成本系統管理、企業稅費系統管理、企業薪酬激勵系統管理及企業國際財務管理提供支持性服務。企業會計系統主要包括會計人員的管理體制及會計組織機構、會計人員管理、會計政策、財務報告系統和會計系統的內部控制系統等內容。

　　企業中所有的管理人員,在其職業生涯中都不可避免地要與會計系統打交道。企業會計系統有助於使企業結構保持一個整體。它不僅為企業的經營決策提供資訊,同時也要為企業的業績評估和個體行為激勵提供有用的數據和資料。同時,企業的管理部門也要在一定程度上運用企業會計數據來制定企業的經營決策和實施管理控制。正因為如此,不能將企業的會計系統與企業的其他經營決策與解決組織中存在的問題的機制割裂開來。

　　財務主管的一項重要職責就是設計、改善和推行企業的會計系統,財務主管必須十分瞭解當前會計系統的優勢與劣勢所在。同時,企業的會計系統需要不斷地進行調整和改進,財務主管要負責作出此類調整與改進和建立與健全。

　　在複雜、多層次企業組織的規劃和控制活動中,財務主管及其所主導的會計支援系統為協助企業總經理決策發揮著重要作用。

　　一個完善的會計支援系統或許不能一直保證企業在競爭中處於

優勢,特別是在企業沒有好的產品、生產效率低下、市場銷售不景氣的情況下尤其如比。但是,一個不健全、低效、軟弱的會計支援系統,卻會很容易使一個具備產品、生產和市場優勢的企業陷入困境。

財務主管對企業會計系統的整體把握應集中在對企業會計系統職能及改進的中心內容上。

1.企業會計系統的職能

會計系統的基本職能是核算和報告職能,它是公司為了匯總、分析、分類、記錄、報告公司交易,並保持對相關資產與負債的受託責任而建立的方法和記錄。企業會計系統可支援內部與外部兩套報告體系。對外提供的財務報告遵循的是政府制定的會計準則;而對內提供的則屬於管理會計的範疇,沒有一個統一遵循的準則。

企業的內部報告不僅有助於管理人員進行經營管理決策,而且有助於企業解決有關組織結構問題。企業的管理人員需要使用一系列不同的資料和資訊來制定經營決策,這其中,企業的內部報告是一個重要的資訊來源。同時,企業的內部報告對於企業的業績考評和激勵企業管理人員的行為具有影響作用。企業對於管理人員業績的報告將反過來激勵管理的行為,企業會計系統的任何一個細小的改變都將直接影響相應會計數據結果的應用。

2.企業會計系統的改進

對財務主管來說,真正值得關注的是健全企業會計系統,即對企業會計系統的改進。

企業管理中同樣存在著優勝劣汰現象。在一個充滿競爭的世界中,企業只有以更低的價格提供更好的產品或服務時,才能在競爭中生存下來;而生存下來的企業必然在某些方面具有超越其競爭對手的優勢,並能夠隨著技術進步和市場狀況變化而調整其經營方針和組織

結構。同樣，對於企業的會計系統來說，它能夠成功地生存了一段較長的時期，這就表明這一系統為企業管理所提供的收益是超過其成本支出的。

絕大多數管理人員將企業會計系統視作其最重要的正式資訊來源。會計系統為企業管理帶來的收益包括為財務與稅收提供資訊，為企業組織問題的控制管理以及為決策制定提供幫助。

但是這並不是說，只要企業現狀未發生重大變化，就不必對其會計系統進行改動；或者說，現存的系統即使已經過了時間的考驗，但仍不能說它就是最優的，其實還可能存在最佳的系統，只不過尚未被發現罷了。會計系統運作不佳的信號是有多種的，其中一個信號就是經理人員的功能性障礙行為，這是由於選擇不恰當的業績類評價指標造成的。經理人員要使其決策對業績評價有利，如果業績評價指標沒有與組織的目標相聯繫，管理人員就會做出與組織目標不相協調的決策。

在當代環境中，高速的生產技術發展和愈演愈烈的國際競爭使得許多管理者認為現存的內部會計系統存在著許多缺陷，有的甚至完全失效，需要許多徹底的變革。企業會計系統的改組與更新提上日程，會計系統中一大批新興的內容構件被推向世人，如作業成本系統、生產管理會計系統、全面品質管制會計系統等，為企業經營業績考評提供更多的資訊，同時也有助於企業所有者與經營者的利益協調。當然，企業也不必將管理會計的最新時尚作為改進企業會計系統的方向，每個企業都必須不斷地評價改進其會計系統，以迎接環境變化及組織變化所帶來的挑戰。

6 財務主管的各項職責

1.財務管理部的職責

財務管理部是公司財務系統的綜合管理部門,日常工作對財務總監負責,具體職責如下:

· 負責建立全系統的會計核算和統計的制度和體系;

· 負責全系統的會計、統計報表的彙編和上報;

· 負責全系統的資產評估、固定資產管理和核算;

· 負責組織編制全系統財務成本和利潤計劃;

· 負責對本部所屬企業利潤完成情況的檢查、考核和利潤分配;

· 對公司集團內部企業經濟效益進行財務分析,給決策機構提供綜合性財務分析報告;

· 審批報銷各種發票、單據。

2.資金管理部的職責

資金管理部是負責全系統資金分配、使用、管理、結算、調劑的職能管理部門,日常工作對財務總監負責,具體職責如下:

· 負責擬定各屬企業的年度貸款限額計劃及擔保貸款限額計劃;

· 負責辦理全系統企業的存款和結算業務;

· 負責辦理全系統企業的貸款審查、發放、收回及擔保工作;

· 辦理全系統企業外匯調劑業務;

· 定期對下屬各企業現金庫存、銀行存款和資金部存款進行安全性、效益性、流動性檢查。

‧ 負責匯總各下屬企業資金使用情況的旬報表，並提出分析意見；

‧ 負責跟銀行建立好公共關係，保障融資管道的暢通。

3.財務部的職責

‧ 負責公司日常財務核算，參與公司的經營管理。

‧ 根據公司資金運作情況，合理調配資金，確保公司資金正常運轉。

‧ 搜集公司經營活動情況、資金動態、營業收入和費用開支的資料並進行分析、提出建議，定期向總經理報告。

‧ 組織各部門編制收支計劃，編制公司的月、季、年度營業計劃和財務計劃，定期對執行情況進行檢查分析。

‧ 嚴格財務管理，加強財務監督，督促財務人員嚴格執行各項財務制度和財經紀律。

‧ 負責全公司各項財產的登記、核對、抽查與調撥，按規定計算折舊費用，保證資產的資金來源。

‧ 參與公司及各部門對外經濟合約的簽訂工作。

‧ 負責公司現有資金管理工作。

‧ 原材料進出帳務及成本處理；外協加工料進出帳務處理及成本計算；各產品成本計算及損益決策；預估成本協助作業及差異分析。

‧ 經營報告資料編制；單元成本、標準成本協助建立；效率獎金核算、年度預算資料匯總。

‧ 匯總有關單據進行審核及帳務處理；各項費用支付的審核及帳務處理；應收帳款帳務處理；總分類帳、日記帳等帳簿處理；財務報表及會計科目明細表。

- 統一發票自動報繳作業；營利事業所得稅核算及申報作業；營、印稅沖減作業及事務處理;資金預算作業;財務盤點作業。
- 會計意見反應及督促；稅務及稅法研究。
- 完成領導交辦的其他工作。

4.財務主管的職責

財務主管的任務是負責公司財務、會計及稅務事宜。依據健全的財務管理原則，發揮財務管理功能；擬訂財務計劃與預算制度；有效地籌劃與運用公司的資金；維持帳款的登錄與整理；編制財務報告，提供管理部門決策上所需的資料。其主要責權如下：

- 按公司經營計劃，提出年度財務計劃，作為公司資金運用的依據。
- 提出財務、會計及預算等制度，並負責其施行時有關的協調與聯繫工作，確實發揮各項制度的功能。
- 依據年度財務計劃，籌措與動用公司的資金，以確保資金的有效運用。
- 彙編公司年度預算，送呈管理部門審定，並負責控制全公司年度總預算的執行和促使預算在管理上的行之有效。
- 按公司年度財務計劃，辦理有關銀行借款及往來事項，提供經營所需要的資金。
- 依據員工儲蓄存款管理辦法，核辦有關員工儲蓄存款事宜。
- 審核會計制度規定，定期進行存貨盤點，以確保公司的資產，並使實際存量與帳列數字彼此符合。
- 依據稅法規定，處理公司各項稅務事宜，力求正確無誤，避免遭受無謂損失與罰款。
- 依據公司經營計劃，並配合公司總目標擬訂本單位的目標及工

作計劃。

· 根據本單位工作計劃,估計所需的款項支出,編制本單位年度預算,並加以控制。

· 運用有效領導方法,激勵所屬人員的士氣,提高工作效率,並督導所屬人員,依照工作標準或要求有效執行其工作,確保本單位目標的達成。

· 將本單位工作按所屬人員的能力以合理分派,並促進各下屬間工作的聯繫與配合。

財務主管的組織關係如下:

· 受總經理指揮與監督,並向其直接報告。

· 以誠懇、友善的態度與其他單位協調、聯繫,並就其所提有關本單位工作的詢問、質疑,予以解答。

· 經由財務總監督導各單位的財務與會計處理事項。

· 視業務需要,對各分公司、營業部、服務中心等資金作有效調度。

· 與金融機構及其他有關機構維持良好的關係。

· 為達成本單位的任務,與其他有關方面,建立並保持必要的聯繫。

7 會計工作崗位責任

第1章　綜合會計崗位責任

第一條　本公司會計人員應全面熟悉有關財經法律、法規和政策，熟悉並掌握公司生產經營情況；協助會計主管管理好企業財務並按會計制度規定，設置會計科目、會計憑證和會計帳簿；在會計主管指導下，會同各會計崗位人員擬定本企業有關會計核算的各項規章制度；設置與掌管總分類帳簿。

第二條　負責設計本公司的會計核算形式，建立會計憑證的傳遞程序；進行有關業務的綜合匯總工作，定期編制總帳科目匯總表試算平衡；核對各級明細帳和日記帳，確保帳帳相符，記帳、結帳工作符合規定要求。

第三條　定期調整帳項，在應結帳戶結清的基礎上，依據帳簿記錄和有關資料，編制資產負債表和財務狀況變動表；結合企業的有關計劃資料和生產經營的趨勢，對企業財務運行狀況進行總體分析；按制度規定撰寫財務分析資料。

第四條　依據財務分析資料，編寫財務狀況說明書，並連同規定的全部會計報表加具封面裝訂成冊，報經會計主管、總會計師審閱簽署後，按期報送指定單位。

第五條　協助會計主管運用現代化管理和會議方法進行各種財務預測（包括目標銷售收入預測、目標利潤預測、資金需要量預測、保本點預測、投資回收期和投資收益率預測），以及市場容量預測、

市場佔有率預測和市場價格預測，等等，以為公司決策和生產經營提供可靠的依據。

第六條　參與規劃本公司中長期遠景工作，並按照總會計師、會計主管的委託對企業改擴建、更新改造工程的可行性研究進行科學論證和審查，確保各項可行性研究的效益，避免損失和浪費。

第七條　依據有關會計崗位提供的資料和財務預測，編制或匯總全公司月份、季和年度的財務計劃。

第八條　執行會計檔案管理有關法規，對保存在會計部門的會計檔案統一管理；按法規要求，科學分類，造冊登記，集中保管；並建立借閱、保密以及保護檔案安全完整的制度；在移交檔案部門時，須編制移交清冊，認真辦理移交手續。

第九條　承辦總會計師、會計主管交辦的其他工作。

第 2 章　管理會計崗位責任

第十條　預算財務成本，提出決策分析資料。

1. 應用本量利分析和資料統計的方法，進行成本、銷售和利潤預測。

2. 參與生產經營短期決策和長期投資決策，並提出有關決策分析的資料。

第十一條　編制全面預算，確定各項財務目標。

1. 依據生產經營目標，編制全面預算，確定目標成本和目標利潤。

2. 制定出增收節支的措施，保證成本目標和利潤目標的實現。

第十二條　對財務成本進行控制，進行價值分析。

1. 建立財務成本控制系統，控制資金和成本，保證生產經營目標和利潤目標的實現。

2. 對產品零件進行價值分析，按部門進行利潤的敏感性分析，以

挖掘降低目標成本的潛力。

第十三條　評價經濟業績，考核責任單位實績和成果。

1. 建立成本和利潤責任中心，編制責任預算，實行責任會計，保證公司生產經營目標的實現。

2. 透過對比各責任中心業績報告的實現數與預算數，考核評價各責任中心的工作業績和經營效果。

第 3 章　貨幣資金會計崗位責任

第十四條　負責管理庫存現金、銀行存款、其他貨幣資金及各種外幣，並在現金管理規定的範圍內使用現金。依照銀行結算規定，辦理轉帳結算業務。

第十五條　依據會計制度規定，設置掌管現金日記帳、銀行存款日記帳及其他貨幣資金明細帳，並進行總分類核算；反映各項貨幣資金的收付結存情況，做到現金日記帳日清月結、帳款相符；嚴格遵守核定的庫存現金限額，做到不任意坐支；不以白條抵充庫存現金；不保管帳外現金，保證銀行存款日記帳每日結出餘額；月終逐筆核對帳面餘額與銀行對帳單，如有錯記漏記，應查明原因，及時更正；如有未達帳項，應按月編制「銀行存款餘額調節表」調節相符，逐筆列示未達帳項並及時查詢。對其他貨幣資金明細帳，應按制度規定設置明細帳戶，做到及時登記、經常核對、定期結帳。

第十六條　遵守有關財法法規，不兼管稽核、會計檔案保管和收入、費用、債權債務帳目的登記工作；不受理不真實、不合法和違反會計制度的收支業務。

第十七條　根據經審核無誤的收付憑證，辦理款項收付業務。堅持復核制度，辦理款項收付必須根據稽核崗位審核編制並簽章的收付款憑證，進行復核後再行辦理。重大開支項目要嚴格執行授權人審批

制度。整理裝訂經辦的收付憑證及有關會計資料，定期移交保管會計檔案的崗位。

第十八條　確保庫存現金、外幣、有價證券和經批准代為保管的貴重物品的安全完整。嚴守保險櫃密碼的秘密，不任意將保險櫃鑰匙交給他人。

第十九條　妥善保管和按規定使用有關印章，按制度規定，對簽發票據所使用的全部印章妥善保管。

第二十條　加強對空白支票和空白收據的管理，專設備查簿，登記票據領用和登出手續。票據作廢加蓋作廢戳記後與存根一起保存。支票遺失時，應按銀行規定辦理掛失手續。

第二十一條　按規定負責辦理外幣的收付、折算和保管業務，並依據會計制度規定，設置和掌管各種外幣的銀行存款日記帳，進行序時及明細核算，保證日清月結、帳款相符。

第4章　固定資產會計崗位責任

第二十二條　按有關制度規定，結合企業固定資產的配置情況，會同有關職能部門建立健全固定資產、在建工程、無形資產、遞延資產及其他資產的管理與核算辦法，特制定本固定資產目錄。

第二十三條　依照制度規定，設置固定資產登記簿，組織填寫固定資產卡片，按固定資產類別、使用部門和每項固定資產進行明細核算。融資租入的固定資產要單設明細科目核算；臨時租入的固定資產應專設備查簿，登記租入、使用和交還等情況。

第二十四條　按照國家統一規定，按取得固定資產的不同來源，正確計算和確定固定資產的原始價值，及時計價入帳；除發生有明確規定的情況外，已入帳的固定資產不得任意變動。

第二十五條　與有關職能部門共同完善固定資產管理的基礎工

作，建立嚴格的固定資產明細核算憑證傳遞手續，加強固定資產增減的日常核算與監督工作。

第二十六條 根據國家的有關規定選擇固定資產折舊方法，掌握固定資產折舊範圍，做到不錯、不漏，準確計件折舊。

第二十七條 負責對在建工程的預決算管理。對自營工程、在建工程要嚴格審查工程預算；施工中要正確處理試運轉所發生的收付業務；完工交付使用時要按規定編制竣工決算，並參與辦理竣工驗收和交接手續；對出包工程，要參與審查工程承包合約，按規定審批預付工程款；完工交付使用要認真審查工程決算，辦理工程款清算。

第二十八條 負責對各種無形資產的計價進行核算，正確處理無形資產的轉讓和投資，並按規定確定各種無形資產的攤銷期。

第二十九條 負責管理遞延資產、其他資產的價值；掌握各種遞延資產的分攤期；正確處理遞延資產和待攤費用的劃分；確保特儲物資的專門用途，維護其安全與完整；對凍結銀行存款和物資以及訴訟中的財產要依法解決，促使有關部門及當事人履行法律規定的義務，維護企業合法權益。

第三十條 對被清理的固定資產，要分別按有償轉讓、報廢、毀損等不同情況進行帳務處理。

第三十一條 會同有關部門定期進行固定資產清查盤點工作，匯總清查盤點結果；發現問題，應查明原因，及時妥善處理；並按規定的報批程序，辦理固定資產盤盈、盤虧的審批手續，經批准後辦理轉銷的帳務處理。

第三十二條 瞭解和掌握主要固定資產的使用情況，運用有關核算資料分析固定資產的利用效果，以不斷完善固定資產的管理工作，並向公司提供有價值的會計信息或建議。

第 5 章　損益會計崗位責任

第三十三條　執行有關損益核算的規定，並堅持依法理財原則、成本效益原則、節約原則。會同行銷部建立健全銷售業務內部控制制度，制定銷售及銷售退回、銷售折讓、折扣管理辦法；會同有關部門擬定期間費用預算開支標準、預算管理辦法、利潤計劃編制基本程序等，以提高公司的盈利能力。

第三十四條　根據企業總經營的目標，會同行銷部，採用各種適當的方法，收集市場訊息，定期進行銷售預測；負責編制期間費用預算、產品銷售利潤計劃、其他銷售利潤計劃、投資收益計劃和營業外收支計劃，並提出有效措施，以確保目標銷售收入、目標利潤的實現。

第三十五條　參與審查銷售合約或協定的有關財務條款；積極組織銷售收入，依規定確認銷售的實現，負責辦理銷售結算業務。

第三十六條　負責損益類科目的總分類核算和明細核算，設置和經管有關損益的各科目明細帳；按規定處理銷售退回、銷售折讓和折扣，嚴格審查有關憑證，及時沖減有關帳項；協同銷售部門催收貨款和處理銷售業務發生的糾紛。

第三十七條　依照稅法規定，按期計算應負擔的各種銷售稅金及附加，及時繳納稅款；正確處理出口產品退稅和減免稅退回的稅金。

第三十八條　負責處理投資收益和投資損失，按規定核算對外投資所得的利潤和債券利息；及時處理投資到期收回或者中途轉讓有關股權等投資增減的有關事宜。

第三十九條　參與財產清查的落實工作，及時處理報經批准轉銷的和待處理財產損益；認真確定營業收入，嚴格按規定控制營業外支出。

第四十條　控制度規定的時間，及時編報損益表和主營業務收支

明細表，定期檢查費用預算和目標利潤的實現情況，並對兩表內容作出評價與分析。

第四十一條　本規定經總經理審核後批准，修正時亦同。

8 出納工作崗位責任

第一條　出納員的工作包括現金及銀行存款的收入與支出等。

第二條　為便於零星支付起見，可設零用金，採用定額制。其額度由總經理核定，其零用金由出納經管。

第三條　零用款項的支付，由出納憑支付證明單付款，此項支付證明單是否符合規定，出納應負責審核。

第四條　零用金的撥補應由出納填「零用金補充申請單」兩份，一份自存，一份會同所有支出憑證呈會計部門請款。

第五條　除零用金外，公司一切支付，由會計部門根據原始憑證編制支出傳票，辦理審核後呈主管及總經理核定後支付。

第六條　公司出納根據會計部門編制經總經理核准的支出傳票，辦理現金、票據的支付、登記及轉移。

第七條　除零用金外，所有支出憑證應由會計部門嚴格審核其內容和金額是否與實際相符，領款人的印鑑是否相符，如有疑問出納應查實後方可支付。

第八條　凡一次支付未超過 5000 元者，直接透過零用金支付外，其餘一律開抬頭劃線支票支付。

第九條 出納人員對各項貨款及費用的支付,應將本支票或現金交付收款人或廠商,公司其他人員不得代領。如因特殊原因必須由公司其他人員代領者,須經主管部門核准。

第十條 公司一切支付,應以處理妥善的傳票或憑證為依據,任何要求先行支付後補手續者,出納均應予拒絕。

第十一條 出納應注意支付款項應在傳票上加蓋領款人印鑑,付訖後加蓋付訖日期及經手人戳記。

第十二條 公司支付款項的付款程序,應依照下列步驟辦理:

1. 原始憑證的審核辦理辦法:

①內購工程發包款,應根據統一發票、普通憑證以及收到貨物器材的驗收單,並附請購單,經有關單位簽章證明及核准後,方可送交會計部門開具傳票。

②預付、暫付款項,應根據合約或核准文件,由總辦單位填具請款單,註明合約文件字型大小,呈報核准後送交會計部門開具傳票。

③一般費用應根據發票、收據或內部憑證,經有關主管簽章證明及核准,方可送交會計部門開具傳票。

2. 會計憑證的核准辦法:

①會計部門應根據原始憑證開具傳票。會計部門開具傳票時,應先審核原始憑證是否符合稅務法令及公司規定的手續。

②傳票經主管及總經理核准後,送交會計部門轉出納辦理支付工作。

第十三條 有關外匯結匯款、棧租,及各項費用等支出款,應填具「請款單」,檢附輸入許可證影印本,送交會計部門以「預付」或「暫付」方式製票,出納憑票辦理支付。前款項也可由經辦人員直接向出納簽收,必須於支付後 7 日內向會計部門辦理沖轉手續。

第十四條　出納人員辦理業務時要考慮公司各項支出的付款日期，具體如下：

1. 國內採購貨品的付款，每月 25 日付款一次（星期日及例假日順延），但要以原始憑證經核准後於付款日前 5 日送達會計部門為限。

2. 一般費用的付款，經常發生的費用仍以前項的期限辦理，內部員工費用須每天支付的，以原始憑證齊全並經核准後為限。

3. 薪金的付款，職員每月 10 日，作業員分 10 日、25 日兩次。因特殊情況須提前支付者，得由經辦部門另行簽呈主管，在轉呈總經理批准後，再予支付。

第十五條　會計部門支付款項倘有扣繳情況時，應將代扣款項於次月 10 日前填具政府規定的報繳書後向公庫繳納，並將影印本一份並附於傳票後。凡有扣繳稅款及免扣繳應申報情況者，會計部門應於次年元月底前填具政府規定的憑單向稽征機關申報，並將正、副本交各納稅義務人。

第十六條　出納辦理薪金的支付業務時，應由總務人事單位根據考勤表編制「薪金表」，於付款期限前一日送交會計部門。

第十七條　業務部門於收到貨款後，應將其中所收貨款解繳出納，出納再將解繳憑證送交會計部門，並據以編制傳票。

第十八條　為便於辦理薪資扣繳申報，公司職工應於每年度開始一個月內，或新進人員報到時，填報「薪金所得受領人撫養親屬申報表」，由會計部門收執，作為所得稅扣繳申報的依據。會計部門應就每一職工給付薪金及扣繳情況填載於「各類收入扣繳資料登記表」上，作為日後扣繳申報之用。

第十九條　出納辦理凡依法應扣繳的所得稅款及依法貼用印花稅票時，若因主辦人員的疏忽發生漏扣、漏報、漏貼或短扣、短報、

短貼等情況遭受處罰者，以及員工保險費的滯繳情況，其滯納金及罰金由主辦人員及其直屬主管負責賠償。

第二十條　本制度由總經理審核批准，修正時亦同。

心得欄 _____

_____

_____

_____

_____

_____

第 三 章

保存財務憑證

1 不要小看了原始憑證

　　原始憑證又稱單據，是在業務發生取得的原始單據。原始憑證的最大作用就是證明業務發生或完成情況。原始憑證的來源有兩種。一種是從外部取得的，例如，企業從外部購買原材料對方開具的發票、出差的火車票、住宿票等；另一種是企業內部開具的，如發貨單、領料單、以及企業銷售產品給客戶開具的發票等。原始憑證是記帳的依據。

　　原始憑證具有較強的法律效力，是業務發生的第一手資料。企業在發生業務時，必須取得原始憑證，並及時將原始憑證送交會計部門，以保證會計核算工作的順利進行。

　　某公司是 1994 年正式創立的公司，在進行股份制改組時，公司董事長兼總經理吳某與公司高管商議，由公司自己購買部份內

部職工股，減小公司分紅壓力，也便於操縱利潤。1997 年 1 月，該公司在深交所掛牌上市。為了維護公司形象，每年初都制定了一個年增長速度在 50% 以上的發展計劃和利潤目標，如果公司的實際生產情況不能實現該任務，就在每年年中和年底拋售內部職工股的收入來彌補。

為此，公司形成了一個由證券部、財務部和經營銷售部門分工合作組成的「造假小組」。由證券部負責拋售股票提供資金。為了增加企業的主營業務收入，公司經營銷售部門負責偽造合約與發票。公司經營銷售部門人員採取修改客戶合約、私刻客戶印章，向客戶索要空白合約、粘貼複印偽造合約等手段，從 1997 年開始，先後偽造銷售合約 1242 份，虛開銷售發票 2079 張，金額達 17.0823 億元。同時，為了應付審計，銷售部門還偽造了客戶的函證。

公司財務部負責拆分資金和做假帳。財務總監在銀行的配合下，中轉、拆分由證券公司所得的收入，並根據偽造的客戶合約、發票，偽造銀行進帳單以及相應的對帳單，將上述拋售股票的收入做成產品銷售收入。銷售部門人員還與客戶串通，透過向客戶匯款再由客戶匯回的方式，虛增銷售收入。

2001 年 7 月，對該公司進行了調查。2002 年 5 月公司股票被證交所做特別處理。2002 年 10 月，該公司被以提供虛假財務報告罪追究刑事責任，多名高管也被判刑。

該公司為了將拋售內部職工股的收入虛增銷售收入可謂「煞費苦心」，公司動用大量人力偽造原始憑證，以使企業的會計資料顯得更真實。可見企業原始憑證是對企業業務的最真實的證明。

1. 原始憑證：容易被篡改的會計資料

原始憑證是報銷的直接依據，也通常容易被篡改。原始憑證存在的問題主要有以下幾點：

(1)形式不合規

原始憑證上要求填列的項目必須逐項填寫齊全，不得遺漏和省略。年、月、日要按照填制原始憑證的實際日期填寫；單位名稱要寫全稱，不能簡化；商品品名或用途要填寫明確，不能含糊不清。

有些企業將一些不符合規範的票據作為原始憑證進行入帳處理，這些行為違反了相關的規定，具體表現在：

①以收據代發票入帳。

②以合約代發票入帳。如與客戶簽訂的銷售合約、採購人員填制的材料請購單等，不能作為原始憑證並據以記帳。

③以白條入帳。很多情況下企業總經理及管理人員對於一些難以說明用途的開支直接採取白條沖帳。這些都是違背相關規定的行為。

(2)內容不真實

原始憑證的種類繁多，具體的填制方法和要求也不一樣，但是就原始憑證應反映業務、明確責任而言，原始憑證填列的日期真實、填列的內容真實、填列的數據真實。即原始憑證上記載的各項內容，必須與實際情況完全符合。而且，必須要有經辦業務的有關部門和人員簽章。

2. 原始憑證的審核

原始憑證的審核，既是對企業實際發生的業務的核實，也是對會計人員工作正確性的檢驗，因此是必不可少的。原始憑證主要的審核內容包括：

(1)編號連續、順序使用

各種憑證要連續編號，以便查考；填制時要按照編號順序使用。一式幾聯的原始憑證，一般應當註明各聯用途，只能以其中一聯作為報銷憑證。一式幾聯的發票和收據，必須用雙面複寫紙(發票和收據本身具備複寫功能的除外)套寫，如發票、支票等重要憑證；如果已預先印定編號，作廢時應加蓋「作廢」戳記，連同存根一起妥善保存，不得撕毀。

(2)不得隨意塗改、刮擦、挖補

各種原始憑證不得隨意塗改、刮擦、挖補。發現原始憑證有錯誤的，應當由開出單位重開或者更正，更正處應當加蓋開出單位的公章，不得自行在原始憑證上更正。對於重要的原始憑證，如支票以及各種結算憑證的填寫錯誤，則不得在原始憑證上更正，而應按規定的手續辦理注銷留存，另行填寫。

(3)原始憑證書寫是否規範

原始憑證要按照規定填寫，字跡端正，易於辨認。原始憑證的數字書寫規範主要包括阿拉伯數字金額和漢字大寫數字金額兩個方面。文字要工整，不能潦草；複寫的憑證要不串格、不串列、不模糊。凡是有大寫和小寫金額的原始憑證，大寫與小寫金額必須相符。

在把好原始憑證關後，如果有規範的會計處理系統，記帳憑證的把關就可以借助電腦以及會計電算化等完成了。

2 建好管好公司帳，企業麻煩少

原始憑證是企業活動的客觀記錄，企業應該定期進行對帳和結帳工作，以保證企業帳務系統的真實性。建好和管好公司帳能給企業減少不少麻煩。企業的會計資料需要妥善保管，中小股東也有權力查閱公司帳簿。信息化系統是當前企業財務管理的發展趨勢，恰當利用財務軟體能提高公司的管理水準。

1.公司帳務系統的主要目的

企業在創建時就應該及時建立公司帳，在企業存續期內則需要管理好公司帳，其主要目的在於：

(1)滿足企業經營管理需要

完整的帳務系統能加強企業內部管理，及時瞭解企業的財務狀況和經營成果，發現問題並進行財務控制。建帳也是企業稅收籌劃的需要。例如企業申請增值稅一般納稅人資格等，稅務機關都會要求其建立規範的會計核算，要能準確核算進、銷項稅額，及時進行納稅申報。否則企業很難取得葉般納稅人資格。沒有一般納稅人資格的企業在經營過程中會有很多不便，公司也難以擴張。

(2)滿足企業外部相關人員瞭解企業財務信息的需求

例如公司股東。通常情況下，參加企業經營管理行為的只是少數股東，大多數股東並未直接參與企業經營管理，其對企業管理水準的高低和管理效果只能透過企業的帳表進行瞭解。此外，稅務稽查部門在必要時也會進入企業查帳。

公司帳就是完整記錄和反映企業活動的過程。建好管好公司帳，企業的麻煩就會少多了。

2.公司帳務系統的主要程序和功能

企業的整個帳務系統需要按照下列程序設計，並滿足相應的功能：

(1)確認功能

該功能主要是透過對原始憑證的審核，對企業實際發生的業務做出進一步驗證。

(2)計量功能

該功能的主要作用是對外購商品和自製產品進行成本核算，並以此作為入帳依據，在帳務系統中加以記錄，同時也是企業制定銷售價格的依據。

(3)記錄功能

記錄功能主要是以原始憑證和成本核算為依據，編制記帳憑證，並登記帳簿。其中會計科目應該以企業會計制度為基礎，並結合企業實際情況進行設置。其目的是力求準確、清晰、恰當地對企業業務進行全面記錄和反映。

(4)報告功能

報告功能主要體現在編制會計報表。財會部門定期將日常核算資料經過再加工整理和歸類匯總，形成一整套反映活動及其成果狀況的財務報表體系。

3 對帳和結帳工作

帳簿，是根據會計憑證，對企業業務連續、系統、全面的反映。透過帳簿，可以瞭解企業一段時期內所有的業務，並對共合理性進行初步判斷。查帳，就是首先從帳簿開始，對於有疑問的業務則進一步查到其記帳憑證和原始憑證，以驗證其合理性。

因此，帳簿是對企業業務的總括反映。定期對帳和結帳具有重要的管理意義。

1. 對帳

對帳是對帳簿所作的記錄進行全面核對。對帳不僅是會計核算的一項重要內容，也是審計常用的一種查帳方法。

對帳通常是在月末進行，對帳的主要內容包括帳證核對、帳帳核對、帳實核對。

(1)帳證核對

帳證核對是將各種帳簿記錄與有關的記帳憑證及其所附的原始憑證進行核對。核對時，應將會計帳簿和會計憑證所記錄的記帳時間、摘要內容及金額等內容相互對比，以保證二者相符。這種核對平常會計在編制記帳憑證和記帳過程中，通常要隨時進行，做到隨時發現錯誤，隨時查明糾正。但是在月末如果發現總分類帳試算不平衡，帳帳不符或帳實不符等情況，需追溯到會計憑證進行帳證核對。核對時，主要是抽查與帳帳不符或帳實不符的有關憑證，不需要對全部憑證進行核對。

(2)帳帳核對

帳帳核對是指根據不同帳簿之間的內在關係，核對其金額是否相符。企業的帳簿體系是一個有機整體，既有分工又有銜接，利用這種勾稽關係，可以透過帳簿之間的相互核對發現記帳工作是否有誤。帳帳核對主要從以下幾個方面進行：

①總分類帳戶本期發生額及餘額的核對。根據「資產＝負債+所有者權益」這一會計恒等式，檢查總分類帳簿之間是否存在上述平衡關係。

②總帳與所屬明細帳之間的核對。例如應收帳款、應付帳款、存貨等都是既有總帳又有明細帳的項目。總帳與所屬明細帳之間的核對主要是檢查其借、貸發生額及期末餘額的合計數是否相符。

③庫存現金日記帳、銀行存款日記帳與其總分類帳餘額之間的核對。主要檢查庫存現金、銀行存款帳戶本期發生額及期末餘額與總帳是否相符。

④會計部門有關財產物資明細分類帳餘額與財產物資保管、使用部門的明細分類帳餘額核對。核對方法一般是由財產物資保管部門或使用部門，定期編制收發存匯總表報會計部門核對，主要檢查各方期末財產物資結存數是否相等。

(3)帳實核對

帳實核對是指將帳簿中記錄的各項財產物資的結存數同庫存現金、銀行存款、各種有價證券及其他各項財產物資的實存數進行核對，這種核對工作又稱財產清查。帳實核對主要從以下幾個方面進行：

①庫存現金日記帳的帳面餘額同實地盤點的庫存現金實有數之間的核對。庫存現金的帳實核對應逐日進行，同時還應進行不定期的抽查。

②銀行存款日記帳的帳面餘額應當同各開戶銀行對帳單之間的核對。銀行存款的帳實核對一般透過編制「銀行存款餘額調節表」進行，通常每月核對一次。

③各種財產物資明細帳帳面結存數同財產物資的實際庫存數之間的核對。此項核對根據財產物資清查的要求，定期或不定期地進行。

④有關債權債務明細帳帳面餘額與對方單位的記錄之間的核對。各種應收、應付款項明細分類帳的帳面餘額同有關債權、債務單位或個人的帳目之間的核對；各種應交款項明細分類帳的餘額同稅務部門等有關部門之間的核對。此項核對，一般透過函證的方法，定期或不定期地進行。

2.結帳

對帳完成後接下來就是結帳工作。結帳，是指在將本期發生的業務全部登記入帳的基礎上，結算出每個帳戶的本期發生額和期末餘額，並將期末餘額結轉至下期的一種方法。結帳在月末、季末、年末進行。透過結帳，可以總結某一會計期間的經營活動情況，考核經營成果，分清上下期的會計記錄，並據以編制會計報表。

結帳的目的通常是為了總結一定時期的財務狀況和經營成果，因此結帳工作一般是在會計期末進行的，可以分為月結、季結和年結。結帳主要採用劃線法，即期末結出各帳戶的本期發生額和期末餘額後，加劃線標記，並將期末餘額結轉至下期。劃線的具體方法在月結、季結、年結時有所不同。

(1)月結

月底應辦理月結。在各帳戶本月份最後一筆記錄下面劃一通欄紅線，表示本月結束。然後，在紅線下結算出本月發生額和月末餘額。如果沒有餘額，在餘額欄內註明「平」字或「0」符號。同時，在「摘

要」欄註明「本月合計」或「X月份發生額及餘額」字樣，然後在下面再劃一通欄紅線，表示完成月結。

(2)季結

季末應辦理季結。辦理季結，應在各帳戶本季最後一個月的月結下面(需按月結出累計發生額的，應在「本季累計」下面)劃一通欄紅線，表示本季結束；然後，在紅線下結算出本季發生額和季末餘額，並在摘要欄內註明「第X季發生額及餘額」或「本季合計」字樣；最後，再在本摘要欄下面劃一通欄紅線，表示完成季結工作。

(3)年結

年終應辦理年結。首先在12月份或第4季季結下面劃一通欄紅線，表示年度終了，然後在紅線下面結算出全年12個月份的月結發生額或4個季的季結發生額。年度終了，還要把各帳戶的餘額結轉到下一會計年度，並在摘要欄內註明「接轉下年」字樣。

4 保存會計帳簿

會計憑證作為記帳的依據，是重要的會計檔案和資料。會計憑證記帳後必須進行整理、裝訂、歸檔和存查工作。這就是會計資料的保管。會計資料保管的目的主要有：

1.供本企業查閱用

本企業以及有關部門、單位，可能因各種需要查閱會計憑證，特別是發生貪污、盜竊、違法亂紀行為時，會計憑證和會計帳簿還是依

法明確相關責任處理問題的有效依據。

2.稅務部門檢查

稅務部門基於稽查管理的需要，會在認為必要時或有疑問時（例如企業被舉報等）查帳。通常稅務部門檢查的內容包括；

①檢查納稅人的帳簿、記帳憑證、報表和有關資料，檢查是否真實。

②到納稅人的生產、經營場所和貨物存放地檢查納稅人應納稅的商品、貨物或者其他財產，檢查扣繳義務人與代扣代繳、代收代繳稅款有關的經營情況和相關資料是否真實。

因此，會計憑證會計帳簿是重要的資料和會計檔案。企業在完成業務手續和記帳之後，必須將會計憑證和會計帳簿按規定的立卷歸檔制度形成會計檔案資料，妥善保管，防止丟失，不得任意銷毀，以便於日後隨時查閱。

3.啟用會計帳簿的規則

會計帳簿使用完畢後要妥善封存保管，同時啟用新帳簿。為防止舞弊行為，保證財務管理工作的品質，企業需要按照一定的規則啟用帳簿：

⑴啟用新的會計帳簿，應當在帳簿封面上寫明企業名稱和帳簿名稱。

⑵啟用新的會計帳簿，應填寫「帳簿啟用登記表」。「帳簿啟用登記表」的格式和內容如表 3-1 所示。

在啟用新的會計帳簿時，應登記啟用日期、帳簿起止頁數、記帳人員和會計機構負責人或會計主管人員姓名，並加蓋名章和單位公章。啟用新的會計帳簿時還應填寫「帳戶目錄」。

表 3-1　帳簿啟用登記表

單位名稱		帳簿頁數	
帳簿名稱		啟用日期	
帳簿冊數		記帳人員（簽章）	
帳簿編號		會計主管（簽章）	

交接日期			移交人	接管人	會計主管	
年	月	日				

　　當記帳人員或者會計機構負責人或會計主管人員調動工作時，應辦理帳簿交接手續，要在「帳簿啟用表」上註明交接日期、接辦人員或者交接監督人員姓名，並由交接雙方簽名或者蓋章，以明確有關人員的責任，維護會計帳簿記錄的嚴肅性。

5　企業的帳務管理規範

　　第一條　為使公司帳務管理規範化、制度化、標準化、科學化，提高財務工作效率，使帳務工作有章可循，特制定本辦法。

　　第二條　所有用以證明會計事項發生及經過的文書、單據，統稱為原始憑證。

第三條　會計業務的處理程序，應依公司規定。根據合法的原始憑證，登記記帳憑證；根據合法的記帳憑證，登記會計帳簿；根據符合規定的會計帳簿編制會計報告。如原始憑證的格式及其所載的項目，具備記帳憑證條件的，可代替為記帳憑證。各種特殊會計事項，依本公司規定處理難以進行時，須參照一般會計的原理、原則、方法或習慣，在不違背政府法令範圍內進行處理。

第四條　申辦有關現金、票據、債券等出納的原始憑證時，如沒有主管會計人員的蓋章，不得為出納執行。主管會計人員核對帳目時，對於現金、票據、債券及其他各項財物應隨時派員盤點。關於盤點任務，每年最少應辦理一次。會計業務處理發生錯誤時，應於發現錯誤時予以更正。

第五條　原始憑證應詳細審核，如有下列情形者，當視為不合法：法令明定為不當支出者；書據、數位、計算錯誤的；收支數字與規定及事實經過不符的；與公司有關規定抵觸的。

第六條　在審核人支出憑證的，支付款項應取得收款人的統一發票為原則，但金額在規定數目以下以收款人的收據為準。

第七條　對於營利事業購進物品或支付費用的原始憑證，應蓋有該營事業的印章，並記明以下各項：

1. 該公司或商品名稱、地址；

2. 貨品名稱、規格、數量或費用性質；

3. 單價及總價；

4. 交易日期；

5. 本公司的名稱和地址。

6. 前項原始憑證若為收據，須填明該營利事業的統一編號、貼足印花。

第八條　對於個人支付費用的憑證，應記明以下各項：

1. 該收款人的姓名、住址、居民身份證統一編號，必要時送檢身份證影印本；

2. 支付款項原因、實收金額、收到日期；

3. 本公司的名稱和地址。

4. 前項原始憑證如為收據，應貼足印花，並依法代扣捐稅。

第九條　對於其他機構支出的原始憑證，應記明收銀機構名稱、地址、支付款項事由、實收金額、收到日期、本公司名稱、地址。

第十條　對於本公司內部支出的原始憑證，應依本公司有關規定辦理。

第十一條　購進材料、原料和其他消耗品的原始憑證，均應檢附驗收單（收料單和請購單）。

第十二條　購進固定資產的原始憑證，應檢驗所附的固定資產驗收單和請購單。

第十三條　刊登廣告費及印刷費發票或收據均應附具樣本或樣張。

第十四條　員工出差旅費應依照公司「員工出差旅費報支辦法」支給，並填具「出差旅費報告表」檢附有關單據報銷。

第十五條　支出憑證單據上應用大寫數字書寫實付金額，不得塗改或挖補。同時，支出憑證上所列金額為外幣時，應將折合率及折合的幣值總數詳細登載。

第十六條　非中文憑證單據，應由經辦人員將其內容摘要譯成中文，一併附送。

第十七條　各部門的費用開支應受部門費用預算限制，依各部門預算的規定辦理。

第十八條　各項支出憑證應由經辦部門主管人員及經辦人員簽章，會計人員審核及會計主管核准方為有效。

第十九條　在審核收入憑證時，無論屬於營業內收入或營業外收入，各項收入均應取得足資證明收入的憑證。

第二十條　成品的銷售應以本公司有關規定價格為其審核依據。

第二十一條　凡屬出售資產的收入，應以合約、契約、開票議價的記錄或其他有關書面證據為審核依據；凡屬交換資產所得的利益收入，應依交換合約、契約或其他有關的書面證據為其審核依據。

第二十二條　成品銷售及其他資產出售，所開的統一發票，應記明下列事項：

1. 客戶名稱、位址；

2. 本公司名稱、地址及印章；

3. 銷售成品或其他資產的名稱、數量；

4. 單價及總價；

5. 其他事項。

第二十三條　收入憑證有下列情形之一的，當視為不合理的憑證：

1. 收入計算及條件與規定不符；

2. 書寫、資料、計算錯誤；

3. 形式未具或手續不全；

4. 其他與法令規定不合。

第二十四條　凡效力或不合法的原始憑證不得作為登記記帳憑證的根據。

第二十五條　記帳憑證的編制，除整理結算、結帳等事項，確定沒有原始憑證外，都應根據原始憑證進行。

第二十六條　應該具備原始憑證而事實上沒有原始憑證或原始憑證無法取得的會計事項,應由經辦人員簽報。經主管各層的核准及主管會計的會簽,送與部主管部門批准後,才可以編制記帳憑證。事後如取得原始憑證時應檢附。

第二十七條　記帳憑證內所記載的會計事項及金額,均應與原始憑證內所表示者相符。原始憑證的餘額,如不以分位為止,應將分位以下的數字四捨五入記入記帳憑證。

第二十八條　凡從一科目轉入其他科目時,借貸雙方的會計科目雖屬相同,而會計事項的內容並不相同;或總分類科目雖屬相同,而明細分類帳科目並不相同者,均應根據項目記帳憑證轉正。但屬成本計算科目另有規定處理方法者不在此限。

第二十九條　現金、票據、證券及財產增減、保管、轉移,應隨時根據合法的原始憑證填具記帳憑證。但有關生產成本已隨時根據合法的原始憑證而直接記入明細分類帳者,須按期分類匯總填具記帳憑證。

第三十條　記帳憑證有下列情形者,視為不合法的憑證,應更正:

1. 記帳憑證根據不合法的原始憑證填制者;

2. 未依規定程序編制者;

3. 記載內容與原始憑證不符者;

4. 會計法規定應行記載事項未記明者;

5. 依照規定,應經各級人員簽章,未經其簽名蓋章者。但各單位主管已在原始憑證上簽章者,在記帳憑證上不簽者;

6. 有記載、抄寫、計算錯誤而未遵照規定更正者;

7. 其他與法令、公司規章不合者。

第三十一條　除公司另有規定外,會計人員均應依據記帳憑證登

記會計帳簿。

第三十二條　根據記帳憑證記入帳簿時，除總分類帳應先彙編「日記餘額試算表」，然後根據該表轉入外，其明細分類帳應根據記帳憑證登記。

第三十三條　登記時，其帳簿內所記載的會計科目、金額及其他事項，均應與記帳憑證內所載者相同。

第三十四條　日記餘額試算表的編制及各種帳簿的登記，都應每日進行。

第三十五條　帳簿有以下情形者，視為不合法的帳簿，應予更正。如不更正，不得據以編制會計報告：

1. 日記試算表及帳簿的登記，未據規定的記帳憑證或原始憑證進行；

2. 記入總分類帳目未據規定的日記試算表；

3. 日記試算表及帳簿的內容與計帳憑證或原始憑證不符，或總分類帳的內容與日記試算表不符的；

4. 記載、抄寫、計算等錯誤，不依規定更正者；

5. 其他不合法的情況。

第三十六條　總分類帳及明細帳，原則上均應按日結算借貸的餘額，如果事實上無須此要求，可根據實際情況改為每週進行。但每月終了時，必須辦理一次結總，計算各帳戶「本月合計」和「截止本月累計」，以利於月報的編制。

第三十七條　公司有以下情況之一時，應辦理結帳：

1. 會計年度終了時；

2. 公司改組合併時；

3. 公司解散時；

4. 主管部門認為公司有需要或配合利潤中心的制度實施時，每三個月需結帳一次。

第三十八條　結帳前要對下列各項整理分錄：

1. 所有預付、預收、應收、應付各科目及其他權責已發生而尚未入帳的各項事務的整理分類；

2. 折舊、壞帳及其他屬於本結帳期內的費用整理記錄；

3. 材料、成品等實際存量與帳面不符的整理記錄；

4. 其他應列為本結帳期內的損益和截至本結帳期止已發生的債權債務而尚未入帳各項的整理分錄。

第三十九條　年終結帳時各帳目經整理後，其借貸方餘額應符合以下規定：

1. 收入、支出各項目的餘額應結入「本期損益」科目，作為損益進行計算；

2. 資產負債和淨值各科目餘額，應轉入下年度各項科目；

3. 收支各科的結轉應做成分錄，資產負債和淨值各科目的結算直接在帳簿上記錄。

第四十條　帳簿和重要備查簿內記載錯誤而當時被發現，應由原記帳人員劃雙紅線註銷更正，並於更正處蓋章證明，不得挖補、刮擦或用藥水塗抹。

如錯誤於事後發現，而其錯誤不影響結款的，應由發現人員將情況呈明主管人員更正；若其錯誤影響結款或相對帳戶的餘額者，應另制傳票更正。數位書寫錯誤，無論寫錯一位或數位，均應將該錯誤資料全部用雙紅線劃去，另行書寫正確數字，並由記帳人員蓋章證明。

第四十一條　帳簿及重要備查簿內有重揭兩頁產生空白頁時，應將空白頁劃斜紅線註銷，如跳過一行或兩行，應將誤空的行劃紅線註

銷，劃線註銷的帳頁空行均應由記帳人員蓋章證明。

第四十二條　各種帳簿總的首頁，應列啟用單，說明公司名稱或各廠名稱、帳簿名稱、年度、冊次頁數、啟用日期，並由負責人和主辦會計蓋章。各種帳簿的末頁，應附經營人員一覽表，填明記帳人員的姓名、職別、經營日期。凡經管帳簿人員遇有職務更調時，須將各項帳簿由原經管人員與接管人員在上述帳簿「經營人員一覽表」內寫明交接年、月、日，並蓋章證明。

第四十三條　各種帳簿帳頁的編號，除訂本式應按帳頁順序編號外，活頁式帳簿應按各帳戶所用的帳頁順序編號，年度終了時應予裝訂成冊，總分類帳和明細分類帳應在各帳前加一目錄。

第四十四條　各種帳簿除已經用盡外，在決算期前不得更換新帳簿。其可長期連續記載的，在決算期後，不用更換。

第四十五條　各種帳簿在使用前應檢查頁數編號，並貼足印花稅字，其主要帳簿應送當地稅務機構檢印。

第四十六條　會計報告的編制，除了決算報告應將屬於報告期間內的會計事項全部列入外，至於日報、月報等可根據期末辦理完畢時已經入帳的會計事項來編制。

第四十七條　會計報告內所表現的事實，應與帳簿所記載者相符，但預算及其他比較分析數位可不由會計帳簿入帳，而直接編制會計報告。

第四十八條　會計報告有下列情形之一者，應更正：

1. 其內容與會計帳簿不符；

2. 編造不依程序或內容有錯誤；

3. 抄寫、計算等錯誤；

4. 未經簽署人員簽署；

5. 其他與法令、公司規定不符。

第四十九條　會計報告應依公司所訂的期限編送。

第五十條　公司所屬機構所編送的會計報告應為綜合報告，必要時附送所屬機構的會計報告。

第五十一條　各種會計報告，均應留存底稿。

第五十二條　會計報告未經總公司核准，不得隨意給與任何機關、團體和個人查閱參考。會計報告表達方式應儘量使非會計人員易於瞭解。會計報告的規格應大小一致，以便裝訂。

第五十三條　原始憑證應按會計科目區別，依記帳憑證的順序，分別裝訂成冊，另加封面，詳記起訖日期、會計科目種類、起訖號碼等。記帳憑證應按月編號，並按月裝訂成冊，另加封面，詳記日期、起訖號碼、記帳憑證張數。

第五十四條　下列原始憑證需分別裝訂保管，要在記帳憑證上註明保管處所及檔案編號或其他便於查封事項：

1. 各種契約及重要資產憑證，應依編號獨立成卷；

2. 應留待將來使用的現金、票據、證券等憑證；

3. 將來應轉送其他機構或應退還的文件、書據；

4. 其他事項不能依會計科目裝訂成冊者。

第五十五條　公司及所屬機構的會計報告與已記載完畢的會計帳簿等檔案，均應分年編號，妥為保管。

第五十六條　本辦法自公佈之日起實施。

第 四 章

正確籌資方法

1 掌握籌資的六種方式

1. 投入資本籌資

投入資本籌資即透過吸收外界的直接投資以籌集所需資金的籌資方式。此種籌資方式有助於企業的發展壯大,所籌集的資金能儘快形成生產力,並具有較低的財務風險。但是,企業透過投入資本籌資,需從經營利潤中支付投資者相應的投資報酬,因而成本較高,還會造成企業控制權的分散。

投入資本籌資常見的四種類型如下。

(1)吸收國家投資

- 吸收國家投資即吸收有權代表國家投資的政府部門或機構的資產投入
- 此種籌資方式形成的資本叫國有資本,產權歸屬國家,且資金

運作受國家約束，一般存在於國有企業

(2)吸收法人投資

· 吸收法人投資即吸收其他法人單位所投入的依法可支配的資產

· 此種籌資方式發生在法人單位之間，具體的出資方式靈活多樣，企業需為投資單位分配相應比例的利潤或控制權

(3)吸收外商投資

· 吸收外商投資是透過合資經營或合作經營的方式吸收外商的直接投資

· 企業需與其他投資者共同經營、共擔風險、共負盈虧、共用利益

(4)吸收個人投資

· 吸收個人投資即吸收社會公眾以個人名義進行的個人合法財產投入

· 個人投資者的數量眾多，範圍廣泛，且單人投資額較小，企業需為每位投資者分配相應比例的利潤

2.發行股票籌資

　發行股票籌資是指企業透過發行股票，獲取股東購買股票的資產投入的籌資方式。透過此種籌資方式獲得的資產具有永久性，無須償還，且能促進企業的長期穩定經營。

　企業需依據經營情況，從稅後利潤中支付給股東相應股利。由於股利支付是依據經營狀況而定的，因而財務風險較小，但股利支付仍然具有較重的資本成本負擔。同時，發行股票籌資還無法避免企業控制權的分散。

　此種籌資方式限制因素較多，企業須滿足七項條件，才能具備發

行股票的資格。

⑴企業的生產經營符合產業政策。

⑵企業發行的普通股只限一種，同股同權。

⑶發起人認購的股本數額不少於公司擬發行的股本總額的 35%。

⑷在企業擬發行的股本總額中，發起人認購的部份不少於 3000 萬元。

⑸向社會公眾發行的部份不少於企業擬發行的股本總額的 2500，其中企業職工認購的股本數額不得超過擬向社會公眾發行的股本總額的 10%；企業擬發行的股本總額超過 4 億元的，證監會按照規定可酌情降低向社會公眾發行的部份的比例，但是，最低不少於企業擬發行的股本總額的 15%。

⑹發行人在近 3 年內沒有重大違法行為。

⑺證券委規定的其他條件。

3.發行債券籌資

發行債券籌資是指企業透過發行債券，獲取投資者購買債券的資產投入的籌資方式。發行債券投資屬於負債籌資方式，債券是企業向投資者借款的證明。企業須按約定償還本金並支付相應利息。

與發行股票籌資相比，發行債券籌資所需支付的利息允許在稅前扣除，因而成本負擔較小，且有利於沖減應納稅所得額。此外，債券利息固定，不隨經營狀況而改變，一般也不會涉及企業控制權的分散問題。

發行債券籌資雖然成本較低，但利息須定期支付，且本金也有清償期限，假使企業經營不善，本金與利息將會成為企業嚴重的財務負擔，甚至導致企業破產。同時，發行債券有諸多限制因素，且籌資總額有最高限度，依據《公司法》的規定，流通在外的債券累計總額不

得超過企業淨產值的 40%。

企業發行債券的資格條件如下。

⑴股份有限公司的淨資產額不低於 3000 萬元，有限責任公司的淨資產額不低於 6000 萬元。

⑵累計債券總額不超過淨資產的 40%。

⑶公司 3 年平均可分配利潤足以支付公司債券 1 年的利息。

⑷籌資的資金投向符合產業政策。

⑸債券利息率不得超過國務院限定的利率水準。

⑹其他條件。

4.銀行借款籌資

銀行借款籌資是指企業向銀行直接借款的籌資方式。銀行借款籌資是較為常見的負債籌資方式，按照借款期限可分為長期借款和短期借款，按借款條件可分為擔保借款、信用借款和票據貼現。

此種籌資方式方便靈活，企業可自主選擇借款業務，只需要按照銀行規定辦理相關手續，便能很快獲得款項，且利息固定。

銀行借款籌資也存在著相當多的限制因素，籌資數量、還款期限、利息比率等不能隨企業心意而定，一旦企業無法到期清償本息，將會嚴重影響企業信譽，並很有可能導致破產。

企業採用銀行借款籌資方式時，主要受到三項因素的影響。

⑴信貸額度即銀行信貸協議中規定的最高借款限額，直接影響企業透過銀行借款所能籌集的資金數量。

⑵週轉信貸協定是銀行從法律上承諾向企業提供不超過最高限額的貸款協定，是企業銀行借款籌資的基礎。

⑶補償性餘額是銀行要求借款人在銀行中保持的最低存款餘額，一般為貸款限額或實際借款額的 10%～20%。

5.商業信用籌資

此處的商業信用是指企業在正常生產經營和商品交易過程中,由於延期付款或預收帳款所形成的信貸關係。商業信用籌資便是利用商業信用中的延期付款與預收帳款進行籌資。

此種籌資方式具有方便靈活、限制因素少等多項優點,但籌資期限較短,籌資數量有限,且對企業的商業信用有一定的要求,一旦企業無法按期償還本金與利息,則不僅要承擔財務風險損失,對企業信譽也將產生負面影響。

商業信用籌資有兩種常見形式,企業利用賒購商品與賣方企業形成信用關係,由於貨款未付,賒購的商品屬於負債籌資所得。企業利用現金折扣等方式獲取買方企業的預付貨款,由於產品尚未供給,預收的貨款屬於負債籌資所得。

6.企業租賃籌資

租賃籌資是以租賃契約為基礎,透過支付租金獲取特定時期內特定財產的佔有與使用權利的籌資方式。透過租賃籌資獲取的一般為實物資產,此種籌資方式相比其他方式而言,具有以下優缺點。

(1)優點

‧籌資速度快,租賃獲得的資產能夠快速投入使用

‧除租賃契約的條款規定外,租賃籌資沒有太多的限制條件

‧只需定期支付固定租金,財務負擔較小,且有利於降低稅賦

‧租賃期限較短,企業一般無須承擔設備磨損及更新換代風險

(2)缺點

‧籌資成本較高,租金總額相比一般負債籌資的利息較重

‧租賃期滿後,租賃獲得的實物資產需交還出租人,企業無法獲得資產殘值

・未獲得出租人的同意，企業不能隨意改良租賃資產，不然可能導致其無法滿足生產經營需求

2 企業融資方式的選擇原則

1. 適度負債

要素是系統功能的物質基礎。在企業的籌資活動中，雖然面臨多種管道和方式的選擇，但影響企業經濟效益最大的還是核定與處理自身資金（資本金）和借入資金（負債）的比例問題。作為企業管理者，可以有以下籌資選擇：全部安排自身資金，即「自力經營」；基本安排借入資金，即「負債經營」；一部份自身資金和一部份借入資金的合理結合。

完全「自力經營」，企業的財務安全性最大，風險性最小，但投資者的盈利性並非最佳；基本「負債經營」，企業財務風險性最大，安全性最小，企業將面臨沉重的債務負擔壓力，或者因債權人不願借給新債而陷入經營困難。

正確運用負債經營，使之與自有資金合理配置，可使企業在安全性和風險性適度的情況下獲得較高的盈利，提高資本金報酬率，原因在於：

(1)一定的償債風險的壓力，可促使企業管理者有效地運用企業資金，以提高其收益率；

(2)借入資金的利息等費用，作為財務費用可在銷售利潤中扣

除，不包括在應稅利潤之內，減少了應納所得稅，相對增加了稅後利潤，借入資金增加越多，稅後利潤也增加越多。

2.企業融資應量力而行

企業籌資都有其代價，這是市場經濟等價交換原則的客觀要求。正由於此，企業在籌資過程中，籌措多少才算適宜，這是企業管理者必須慎重考慮的問題。籌資過多會造成浪費，增加成本，且亦可能因負債過多到期無法償還，增加企業經營風險；籌資不足又會影響計劃中的正常業務發展。因此，企業在籌資過程中，必須考慮需要與可能，做到量力而行。

企業在正確的籌資選擇之後，應該在財務管理中適當、合理地配置和安排好自有資金與借入資金的比例，正確確定負債經營的「度」。具體地說，在企業籌資結構的配置與安排上應把握四項原則。

(1)以滿足企業最低限度的資金需求量作為籌資的目標。最低需求量，是指在充分利用企業現有資金的基礎上，取得高效投資和發展生產經營所需的最低資金量；

(2)根據借款利息率的高低而定。借款利息率高，資金成本增大，盈利機會相應減少，風險加大。在這種情況下，負債率則應相對降低，借入資金相應減少，反之則可以增加；

(3)總資金的收益率一定要高於借入資金的成本率，只有這樣，借入資金才是有利的，相反則不宜借債或只應少量借款；

(4)負債總額應低於資本金總額，流動負債不能超過企業的速動資產，以便保持足夠的償債能力，使債務借得起還得起。

3.籌資成本應低

籌資成本指企業為籌措資金而支出的一切費用，主要包括：

(1)籌資過程中的組織管理費用；

⑵籌資後的佔用費用；

⑶籌資時支付的其他費用。

企業籌資成本是決定企業籌資效益的決定性因素，對於選擇評價企業籌資方式有著重要意義。因此，企業籌資時，就要充分考慮降低籌資成本的問題。

4.以資金用途決定籌資方式和數量

由於企業將要籌措的資金有著不同用途，因此，籌措資金時，應根據預定用途正確選擇是運用長期籌資方式還是運用短期籌資方式。

如果籌集到的資金是用於流動資產的，根據流動資產週轉快、易於變現、經營中所需補充的數額較小，佔用時間較短等特點，可選擇各種短期籌資方式，如商業信用、短期貸款等；如果籌集到的資金，是用於長期投資或購買固定資產的，由於這些運用方式要求數額大，佔用時間長，應選擇各種長期籌資方式，如發行債券、股票，企業內部積累，長期貸款，信託籌資，租賃籌資等。

5.要保持對企業的控制權

企業為籌資而部份讓出企業原有資產的所有權、控制權時，常常會影響企業生產經營活動的獨立性，引起企業利潤外流，對企業近期和長期效益都有較大影響。如就發行債券和股票兩種方式來說，增發股票將會對原有股東對企業的控制權產生衝擊，除非他再按相應比例購進新發股票；而債券融資則只增加企業的債務，而不影響原有所有者對企業的控制權。因此，籌資成本低並非籌資方式的惟一選擇標準。

6.要有利於企業競爭能力提高

這主要透過以下幾個方面表現出來：第一，透過籌資，壯大了企業資本實力，增強了企業的支付能力和發展後勁，從而減少了企業的競爭對手；第二，透過籌資，提高了企業信譽，擴大了企業產品銷路；

第三,透過籌資,充分利用規模經濟的優勢,增加了本企業產品的佔有率。企業競爭力提高,同企業籌集來的部份資金的使用效益有密切聯繫,是企業籌資時不能不考慮的因素。

7.籌資風險低

企業籌資必須權衡各種籌資管道籌資風險的大小。例如,企業採用可變利率計息籌資,當市場利率上升時,企業需支付的利息額也會相應增大;利用外資方式,匯率的波動可能使企業償付更多的資金;有些出資人發生違約,不按合約注資或提前抽回資金,將會給企業造成重大損失。因此,企業籌資必須選擇風險小的方式,以減少風險損失。

如目前利率較高,而預測不久的將來利率要下落,此時籌資應要求按浮動利率計息;如果預測結果相反,則應要求按固定利率計息。再如利用外資,應避免用硬通貨幣償還本息,而爭取以軟貨幣償付,避免由於匯率的上升,軟貨幣貶值而帶來的損失。同時,在籌資過程中,還應選擇那些信譽良好、實力較強的出資人,以減少違約現象的發生。

心得欄 ------------------------------

----

3 從創意到創業——風險資本（VC）

　　銀行不會雪中送炭，在沒有人幫你的時候，「風險資本」或許會伸出援助之手。正是風險資本成就了微軟、思科、戴爾、康柏等著名公司，這些在 NASDAQ 上市的市值最大的公司都是受風險資本資助的，你是否也想成為他們中的一員呢？

　　你有好的創意，怎樣才能獲得風險資本的支持呢？好的創意欲尋求風險投資的支持，最重要的是讓風險投資者相信這是一個能夠有發展前景的項目，並有一批優秀的技術人才和經營者能夠確保此項目的實施。

　　你要獲得風險資本，首先要讓風險資本瞭解你。否則，大筆資金為什麼會流向你呢？風險投資公司每年會收到上萬個要求風險資本投資的商業計劃書，經過選擇同意做初步接觸的大約有 100 多項，大體上只佔 1.5%。在初步接觸的基礎上做深入會談的大約有 20 多個，真正同意參股簽約的不到 10 項，即不到全部申請項目的 0.1%。贏得風險資本青睞的機會如此之小，你一定要知道風險投資家關注的是什麼，才能有機會成功籌得資金。

　　商業計劃書是創業家的創業藍圖，也是風險投資家的評估項目的主要媒介。商業計劃書是創業家對未來事業的描述，是未來活動的行動方案，同時也是創業家自我評價與自我描述的結果。

4 發行公司債券

　　公司債券是公司為籌集資金按法定程序發行,承諾按一定利率支付利息、並在規定日期償還本金的債務憑證。

　　要借錢的公司設計債券時,首先要確定債券的這三個要素,第一個是票面價值比較好確定,採用市場通行的公司債面值即可。發行總量也就是融資總額,換句話說,你需要多少錢就發多少債;公司選擇的到期日,應該能使償債流出量與公司預期的流入量一致,簡單地說,就是使公司總的償還的現金流量,與計劃的總營業現金流量一致。這種匹配不必很精確;一般情況下,公司在發行日總是試圖把新發行的債券的票面利率,定在與其他品種相似的主要債券利率相等的水準上。

　　第二個是贖回條款,很多公司債券都包括這一條款,它給予發行公司在債券到期日前,提前收回債券的選擇權。公司之所以在債券上加上贖回條款有兩個顯而易見的原因。原因之一是假如利率下調,公司可以償還原有債券,並以較低的利率成本發行新的債券;另一個原因是,如果市場條件變化或公司改變戰略,贖回條款給公司提供了靈活性,使管理層能夠重新安排公司的資本結構。

　　第三個是擔保條款,如果籌資的公司不是信譽好的大公司,常常要以公司特定的一項或一組資產做擔保,發行抵押債券。作為債券抵押品的具體財產在抵押合約中列出。與其他擔保貸款協議相同,抵押品的市場價值應該高於所發行債券的總額,這樣才能保證債權人完全

收回資金。

　　債券投資者自己沒有精力也沒有實力瞭解公司的還款能力，所以投資者必須透過評級機構對公司的債券評級，來獲取債券品質方面的資訊。因而公司在融資時要考慮融資方案公司債券評級的影響。

5　你會使用項目融資嗎

　　項目融資是什麼？「項目融資」是「為企業安排的融資，其貸款人在最初考慮安排貸款時，滿足於使用該經濟實體的現金流量和收益作為償還貸款的資金來源，並且滿足於使用該經濟實體的資產作為貸款的安全保障」。

　　項目融資也叫現金流量融資，指為建設、經營項目而成立新的獨立法人，即項目公司，項目公司以項目預期現金流量作為還款保證。

　　項目融資和一般的公司融資有什麼不同？債權人的追索權限不同。在一般公司融資中，公司的債權人對債務具有完全的追索權，也就是說，當融資項目的淨營運效益不能滿足合約規定的報價或償還貸款資金時，可追索公司其他項目、業務收益及資產來償債；而對於項目融資，債權人的追索權僅限於項目產生的淨營運收益。

　　項目融資的方式很多，常見的幾種有：產品支付、遠期購買、融資租賃、BOT、ABS、設施使用協定和黃金貸款。

　　一個項目融資，大致可以分為五個階段來完成，即投資決策分析、融資決策分析、融資結構分析、融資談判和項目融資的執行。

項目融資金額巨大，涉及的利益各方很多，不確定性因素較多，所以風險很大。因此，在融資的每一階段都要通盤考慮全部融資過程中的風險，包括信用風險、建設和開發風險、市場和運營風險、外匯風險和政治風險等等。雖然項目融資對於急需資金的中國政府和廣大公司而言，是重要的融資方式，但運用時一定考慮它各個環節的不確定性，慎之慎之！

6 選擇合適的籌資方式與期限

公司的籌資方式主要有發行股票、發行債券、銀行借款、融資租賃、商業信用等，每種方式都有自己的特點。財務主管必須對各種籌資方式從不同角度進行分析對比，才能作出正確選擇。根據各種籌資方式資金成本的高低、還本付息風險的大小、籌資期限的長短、籌資靈活性的大小、籌資手續方便程度以及所籌資金的使用限制條件因素，選擇合適的籌資方式與期限，各種籌資方式列表比較如下(見表4-1)：

1.籌資方式選擇

籌資方式按其期限分為短期籌資方式和長期籌資方式兩大類。短期籌資是指償還期不超過一年的短期負債，如商業信用、短期銀行借款、短期債券以及結算形成的自然性融資。長期籌資是指償還期超過一年的負債和自有資金的籌措，如發行股票和長期債券、長期銀行借款、融資租賃等方式。兩類籌資方式在選擇時，是分別進行的。

表 4-1　籌資方式比較表

考慮因素	順序	各種籌資方式
資金成本	低→高	商業信用、銀行借款、債券、租賃、優先股、普通股
籌資風險	小→大	普通股、優先股、商業信用、租賃、債券、銀行借款
靈活性	大→小	商業信用、銀行借款、租賃、債券、普通股、優先股
方便程度	易→難	商業信用、租賃、銀行借款、債券、優先股、普通股
籌資期限	長→短	普通股、優先股、租賃、債券、銀行借款、商業信用
使用限制	小→大	普通股、優先股、債券、銀行借款、商業信用、租賃

　　短期籌資方式的選擇，著重考慮資金成本的高低和靈活性的大小兩個因素。靈活性是指公司在需要資金時能否及時籌集到，不需要時能否及時償還。據此，首先是選擇商業信用，因為若在折扣期內付款，資金成本最低，靈活性也最強；其次考慮短期銀行借款；最後考慮發行短期債券融資。

　　長期籌資方式的選擇，著重考慮資金成本和財務風險兩因素。往往是有些長期籌資方式資金成本較低，但會增加財務風險，如長期銀行借款和發行長期債券，會提高公司的資產負債比例，增加財務風險的可能性，而另一些長期籌資方式雖然風險小，但資金成本高，如發行普通股股票和優先股股票等。這就需要財務主管對籌資風險和資金成本進行反覆權衡。

　　一般來說，公司對長期籌資方式的選擇，首先，應考慮對資本金的籌集，確定是否需要發行新股票，發行多少。資本金籌足之後，根據資金成本等因素，可依次採用長期銀行借款、發行長期債券的籌資方式，必要時也可以採用租賃融資的方式。其次，不能單獨考慮某一種籌資方式是否可行，而應當考慮資本結構是否合理，綜合權衡籌資

風險與收益的關係，從總體上安排好負債與自有資金的比例，來確定是增加長期負債還是增加資本金。

2.籌資期限選擇

公司在進行籌資決策時，首先要考慮所需資金的使用期限。其基本原則是：用於短期需要的資金，採用短期籌資方式；用於長期需要的資金，採用長期籌資方式。因為固定資產購建等長期投資項目不能在短期內收回，如採用短期籌資方式，不僅會使公司資金週轉發生困難，而且還可能產生財務風險；反之，原材料採購等短期投資項目，則不宜採用長期籌資方式，以免造成資金閒置浪費，增加利息支出，影響籌資效益。

在考慮所需資金的使用期限時，必須具體分析公司資產的佔用情況。公司資產可分為流動和非流動資產兩大類。由於公司生產經營大多存在季節性和週期性的波動，流動資產及其資金需求也隨之變化。

處於生產經營活動低谷時所需要保持的流動資產稱為永久性流動資產，隨生產經營的波動而相應增減的流動資產稱為臨時性流動資產。根據公司資產結構的特點，籌資期限的選擇可分為以下三種：

(1)中庸型融資

是指臨時性流動資產佔用的資金透過短期籌資方式解決，而永久性流動資產和非流動資產佔用的資金以長期籌資方式解決。這種期限結構的資金成本和籌資風險都較一般。

(2)積極型融資

是指以短期籌資方式所籌集的資金不僅用來滿足臨時性流動資產的佔用，而且還用來滿足永久性流動資產的佔用，只有非流動資產佔用的資金才用長期籌資來解決。這種期限結構的資金成本較低，但籌資風險較大。

(3)穩健型融資

也稱保守型融資，是指不僅永久性流動資產和非流動資產的資金佔用，而且包括部份臨時性流動資產的資金佔用，都以長期籌資方式來解決，另一部份臨時性流動資產的資金佔用以短期籌資方式來解決。這種期限結構的籌資風險較小，但資金成本較高，會使公司的收益減少。

可見，籌資期限的選擇，實質上也是對籌資收益與風險的抉擇。公司究竟應選擇何種類型的籌資期限結構，主要取決於以下兩個方面：一是公司的資產類型。如果一個公司的流動資產較多，可以較多地採用短期籌資方式；反之，則應較多地採用長期籌資方式。二是公司總經理及財務主管的偏好。如果總經理及財務主管偏好較高的收益，可以更多地採用成本低、風險大的籌資方式；倘若總經理及財務主管偏好安全性，則可以更多地採用風險小、成本高的籌資方式。

7 資金成本的考量與計算

公司透過各種資金來源，採用不同的籌資方式所籌集的資金，其資金成本各不相同。正確計量資金成本，是財務主管選擇資金來源和籌資方式，擬訂籌資決策方案的客觀依據，也是評價投資項目可行性的主要標準。

精明的老闆們常常打著算盤，「這件事情收益是多少，成本是多少，這件事情能不能幹？」。你在公司的經營中有自己的算盤了嗎？

資本成本是指公司籌集和使用資金而付出的代價。包括籌集費用和使用費用。籌集費用是公司在籌資過程中為獲取資金而付出的費用，如向銀行支付的借款手續費、發行股票和債券時發生的手續費、資產評估費、公證費等發行費用。這些費用只在資金籌資時一次性支付。而資金的使用費用是指因為獲得資金的使用權而向資金的提供者支付的成本，例如債券的利息、股票股利、銀行貸款利息等等。資本成本可以被認為是資金提供者的預期的回報率，或者稱為「投資者要求報酬率」

資本成本是非常重要的，它是公司做出籌資決策和投資決策的重要參考依據。也許你已經知道了近幾年來流行的一種新的財務方法，經濟附加值方法（EVA）。如果你對這種方法有所瞭解，你就會發現這種被給予極高評價、並迅速的被廣泛使用的方法好像也並沒有什麼特殊之處，只不過利用它做出決策時重視了資本成本，從而使得這種方法更符合公司價值最大化目標。由此我們也看到了資本成本的重要性。

資本成本分為個別資本成本和加權資本成本。個別資本成本是每一種籌資方式各自的成本，可以相互進行比較。加權資本成本是根據各種籌資方式所佔比重對個別資本成本加權平均得到的。公司財務中更重視加權資本成本。

1. 資金成本的影響因素

公司籌集資金，不論是所有者投入，還是向債權人借人，都需要付出代價。公司為籌集資金所付出的代價就是資金成本，它是公司為取得和使用資金而支付的各種費用，包括資金佔用費和資金籌集費兩部份。前者是因公司使用資金而向資金提供者支付的報酬，如公司支付給股東的股息和紅利，支付給債權人的利息以及支付給出租人的租

金等。這部份費用主要包括資金時間價值和投資者所要求的投資風險報酬。後者是指公司在籌集資金過程中發生的各種費用，如發行股票、債券支付的印刷費、發行手續費、評估費、公證費、廣告費等。

　　資金成本的高低與所籌集的資金總額相關，公司每次籌集資金的數額並不相同，所花費的資金成本也不一樣。為了便於比較，資金成本通常用相對數來表示，即公司使用資金所負擔的費用與籌集資金淨額對比，稱為資金成本率。用公式表示如下：

$$K = D \div [P \times (1-f)] \times 100\%$$

式中：

K——資金成本率；

D——資金佔用費；

P——籌集資金總額；

F——籌資費用率。

　　資金成本是一個重要的經濟範疇。第一，資金成本是在市場經濟條件下，由於資金所有權與資金使用權相分離，決定著資金使用者必須向資金所有者或仲介人支付佔用費和籌資費；第二，資金成本既具有一般產品成本的基本屬性，又具有不同於一般產品成本的某些特徵；第三，資金成本與貨幣時間價值既有聯繫，又有區別。資金成本的基礎是貨幣時間價值，但兩者在數量上是不一致的，資金成本既包括貨幣時間價值，又包括投資的風險報酬價值。

　　正確計量資金成本是財務主管財務管理的一項重要內容。這是因為：

・資金成本是公司選擇資金來源，擬定籌資方案的客觀依據；

・資金成本是公司評價投資項目可行性的主要標準；

・資金成本可作為評價公司資本結構是否合理的一項重要指標。

在市場經濟條件下，公司資金成本的高低受多方面因素的影響，主要有外部因素和內部因素兩大方面。

外部因素表現在資金市場環境變化的影響，如果市場上資金的需求和供給發生變動，投資者就會相應改變其所要求的投資收益率。一般來說，當貨幣需求增加時，而供給沒有相應增加時，投資者就會要求提高其投資收益率，公司的資金成本就會上升；反之，則會降低其要求的投資收益率，資金成本就可能下降。

內部因素主要是指公司的經營和融資狀況，集中體現在經營風險和財務風險的大小對公司資金成本的影響。經營風險表現在公司預期資產收益率的變動上，財務風險反映公司融資結構和到期償還債務的可靠性程度。

如果公司的經營風險和財務風險大，投資者所要求的投資風險附加率就會提高，公司的資金成本就上升；反之，投資者可能降低對投資風險附加率的要求，資金成本就會下降。

2.資金成本的計算

公司需要為其投資項目籌集資金，一般來說，這部份資金是由企業現有資產創造的。如果企業內部生成的資金不夠，就會向外部投資者(貸款人和股東)籌集資金。但無論企業的資金來源於何處，資金都不會被無償使用，企業都要為之付出代價，這種代價就是企業使用投資者資金所付出的代價，當這種代價被投資者看成是他們提供資金的期望回報率時，就稱作資本成本。

資本成本、投資者要求回報率和投資者期望回報率含義其實是可以相互替換的。企業的權益成本是投資者持有公司股票要求的期望回報率；企業的負債成本是債權人對公司貸款或發行的債券要求的回報率。

(1)如何計算債券成本

發行債券的成本主要指債券利息和籌資費用。債券成本中的利息在稅前支付，具有減稅效應。債券的籌資費用一般較高，這類費用主要包括申請發行債券的手續費、債券註冊費、印刷費、上市費以及推銷費用等。債券成本的計算公式為：

$$K = [I(1-T)] \div [B(1-F)]$$

式中：

K——債券成本；

I——債券年利息；

T——所得稅率；

B——債券籌資額；

F——債券籌資費用率。

例：某企業發行一筆期限為 10 年的債券，債券面值為 1000 萬元，票面利率為 12%，每年付一次利息，發行費用率為 3%，所得稅稅率為 40%，債券按面值等價發行。則該筆債券的成本為：

$$K = [1000 \times 12\% \times (1-40\%) \times 100\%] \div [1000 \times (1-3\%)]$$
$$= 7.42\%$$

(2)銀行借款成本

銀行借款成本的計算基本與債券一致，其計算公式為：

$$K = [I(1-T)] \div [L(1-F)]$$

式中：

K——銀行借款成本；

I——銀行借款年利息；

T——所得稅稅率；

L——銀行借款籌資總額；

F——銀行借款籌資費用率。

⑶優先股成本

企業發行優先股，既要支付籌資費用，又要定期支付股利。它與債券不同的是股利在稅後支付，且沒有固定到期日。優先股成本的計算公式為：

$$K = D \div [P(1-F)]$$

式中：

K——優先股成本；

D——優先股每年的股利；

P——發行的優先股總額；

F——優先股籌資費用率。

例：某企業按面值發行 100 萬元的優先股，籌資費用率為 4%，每年支付 12%的股利，則優先股的成本為：

$$K = [100 \times 12\% \times 100\%] + [100 \times (1-4\%)] = 12.5\%$$

企業破產時，優先股股東的求償權位於債券持有人之後，優先股股東的風險大於債券持有人的風險，這就使得優先股的股利率一般要大於債券的利息率。另外，優先股股利要從淨利潤中支付，不減少公司的所得稅，所以，優先股成本通常要高於債券成本。

⑷普通股成本

普通股成本的計算，存在多種不同方法，其主要方法為估價法。該方法是利用估計普通股現值的公式，來計算普通股成本的一種方法。普通股現值的計算公式：

$$V_0 = \sum D_i \div [(1+K) + V_n \div (1+K)^n]$$

由於股票沒有到期日，那麼，當 n 趨於無窮大時：

$$V_n \div (1+K)^n = 0$$

所以，股票的現值為：

$$V_0 = \sum D_i \div (1+K)$$

式中：

V_0——普通股現值，即發行價格；

D_i——第 i 期支付的股利；

V_n——普通股值值；

K＝普通股成本。

這樣，可利用以上兩式求出 K，即普通股成本。

以上兩個公式計算都比較複雜，如果每年股利固定不變，假定為 D，則可視為永續年金，普通股成本的計算公式可簡化為：

$$K = D \div V_0$$

普通股籌資費用率為 F 時，則有：

$$K = D \div [V_0(1-F)]]$$

許多公司的股利都是不斷增加的，假設年增長率為 G，則普通股成本的計算公式為：

$$K = D \div [V_0(1-F)] + G$$

式中，D 為第 1 年支付的股利。

例：東方公司普通股每股發行價為 100 元，籌資費用率為 5%，第一年末發放股利 12 元，以後每年增長 4%，則：

普通股成本＝$12 \div [100 \times (1-5\%)] + 4\%$

$$= 16.63\%$$

(5)留存收益成本

一般企業都不會把全部收益以股利形式分給股東，所以，留存收益是企業資金的一種重要來源。企業留存收益，等於股東對企業進行追加投資，股東對這部份投資與以前繳給企業的股本一樣，也要求

有一定的報酬。

所以，留存收益也要計算成本。留存收益成本的計算與普通股基本相同，但不用考慮籌資費用。其計算公式為：

$$K = D \div V_0$$

股利不斷增加的企業則為：

$$K = D \div V_0 + G$$

式中：K 為留存收益成本。

其他符號含義與普通股成本計算公式相同。

普通股與留存收益都屬於所有者權益，股利的支付不固定。企業破產後，股東的求償權位於最後，與其他投資者相比，普通股股東所承擔的風險最大，因此，普通股的報酬也應最高。所以，在各種資金來源中，普通股的成本最高。

⑹怎樣計算加權平均資本成本

企業可以透過多種管道、多種方式來籌集資金，而各種方式的籌資成本是不一樣的。為了正確進行籌資和投資決策，就必須計算企業的加權平均資本成本。

加權平均資本成本是指分別以各種資本成本為基礎，以各種資金佔全部資金的比重為權數計算出來的綜合資本成本。其計算公式為：

$$K = \sum W_j K_j$$

式中：

K——加權平均資本成本；

K_j——第 j 種個別資本成本；

W_j——第 j 種個別資本佔全部資本的比重（權數）。

例：某企業共有資金 100 萬元，其中債券 30 萬元，優先股 10

萬元，普通股 40 萬元，留存收益 20 萬元，各種資金的成本分別為：

表 4-2　資金成本列表

債券	優先股	普通股	留存收益
6%	12%	15.5%	15%

計算過程可透過表 4-3 來進行。

表 4-3　資金成本的計算

籌資方式	資本成本	資金數額（萬元）	所佔比重	加權平均資本成本
債券	6.0%	30	30%	1.8%
優先股	12.0%	10	10%	1.2%
普通股	15.5%	40	40%	6.2%
留存收益	15.0%	20	20%	3.0%
合計		100	100%	12.2%

表 4-4　籌資成本計算公式列表

籌資類型	計算公式	備註
債券	$K = [I(1-T)] \div [B(1-F)]$	利息費用部前列支，有一定籌資費用，成本較低
銀行借款	$K = [I(1-T)] \div [L(1-F)]$	利息費用稅前列支，成本低
優先股	$K = D \div [P(1-F)]$	優先股成本通常要高於債券成本
普通股	$K = D \div [V_0(1-F)] + G$	籌資成本最高
留存收益	$K = D \div V_0 + G$	內部籌資
加權成本	$K = \sum W_j K_j$	公司的綜合資金成本

8 如何提高公司的融資能力

公司為了保證發展所需資金,不僅需要確立合理、有利籌措管道,更重要的是要有較強的資金籌措能力,達到較快地資本積累和積聚速度。為此,公司必須實施以提高資金籌措能力為中心的各種行之有效的戰略措施,這種戰略措施主要包括:

1.增強企業素質,提高企業的資金籌措能力

企業資金籌措能力是由企業內部經營的好壞,即由企業本身的素質決定的。其中,關鍵取決於企業盈利能力。如果企業素質好,經營穩定,盈利情況自然也好。像這樣的企業即使是中小企業也同樣具有較強的資金籌措能力。

日本有一家僅有 29 人的小公司,生產理髮、美容用的化妝品,由於該企業建立自己獨特的直接銷售體制,詳細地劃分市場,不斷開發新產品,獲得了較高的利潤。

2.提高企業信譽,在較有利的條件下取得銀行貸款

銀行在向企業貸款時,主要是根據企業的收益性和流動性,企業產品的特點及其需要情況,企業貸款理由和償還的可能性,企業的經營狀況和經營能力等因素來判斷是否向企業貸款以及貸多少款。如果企業經營素質比較好,利潤比較高,使企業有比較高的信譽,特別是象這類企業一般都具有較好的發展前景,因此,就可以在比較有利的條件下取得貸款。如上述公司由於經營素質好,利潤高,使其能以比較優惠的條件取得銀行的長期貸款。

3.擴大企業影響，提高知名度，有利於企業開闢多種資金籌措管道

企業經營素質好，可以提高企業的知名度，使企業在社會上建立起良好的企業形象，使企業可以透過各種管道來增率，發行公司債券，擴大企業間信用等，從而有利於企業開闢多種資金供應管道。

總之，增強企業素質是提高企業資金籌措能力的最基本的戰略措施，是資金籌措戰略的基礎，因此，提高企業資金籌措能力的關鍵在於加強企業內部管理，增強企業素質。

4.調整企業與金融機構的關係，確保長期穩定的貸款來源

企業特別是小公司為了在有利條件下穩定地從銀行取得貸款,不僅需要有較好的企業素質，同時，還要同銀行建立良好的關係，這一點對於小公司來說尤為重要。小公司在進行貸款前，一般要分析銀行的貸款方針和政策，並在充分理解這些方針和政策的基礎上，來選擇金融機構。

一般來說，在進行這種選擇時的標準是：①對小公司的事業和發展抱積極態度的；②對小公司的產品開發和技術改革熱情支持的；③貸款利率較低，不要求過多擔保的；④能對小公司進行經營指導的；⑤分支機構較多，比較方便的，資金成本較低的；⑥只要小公司能保證償還貸款，可以為小公司承擔風險的。透過上述標準選擇的金融機構，不僅能向小公司提供貸款，而且還能對小公司的管理進行扶植幫助，使小公司得到更多的好處。

在選擇了銀行以後，就要同銀行保持長期穩定的關係，而保持這種關係的基礎則是加強同銀行的聯繫，加深對銀行的瞭解。

5. 制定靈活的資產籌措政策，適應外部經濟環境變化

企業所處的經濟環境是不斷變化的，在這種變化中，受影響最大的是小公司。如小公司經常被當做金融的「調節閥」，在金融緊縮時減少對小公司的貸款，反之，增加對其貸款。在這種情況下，小公司就需要採取靈活的資金政策，適應外部環境的變化。為此，小公司所採取的主要政策是：

一般來說，在經濟繁榮發展時期，小公司往往提出企業擴建計劃，並且也能比較容易地得到企業發展所需的資金。但是，一旦遇到經濟蕭條或金融緊縮，小公司往往難於得到資金，不得不停止擴建項目，從而使小公司遭受更大的損失。為此，就需要小公司從長期著眼，在預測未來的人口增加、市場變化、技術革新發展的基礎上，制訂與長期經營計劃相適應的資金計劃，使企業能有一個比較穩定的資金來源。

9 籌資的重要步驟

1. 安排籌資時間

財務主管應合理安排籌資時間，如下所述：

(1)籌資活動開展時間安排

籌資活動的開展時間應當根據籌資需求確定後的籌資規劃結果而定，開展時間應當確保籌資活動能夠按時按質完成。

(2)籌資活動結束時間安排

籌資活動結束時間應當根據開展時間與籌資活動的繁重量而定，結束時間既要保證籌資工作能夠全部完成，還要注重工作效率。

(3)籌集資金到位時間安排

籌集資金到位時間應根據籌資活動結束時間和資金的使用需求而定，資金到位時間應在資金實際使用時間之前，以便預留一段時間作準備。

(4)負債籌資清償時間安排

負債籌資清償時間即企業採用負債籌資方式時，需要償還全部本金及利息的期限，具體應根據雙方的協商結果而定，儘量為企業爭取更多空間以保障財務安全。

2.降低籌資成本

籌資成本包括籌資活動中的各項支出、籌資手續辦理的相關費用，以及企業支付給投資者的報酬、股利、利息、租金等。降低籌資成本主要透過兩項途徑實現。

⑴籌資活動規則。合理配置資源，提高工作效率，減少不必要的業務活動，嚴格控制籌資活動中的費用支出項目。

⑵籌資方式選擇。不同的籌資方式，其成本各有不同，合理選擇籌資方式，確定籌資比例，將直接影響籌資成本。

3.籌資風險控制

(1)籌資風險識別

企業的籌資風險主要體現於籌資活動風險、資金到位風險、成本支付風險和負債清償風險四大方面，具體說明如下。

①籌資活動風險。企業籌資活動由於各種原因，導致進度受到影響，無法在指定時間內按要求完成計劃規定的所有工作。

②資金到位風險。籌資合約簽訂後，由於各種原因導致對方無法按照合約的約定支付款項，從而使資金無法按時到位。

③成本支付風險。由於經營不善等各種原因，導致企業無法按期支付投資報酬，股利、債券利息、借款利息、租金等成本費用。

④負債清償風險。由於經營不善或資金週轉問題，導致企業無法按期清償負債籌資的本金，可能使企業面臨倒閉危機。

(2)風險應對管控

針對上述四類籌資風險，財務主管應建立風險預警機制，並落實四項應對措施，對各類風險加以控制。

①科學預測。應對風險首先應科學預測出各種不確定性因素與可能情況，避免始料不及。

②有效規避。針對風險識別與評估結果，財務主管應透過確定最佳籌資結構等途徑，有效規避部份風險。

③加強監控。財務主管應加強籌資活動和企業經營的監督控制，及時發現異常趨勢並加以解決。

④預留後路。針對資金到位風險等突如其來的問題，財務主管應預留後路，事先設置救急方案。

4.簽訂籌資合約

為了避免法律風險和糾紛，財務主管應嚴格把控籌資合約簽訂過程，保證合約簽訂符合兩大方面的基本要求。

(1)籌資合約內容要求

財務主管在審查籌資合的同時，應當保證籌資合約滿足的四項基本要求。

①合約的格式與內容應規範合法，不得與法律法規相違背。

②合約條款應以雙方共識為基礎，不存在矛盾歧義。

③合約應具備完整性，違約責任、不可抗力等內容不可缺少。

④合約修改應符合規範要求，隨意塗改將導致合約失效。

(2)合約簽訂要求

籌資合約的簽訂過程應當滿足四項基本要求。

①合約的簽訂主體應當為具備簽訂資格的企業法人，委託他人代理簽訂時，應當具備合法的委託代理證明。

②合約簽訂應在公開場合進行，雙方應處於平等立場，不存在脅迫情況，整個過程最好有公證機構從旁公證。

③合約簽訂前，雙方應仔細閱讀合約內容，對各項條款進行確認，在不存在異議的情況下簽訂合約。

④合約簽訂應在指定位置，簽字應為本人親筆，需加蓋的公章、私章應符合法律的規範要求。

10 向銀行借款籌資的案例

2000 年 2 月前後，香港商界上演了一場震動東西方市場的收購大戰。香港首富李嘉誠之子李澤楷任主席的盈科數碼動力(簡稱盈動)與新加坡前總理李光耀之子李顯揚任總裁的新加坡電信行政(簡稱新電信)，爭奪收購香港電訊。雙方鬥智鬥勇，幾經波折，最終盈動勝出。在這場收購大戰中，盈動獲勝的一個重要因素，是其為爭奪香港電訊的控制權，向多家銀行包括滙豐投資、法國國家巴黎銀行及中銀融資等，籌借 100 億美元(約 770 億港元)的過

渡性貸款，不惜每年擔負 50 億港元的利息支出，打破以往銀團貸款的最高紀錄。這實為借入資本籌資運作的入手筆。

內部積累不足以滿足公司擴張的需要，如何才能從銀行取得借款呢？我們可以站在銀行的立場上考慮一下銀行發放貸款的條件。

而銀行家都把風險規避看作一門藝術。只有經過考慮，確認了公司有足夠的能力還款，才會決定向公司貸款。

關鍵是要說服銀行，我們的公司是值得貸款的。在貸款之前，銀行會要求你提交能證明公司的證據，你必須提供一份公司的財務報表和全面的企業計劃，包括實在的銷售收入和費用預測。銀行是靠貸款賺錢的，他們總是在尋找可靠的貸款對象。如果你的公司有清晰的財務報表，也有經證實可靠的財務紀錄，那你就能從銀行獲得貸款。注意，你一定要表現出完全有還款能力的自信，銀行才會考慮向你貸款。

由於長期貸款期限長、風險大，所以精明的銀行家在給你貸款之前，有時會向你提出一些有助於保證貸款按期足額償還的條件，例如，銀行貸款給激情活力運動服飾公司購買運動鞋生產設備。生產設備一購進就成為了該項貸款的擔保，直到公司還清貸款為止。這種情況下，典型的做法是公司必須至少先付所購資產價格的 20%，如果不能還貸，該項資產就會被變賣以抵償銀行的貸款。用存單、應收票據和存貨等流動性資產做抵押最容易獲得貸款，因為公司不能還貸時，這類資產最容易變賣。

銀行最樂於做的是「錦上添花」，絕不是「雪中送炭」。「只有在你不需要錢時，銀行才會把錢借給你」。

按銀行的觀點，大公司經營狀況穩定，可用作抵押的資產也多，信譽良好，收不回貸款的風險小，因而願意貸款給這樣的大公司；相反，小公司沒有足以證明資金安全的證據，所以通常要提高貸款利率

才能獲得貸款。

聘請財務顧問，可以使你的融資變得更容易。引入金融機構入股或對金融機構參股，也是獲得金融機構支持的捷徑。

心得欄 _____

_____

_____

_____

_____

_____

第 五 章

掌控資金的週轉能力

1 必須持有夠用的現金

　　在財務管理中，現金不等同於通常所說的現款，我們把在企業內以貨幣形態存在的資金統稱為現金。也就是那些隨時能變現的「錢」，包括庫存現金、銀行存款、銀行本票、銀行匯票等等。

　　相對而言，現金是變現能力最強的資產。持有現金是企業實力的象徵，是企業較強償債能力和較高信譽的表現。但並不是企業擁有的現金越多越好，企業持有過量現金會導致資金閒置，不能使企業資金發揮最大的使用效力。並且從一定意義上講，現金是處於兩次週轉之間的間歇資金。現金管理不嚴，會使企業資金週轉延緩，直接影響企業整個流動資金的正常週轉，並進一步影響生產經營活動的正常進行。

　　此外，加強現金管理，對於搞好公司財務也是十分必要的。因

此，對於任何一個企業來講，如何做到現金既不缺乏也不過剩，看好自己的金庫並有效地防止現金濫用和流失都是一件十分重要的事情。

在企業的實際生產運營過程中，現金往往不能或很少能提供收益。從這一點上看，企業應該杜絕持有現金。但是在實際上，任何一個企業都不會這樣做，它們總是要保持一定量的現金。究其原因，企業持有現金是由它的交易動機、預防動機和投機動機所決定的。

1. 正常的經營活動離不開現金

企業必須持有一定的現金以滿足生產經營過程中的支付需要。企業的生產經營活動是連續不斷的，在這一過程中，償還債務、購買材料、發放薪資、支付雜項費用等各種各樣的支付需要每天都會大量不斷發生。雖然企業也在不斷地透過銷售、收回應收帳款等行為而產生一些現金的收入，但是這種收入與需要的現金支出並不能保持同步，於是儲備一定量的現金以便滿足不斷發生的支付需要就是必要的。否則的話，必要的交易無法完成，企業的正常生產經營活動也較難以繼續。此外，在有些企業裏，其銷售活動中可能需要一定量的現金用於找零，這也是持有現金的一個原因。

為了交易的需要而持有足夠的現金，還能得到的好處是：第一，較多的現金儲備可以提高企業的流動性和償債能力，維持企業較高的信譽，從而使企業能夠很容易地從供應者那裏取得商品使用；第二，較多的現金餘額可以使企業充分利用交易現金折扣，從而降低購貨成本或降低財務費用。

企業出於交易動機而持有的現金額通常被稱為交易性現金餘額。交易性現金餘額的數量主要取決於企業的生產經營規模特別是營銷規模，一般而言應與營銷規模呈正比例的變動。此外，企業生產經營的性質（如製造業或零售業）、特點（如是否有季節性）等也會影響到

企業所持有的交易性現金餘額的大小。

2.預防意外的開銷

有時候，企業有一定的現金以便應付發生意外事件所產生的現金需要。現代企業的經濟環境和經濟活動日趨複雜，因而企業未來的交易性現金需要並不總是確定的，再加上有可能出現的各種自然災害，都有可能使未來的現金需要發生異常變動。因此，為了滿足未來發生意外事件的現金支付需要，也為了保證企業未來的生產經營活動得以進行下去，企業應該考慮保持一定的現金儲備，也就是說，應該持有一個較之正常交易所需要的現金量更大一些的現金餘額。

企業為預防動機而持有的現金額被稱為預防性現金餘額。預防性現金餘額的數量取決於企業生產經營的穩定性和企業對未來所作的現金預防的準確性。一般而言，企業生產經營比較穩定，現金預測相對比較準確，預防性現金餘額可以相對較小；反之，則應保持較大的預防性現金餘額。此外，企業臨時性融通短期資金的能力、管理當局願意承擔的風險程度、未來自然災害及其他某種變故發生的可能性都是影響預防性現金餘額大小的重要因素。

2 資金週轉不靈的原因

　　企業經營的最大目標是獲得利潤。利潤的獲得，全靠營業活動來支撐，為了維持企業的業務活動，必須有一大筆資金。有了資金必須不斷流動才能產生效益，資金停滯不僅不能產生效益，甚至會帶來損失，嚴重者可導致倒閉的惡運。可見加強資金流動是經理的一項重要工作，也是財務控制的重要內容。

　　資金不足、週轉不靈，是企業最頭痛的事。許多企業的經營狀況並不差，年度決算有相當可觀的利潤，但卻經常感到資金週轉不靈，經營困難。其原因不外以下 9 種：

1. 產品滯銷

　　產品製成後不適合市場需要，儲存於倉庫，收不回投入的資金，自然發生資金困難，無法繼續生產和經營。在經濟不景氣時，許多企業因產品滯銷，無法維持而倒閉。目前房地產開發公司的房子蓋好了賣不出去，有的被迫停業倒閉；有的大商場，商品賣不出，資金入不敷出，也形成破產。

2. 材料呆存

　　購入材料的目的，是為了迅速製成產品，銷售出去，收回現金，以便循環使用。如購入材料質量不適合用，在庫呆存太多，必然造成運營困難。

3. 固定資產投資過多

　　有的經理規劃不週全，拼命擴充設備，增加固定資產投資，投

產後產品銷售不出去，造成資金週轉困難。

4.負債過重

企業負債過多，利息負擔過重，當營業不能獲得相當利益時負債到期無法清償，勢必形成以債養債，利息更增加，惡性循環，營運更陷於困境。

5.貨款收回太慢

產品售出應及時收回貨款，資金才能週轉，如應收貨款過多、長期收不回來，甚至造成呆帳、壞帳，必然導致資金週轉不靈。

6.經營發生虧損

營業發生虧損，入不抵出，資金越來越少，長期下去，企業將無資金可用，經營何以進行，企業終將關閉。

7.盈餘無適當保留

每年盈餘全部份光，無適當保留。如增加設備擴大經營必須靠借債支應，借債要付利息，利息增加盈利則減少，互相循環影響，營運更感困難。

8.虛盈實虧

在物價持續上漲情況下，企業的盈利有些是漲價因素所形成，因為帳面記錄與成本計算是按歷史成本計算的，而售價是按現時價計算，兩者之差轉化為利潤，除去上交所得稅後，再去購買實物也不能補償已耗用實用；越週轉盈利越多，而實物量越少，造成帳面上盈餘，實質上虧本。時間已久，資金困難的問題更為嚴重。

9.欠缺週密的資金計劃

有些企業雖然有盈利、資金也不少，但由於缺少一個週密科學的資金計劃表，一旦發生未預料的情況就會產生困難，而且資金使用效果也不會好。

3　認識資金週轉計劃

所謂「資金週轉計劃」是指提前計劃在一定時期內資金的增減及其用途。資金週轉一般依據計劃時期的長短，分為「長期資金計劃——超過一年及其以上的計劃」和「短期資金計劃——一年以內的計劃」。

兩種編制的方法是一樣的，區別就在於計劃期長短不一樣。應該說，計劃期越短，計劃就越精確，應用價值越大；計劃期越長，計劃就越不精確。的確如此，我們可以大概計劃下個時期，下個月幹什麼，計劃一年後就沒個定數，計劃 10 年後幹什麼的意義就更小了。當然，對於一些大工程，長期投資項目來說，可能要做時期較長的資金週轉計劃。但對一般企業來說，3 個月，半年，一年的資金週轉計劃更為實用。

1. 制訂資金週轉計劃的必要性

在資金週轉順利，資金活動較簡單的企業中，可能制訂資金週轉計劃的需求不會那麼強烈。例如在購貨，銷售全部以現金往來的雜貨店，小攤小販等，對他們來說，每天銷售所得減去上貨成本就是利潤。若沒有利潤，那推測或許是由於商品沒有銷售出去而導致的，只需用降價的方式就可以把貨賣出去的。這樣簡單的經營活動是很容易把握資金流向的。

小店鋪要改裝，店面要擴大等資金需求一般是老闆自己出錢，或向親朋好友借，這類店鋪一般只有簡單的記帳，談不上什麼嚴密的

會計制度和會計報表，因此，他們一般不向銀行合貸。對他們來說，即使沒有資金週轉計劃，生意照做不誤。

但對一般的企業來說，資金的週轉情況就複雜多了。若不制訂資金週轉計劃，就需要經營者有一個記憶力極強的大腦，在腦中存儲資金有缺的資訊。但實際上，企業規模一大，資金週轉狀況一複雜，一般的人腦就對付不了，若不制訂資金週轉計劃，也許暫時還能順利，但長遠來看，很難不出漏子。因此，花點時間制訂資金週轉計劃對企業來說是很有意義的事情。而且制訂計劃的時候，也往往是決定資金不足時採用何種融資方式的時候，這樣提前做好了準備，就不至於事到臨頭，手忙腳亂。

企業要想多賺錢，就需要擴大銷售量，而要擴大銷售量，就要多採購商品。這樣，應付帳款與庫存就會多起來，這些全意味著資金的需要會多起來。因此，非常有必要將週轉資金的籌措，使用安排等各項事宜計劃好。例如，每年年底，為了讓職工過好年，一般企業都得發年終獎金，而且不能將帳面利潤分發給職工，需要的是現錢，一般都有一個確定的日期，也需要事先計劃好。

另外對於一些從事製造業的企業來說，為了增加生產，擴充工廠或為了提高競爭能力，可能需要引進新式的機器設備，而這些設備的投資數額一般不會很小。這種用於設備投資的資金也被稱為設備資金。設備資金不可能每月固定發生的，它大都集中在某一時期或某一個月，或者一年才發生一次，發生時間較無規律，金額也大小不一。因此，設備資金的籌措往往是需要精心準備的，若沒有資金週轉計劃，就很難在特定的時期內籌措到適量的資金進行設備投資。若漫無計劃地投入資金，可能會給資金的週轉帶來障礙。

總而言之，對於規模不小、資金活動複雜的企業來說，資金週

轉計劃是不可缺少的。企業要根據年度的經營計劃、利潤計劃等資料，判斷某時期的資金的需求和資金的收回，判斷資金的不足或盈餘，以期科學計劃好籌資手段或投資方式，進而維持資金平衡。

2.資金週轉計劃不等於借錢計劃

企業不可能總是資金不足，資金週轉也不等於總是借錢，所以資金週轉計劃不等於借錢計劃。

談到「資金週轉計劃」時，通常大家都想到「資金週轉」就是「向銀行借錢」。「向銀行借錢」的確是資金週轉的一個重要內容，甚至可以說是主要內容。但是，資金若事先未作任何使用，只是一味放置，不去使用的話，資金只是死的，是不會給企業帶來收益的。資金週轉計劃不只是借錢的計劃，同時也是安排資金使用，促使資金健康運轉的計劃。也就是說資金週轉計劃要與購貨計劃、銷售計劃、貨款回收計劃等配合，共同提高經營效益。因此要提高經營效益，增加利潤，「資金週轉計劃」不可少。

企業好日子應該怎麼過呢？這時就不需要「資金週轉計劃」了嗎？不是這樣的。在利潤很高，手頭資金寬裕時，把這筆手頭資金預先留存起來合適嗎？怎樣回答這個問題呢。資金即使再多，也沒有人會嫌多，所以不妨考慮將其適當的進行運用，應該比簡單地留存起來要好。「借錢生錢」這往往是身陷資金不足的企業的論調，不過可以說，「借錢生錢」是資金週轉計劃的重要部份。

總而言之，資金週轉計劃的主要內容是借錢計劃，但它的範圍比借錢計劃大得多。

管理現金的竅門

對於企業而言，現金收入包括營業現金收入和其他現金收入，主要有產品銷售收入，設備出租收入，證券投資的收入等；現金支出包括營業現金支出，如材料採購支出，薪資支出，管理費用支出，銷售費用支出，財務費用支出等，其他現金支出包括廠房、設備投資支出，稅款支出，債務償還支出，股利支出，證券投資支出等。現金管理的目的就是保證企業生產經營所需現金，現金管理的內容主要包括現金流量的管理，對現金需求的估算，及估算現金與實際現金的差額管理。

1.對現金流量的管理

加速收款，延遲還款是企業現金流量管理的要訣。企業購入原材料進行生產加工，然後轉入銷售環節至賣出的時間內，若購入和賣出均為信用交易，則不發生現金流，但在企業賣出產品後，應付款項一般會先於應收款項列入現金管理的日程，因為應收帳款控制主動權在彼，應付帳款控制主動權在此，支付投資與應收款項的時間間隔越短，企業的現金庫存壓力就越小，即應付款項拖後，應收款提前，這樣能使企業佔用的短期資金減少，提高資金利用率。

例如，A 企業在 1 月份購入原材料，2 月份加工完畢投入市場，3 月份將商品出售。1 月份賒購產生應付帳款 30 萬元，於 4 月 1 日到期，3 月份賒購商品產生應收帳款 35 萬元，於 6 月 1 日到期。則在 4 月 1 日，企業若有庫存現金 30 萬元就必須清償，直

到 6 月 1 日，企業才能彌補這項現金支出。而 30 萬元現金兩個月的利息費用將為 300000×8%×2÷12=4000 元(以市場平均年利率為 8%計算)，若企業應收帳款於 4 月 10 日到期，則利息費用將為 300000×8%÷12×10÷30=667 元。以此可見，早收款的妙用，同理亦如晚還款。

　　控制支出是現金管理的又一法則。控制支出包括在對購貨支出控制和人員薪資的控制，但這都有一定限度，難以持續利用此種手段來保證現金週轉。為使現金利用率達到最高，許多企業都運用「操縱浮支」和「透支制度」，所謂操縱浮支就是企業根據銀行存款收支的時間差，使企業向銀行開出的支票總金額超過其存款帳戶上結存的餘額。

　　同為企業開出支票時，銀行還沒有把支票從企業資金業存款帳戶中登出，而在這同時，另一筆收入將先期進入銀行存款，所以這與「開空頭支票」不同，不屬於透支。與此相應的是喜歡風險的財務主管與銀行協定，在其銀行存款不足其支出的時候，由銀行為其借款，並規定最大限額，以此減少現金佔用率，但也造成了較高的利息支出。

　　臨時性的小額資金週轉，也可透過短期籌款管道進行，如增發普通股，發行債券，向銀行貸款等。

2.估算現金與實際現金的差額

　　估算現金即企業根據將要發生和以往的現金收支數量，及現金的日常控制對當期所需現金餘額作出的估算，實際現金即指當期事實發生現金收支餘額。當估算現金額低於實際現金時，企業就要用上面講過一定的策略；當估算現金高於實際現金時，再存現金出現盈餘或過多，如何利用這個差額來獲利就成為資金運用的關鍵，一般來說，這個差額較小的，可以進行短期證券投資。

3.力爭現金流量同步

如果你每年只能收到一筆現金收入，而後在一年內慢慢開銷掉，則你一年中必須持有的平均現金餘額約為你年收入的一半，否則就會入不敷出。如果你在一年中每日都有現金收入，此時你必須擁有的平均現金餘額會較前一種情況大大減少。即如果你能做計劃安排好你每天的收入，並按日支付各種費用，那你只需維持很少的現金餘額就足夠了。

企業也是如此。如果一個企業能儘量使它的現金流入和現金流出發生的時間趨於一致，則企業就可以將其所持有的交易性餘額降到最低的水準，這就是所謂的現金流同步化。當然，現金流量同步這只是一個理想的狀態，企業不可能達到，但是，只要認識到這一點，企業就可以重新安排其每日寄帳單給客戶的時間與支付本身所收到帳單的時間，以使現金流入量與現金流出量儘量趨於一致，進而達到降低交易性餘額的目的。

4.集中銀行加速收款

集中銀行加速收款改變了只在公司總部設立一個收款點的做法，而是在收款額較集中的若干地區設立若干個收款中心，並指定一個主要開戶行（通常在總部所在地）為集中銀行。企業客戶的貨款交到距其最近的收款中心，收款中心銀行再將扣除補償性餘額後的多餘現金解繳至總部指定的集中銀行，供企業支付現金使用。這種方法的優點在於：

(1)收款中心送給客戶付款的通知時間縮短；

(2)客戶將貨款交至當地收款中心，縮短了交款時間；

(3)由收款中心每天向集中銀行解繳現金，縮短了公司自收到現金至可供公司支付使用的時間。

所以，集中銀行可使從通知客戶付款至變成可供公司支付使用現金的時間大大縮短，從而釋放出可觀的現金供公司使用。主要缺點是每個收款中心的銀行都要求補償性餘額，開設的收款中心越多，補償性餘額總量就越大，呆滯的現金就越多。所以，公司應在調查研究之後，合理確定收款中心的數量和設置點。

5. 鎖箱法

鎖箱法是一種與集中銀行法非常類似的加速收款方法，又稱郵政信箱法。其程序是：企業確定在某些地區租用專業郵政信箱；企業通知客戶將貨款彙至指定的信箱；企業授權郵政信箱所在地的某一家銀行每天數次收取信箱中的郵件貨款並存入該企業帳戶，被企業授權的銀行將扣除補償性餘額後的現金收入及附帶單據送交企業總部。這樣就免除了企業辦理收帳、貨款存入銀行的一切手續，縮短了收款時間，這種方法的缺點是，被授權銀行除了要求補償性餘額外，還要收取額外服務的勞務費，會增加企業的收款成本。

6. 使用現金浮游量

從企業開出支票，收款人收到支票並存入銀行，至銀行將款項劃出企業帳戶，中間需要一段時間。現金在這段時間的佔用稱為現金浮游量。在這段時間裏，儘管企業已開出了支票，卻仍可動用在活期存款帳戶上的這筆資金。例如，假定一家公司每天開出支票總額為5000元，受票人與銀行總共要花費 6 天的時間才能將支票交換完畢，並從該公司的帳戶中扣除這筆款項。這樣，公司本身支票簿上所顯示的存款餘額比銀行帳上所記錄的存款餘額少 30000 元。則對這 30000元的現金浮游量，公司可以適當使用。

需要注意的是，企業在使用現金浮游量時，一定要控制使用時間，否則會發生銀行存款的透支。

7.推遲付款

正如加速收款可以提高現金使用效率一樣，企業可以透過推遲付款日期來達到相同目的。目前廣為使用的推遲付款的方法是採用匯票付款。如果企業採用支票付款，只要受票人將支票交至銀行，企業就要無條件付款。但如果企業採用匯票付款方式，受票人將匯票送交銀行，銀行還要將匯票送回發票企業承兌，並由發票企業將一筆相當於匯票金額的資金存入銀行，銀行才會付款給受票人。這樣就延遲了企業的付款時間。

例如，保險公司在處理賠款時使用匯票，在週五將一張匯票寄給當事人，當事人接到匯票，將它存入當地銀行。當地銀行將匯票再送至保險公司的往來銀行，往來銀行在收到匯票當天將匯票送回保險公司會計部門審核與認可，然後由保險公司存入一筆資金，以作支付匯票用的款項。而此時可能已是下週的週四或週五了。

5 計算最佳現金持有量

一、降低現金持有成本

由於現金本身並不能給企業帶來什麼收益，企業持有現金是需要付出一定代價的，並沒有明顯的比例關係。這種代價需要從幾個方面來考慮，所以對現金持有成本要採取綜合分析方法。持有現金的成本主要有機會成本、短缺成本和管理成本三種。

1. 機會成本

企業放棄將現金進行投資的機會而保留現金，表明企業為了維持一定的現金存量，而放棄了這些可能獲利的機會。可見現金作為企業一種特殊的資產形式是有代價的，這種代價便放棄其他投資機會成本，一般可用企業投資收益率來表示。

通常認為，金融市場的利益越高，企業的投資報酬率越高，那麼持有現金資產的機會成本也就越大。這就要求企業財務主管在保持企業一定現金存量和不喪失投資獲利的可能性之間進行合理的抉擇，選擇最合理的現金置存量。

2. 短缺成本

短缺成本是指企業由於缺乏必要的現金資產，不能應付必要的業務開支，而使企業蒙受各種各樣的損失。

短缺成本一般有如下三種：

(1)缺乏購買能力的成本。這主要是指企業由於缺乏現金而不能及時購買原材料等生產必需物資，從而使企業不能維護正常的生產經營所付出的代價。

(2)信用損失的成本和喪失享受現金折扣優惠的成本。這首先是指企業由於現金缺乏而不能按時付款，而失信於供貨單位，造成供貨方以後拒絕供貨或不接受延期付款的代價，這種損失對企業來講，可能是長期和潛在的，造成企業信譽和形象下降。其次是指如果企業缺乏現金，不能在供貨方提供現金折扣期內付款，便會喪失享受現金折扣優惠的好處，從而變相提高了貨物的購貨成本。

(3)喪失償債能力的成本。這是指企業由於現金嚴重短缺而根本無力在近期內償付各種負債而給企業帶來重大損失的成本。由於現金短缺而造成企業財務危機，甚至導致破產清算的例子不勝枚舉，在所

有現金短缺成本中，此項成本對於企業來講是致命的。

3.管理成本

現金管理成本是指對企業留存的現金資產進行管理而付出的代價。如果建立完整的企業現金管理內部控制制度，它應當包括支付給具體現金管理人員的薪資費用和各種保護現金安全而建立安全防範措施及購入相應設備裝置等。這種現金管理成本在大多情況下被視為一種相對固定的成本。

二、最佳現金持有量的決定——現金週轉模式

企業必須確定貨幣資金的最佳持有額度，以使持有現金的成本降到最低。如果企業的生產經營過程是一直持續穩定地進行，現金支出基本上是購貨和償還應付帳款，且不存在不確定因素，那麼，我們可以根據現金的週轉速度和一定時期(如 1 年)的預計現金需求量進行計算。毫無疑問，現金週轉速度越快平日持有的現金就越少。

現金循環天數亦可稱為貨幣資金運行週期，是指企業從由於購置存貨、償付欠款等原因支付貨幣資金到存貨售出或收回應收款而收回貨幣資金的時間。在存貨購銷採用信用方式(賒購賒銷)時，其計算公式為：

現金循環天數＝平均儲備期+平均收帳期－平均付帳期

例如，某企業平均應付帳款天數為 25 天，應收帳款收款天數為 20 天，存貨天數為 70 天，則現金循環天數為 65 天(70+20－25＝65)。相應地，其年週轉次數為：

現金週轉次數＝360÷65＝5.54(次)

假定該企業預計未來一年的現金總需求額為 35000000 元，則：

現金最佳持有額度＝35000000÷5.54＝6317689(元)

現金週轉模式操作比較簡單，但該模式要求有一定的前提條件。首先，必須能夠根據往年的歷史資料準確地測算出現金週轉次數，並且假定未來年度與歷史年度週轉效率基本一致；其次，未來年度的現金總需求應該根據產銷計劃比較準確地預計。如果未來年度的週轉效率與歷史年度相比發生變化，但變化是可以預計的，那麼該模式仍然可以採用。

三、最佳現金持有量的決定——成本分析模式

企業持有現金必須要發生一些相關成本，成本分析模式認為，這些成本主要是投資成本、管理成本、短缺成本，三者之和構成了相關總成本。成本分析模式的基本思想就是要求持有現金相關總成本最低點的現金額度，以此作為最佳持有額度。

1.投資成本

投資成本是指佔用於現金上的投資的資金成本或投資者所要求的收益率。現金作為資金總體的一部份，或者來自債權人，或者來自股東，因此，持有現金必須考慮相應的投資成本。持有現金越多，其相應的投資成本也就越多，反之亦然。

也有人把投資成本換稱為機會成本，道理是基本一致的。機會成本可以用證券投資的收益率來表示。表示投資成本或機會成本採用資金成本率(或預期報酬率)、證券投資收益率等指標均是可行的。

2.管理成本

管理成本是指從事現金收支保管與有關管理活動的各種費用開支，如有關人員的薪資、保險裝置費用，建立內部控制措施及辦法而

引發的費用等。管理成本通常是固定的。

3.短缺成本

現金的短缺成本是企業因持有現金不足而給企業造成的損失。這種短缺成本會隨現金持有量增加而下降，會隨現金持有量的減少而上升。

因此，企業的經理人必須明白這樣一個道理，企業持有一定現金是必要的，但持有現金便要付出代價。所以，怎樣設計最佳現金持有量以降低成本以及如何加強現金日常管理是企業現金控制的兩個重點。

圖 5-1　現金持有成本圖

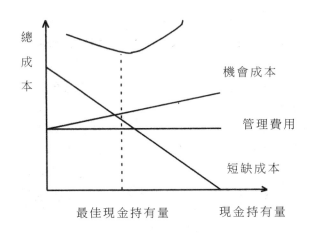

總結以上有下列特點：

⑴管理費用相對固定，視為與現金持有量大小無關；

⑵機會成本同現金持有量之間存在正比例增減關係；

⑶短缺成本同現金持有量呈相反方向的變動，現金越多，短缺成本越低，現金越少，短缺成本越高。

　　由於各種成本同現金持有量的變動關係不同，使總成本呈拋物線型，拋物線最低點即為最佳現金持有量，此時總成本最低，如上圖5-1所示。

4. 解決資金不足的途徑

　　要想解決資金週轉不靈或不足，應以預防為主，其方法不外針對上述各種原因，隨時觀察隨時加強控制；例如產品及材料不要庫存過多；固定資產投資，應做好估測，不可盲目擴張；應收貨款要加強管理落實責任，及時回收；營業有盈餘時，對生產經營所需資金，應適當保留，以鞏固財務基礎；當然最重要是不發生虧損。除此之外，解決資金不足途徑有以下幾種：

(1) 企業增加資本金

　　由業主直接以現金投入企業，增加企業可運用的資金。

(2) 發行公司債券

　　發行公司債券，以解決資金不足。

(3) 籌措債務資金

　　向銀行申請借款，票據貼現，以及向其他單位、團體、個人借款；還可改革貸款結算條件和方式。

(4) 加速處理呆廢料及閒置資產

　　呆滯材料及廢料的存在是管理上一個死角，尤其數量多、金額大時，對企業經營是個嚴重問題，它不但積壓資金，還要支付倉儲費、保管及維護費。有些積壓呆滯物資是越壓越不值錢，甚至變質，變賣後即可收回部份現金，還可節約部份費用，增加企業盈利，何樂而不為呢？

(5) 減少固定資產投資

　　企業增加固定資產投資後，如營業額及利潤不能成比例增加，

即可變成難以擺脫的負擔，故擴充設備、增加資產，必須事前做好市場調查，搞好預測及計劃，避免「先天性不良」，造成企業不能自拔。所以要儘量減少固定資產再投資。

⑹節省各種費用支出

節約各項費用支出，降低產品成本，一方面可以擴大利潤，另一方面也節約了資金，使資金相對增加。因此，必須制定一套嚴密有效的成本費用控制方法，共同遵守，認真執行，方見其效。

⑺發動職工參與資金管理

資金運轉是透過廣大職工工作進行的。那裏有積壓，何處有活力，職工最清楚。因此，必須把資金指標進行分解，實行分級分口目標管理責任制，按期檢查考核指標完成情況，優獎劣罰是解決資金週轉不靈最根本的措施和方法。如庫存材料定額應由採購和保管人員負責，庫存產品及產品由銷售部門負責，產品生產週轉期由生產部門負責，並制定資金佔用額和資金週轉期指標，有些指標還可分解落實到個人，做到人人有責任。大家都動起來，就可解決資金週轉不靈問題。

四、做好資金週轉工作

資金週轉調度工作就是謀求「收」與「支」的平衡。企業雖然有盈利，但也有資金週轉不靈的怪事，雖然企業發生了赤字，但仍有順利調度資金的妙方，其關鍵是編好資金調度計劃表。

當然，企業中的資金收支情形，並非如此簡單，實際非常複雜。但那只是項目策略和資料如何適當歸納問題。財務人員只要依照上述原則，對各種資金變動情形，稍加研製，即可編制上述資金調度計劃表。

　　有了完整、正確的資金調度計劃表，剩下的工作是如何執行。資金調度計劃應根據預定的進度，將一年分成四季的季計劃，每季實際發生額，應在季後提出報告，檢查實際與計劃差額產生的原因，對下季預算進行修正。總之，資金調度的最高目標是：需要資金時，有錢可用，不因資金而影響企業的生產經營業務；資金多餘時，又能適當運用，增加企業收益，從而達到在同行業中佔用額減少、週轉速度較快、創造剩餘價值較多。最終實現企業的目標。這也是財務主管的最高職責。

心得欄 --------------------------------

第 六 章

企業必備的預算管理

1 有效預算的基本步驟

預算通常可以理解為：在一個規定的時期內需要準備的財物數量計劃表，以及為在這一時期達到既定目標而必須遵循的某種政策。預算是整個經營策略的財政基礎，有助於企業各部門交流情況，即他們各自要達到的營業水準和由此產生的費用。由於預算指標是看得見的，所以它有可能幫助激發工作熱情。另外，如果預算使用得當，它還能鼓勵員工工作和承擔責任。

預算一般包括下面 4 個主要方面：

⑴銷售。這項預算將預先決定產品在什麼地區，以什麼價格水準來銷售。有關預期費用也將被算出，包括直接銷售費用以及與之相關的各種費用。

⑵生產。這項預算用來調控生產以滿足預期需求，控制原材料

採購（包括損耗量）和調節勞動力的質量和數量，使之保持正常生產所需，以及對有關間接費用進行調節。

⑶支出。這項預算可以保證所有非直接費用都可以預先測算，這將使每個部門或員工都能感到有支出預算的約束，並非可以隨心所欲地盲目花錢。

⑷資金。這項預算將確定必要的投資額、管理現金流通以及保證企業使用資產的良性運轉，從而保證所從事業務的正常發展並得到令人滿意的收入。

有效預算的 10 個步驟如下：

1.制定計劃

良好的預算建立在明確的業務和營銷計劃基礎之上。沒有計劃，企業就喪失了方向。沒有方向，預算就成了癡人說夢。

2.明確目標

作為計劃的一部份，明確目標是預算程序中合理的、必不可少的一步。

3.建立假設

預算的關鍵是建立合理的假設。

費用預算也應按各個分項的合理組成部份來計算。可變費用可能因銷售活動而改變，管理費用可按某個合理模式計算。應該摒棄那種粗糙的預算基礎，即將費用按一定比例增加，並平攤到全年中去。這對本年度晚些時候可能要做的分析毫無幫助。

4.銷售預測

銷售預測應先於成本和費用預算。因為商業和營銷計劃是建立在對不斷擴展變化的市場假設基礎上的，所以應首先確定銷售額。

5.制定預算

成本及費用預算是建立在按各自特徵形成的合理假設基礎上的。除此以外，預算也直接受到銷售水準和時機的影響。

現金流量的預測很重要，但在預算過程中卻常常被忽視。完成銷售預測和成本及費用預算後，應馬上進行現金流量的預測，這也是檢驗計劃是否行得通的一部份。

6.每月總結

此步驟是將實際結果和預算結果加以比較。總結內容應包括銷售預測、成本和費用預算以及現金流量的預測。不進行每月總結，就根本不是在做預算，而僅僅是將所做努力付之東流。只有透過檢查各項數字才能看出計劃是否合理。

7.解釋差額

解釋預算差額會給每個人帶來很多麻煩，因為在許多情況下，預算並沒有一個合乎邏輯的假設基礎。這樣，你又能對高出預算的費用做何解釋呢？

真正的解釋應建立在對實際支出（或收入）的各個組成部份與假設基礎的各個組成部份進行對照分析。運用這種方法可以簡捷迅速地找出產生差額的準確原因。如果以此為基點的原因清楚確認了，那麼，採取行動也就相對容易多了。

8.差額調查

在有些情況下，預算總結不能解釋差額產生的原因，因為進行總結的人員和部門（通常是財會方面的）並不知道問題的真正答案。此時，就需開展調查。也許將問題交給一個部門就可以了，也許必須請每位老闆逐一檢查各自的預算假設以便找出產生差額的具體原因。

公司上下都討厭調查，沒人願意負責解釋差額或為此進行調

查。這種不利情況的後果，往往就是財務部最後負責預算報告的大部份工作。

9.採取措施

一旦調查結束，就應採取某種措施。如某項費用超出合理預算水準，則應該對此費用進行控制。在問題僅出在一個部門的情況下，修正措施的工作分派很簡單，但大多數情況下，問題涉及整個公司，那時就沒人願意負責解決問題了。因此，採取行動以解決問題的責任和權力就又一次落到了財務部身上。

10.效果評估

一旦發現了問題並採取修正措施後，就進入評估階段。這是一項長年累月、需要堅持不懈、隨時進行的工作。這項工作應成為每日工作重點，並成為日常工作。預算的監測常被作為佔用時間、令人不快、造成不便的工作分派下去，這種情況司空見慣，令人遺憾。不要把控制和評估過程看成是擺弄表格中的數據，而應該將它視為總結經驗，改善經營的一項難得契機和重要任務。

心得欄 ---------------------------------------

----

2 預算編制項目

1. 銷售預算

編制預算的順序，是先編制營業預算，進而才能編制財務預算。而銷售預算是所有預算的總起點。

銷售預算是整個預算的編制起點，其他預算的編制都以銷售預算作為基礎。銷售預算的主要內容是銷量、單價和銷售收入。銷量是根據市場預測或銷貨合約並結合企業生產能力確定的。單價是透過價格決策確定的。銷售收入是兩者的乘積，在銷售預算中計算得出。銷售預算中通常還包括預計現金收入的計算，其目的是為編制現金預算提供必要的資料。

2. 生產預算

生產預算是在銷售預算的基礎上編制的，其主要內容有銷售量、期初和期末存貨生產量。

3. 直接材料預算

直接材料預算，是以生產預算為基礎編制的，同時要考慮原材料存貨水準。

4. 直接人工預算

直接人工預算也是以生產預算為基礎編制的。其主要內容有預計產量、單位產品工時、人工總工時、每小時人工成本和人工總成本。

5. 製造費用預算

製造費用預算通常分為變動製造費用和固定製造費用兩部份。

變動製造費用以生產預算為基礎來編制。如果有完善的標準成本資料，用單位產品的標準成本與產量相乘，即可得到相應的預算金額。如果沒有標準成本資料，就需要逐項預計計劃產量需要的各項製造費用。固定製造費用，需要逐項進行預計，通常與本期產量無關，按每季實際需要的支付額預計，然後求出全年數。

6.產品成本預算

產品成本預算，是生產預算、直接材料預算、直接人工預算、製造費用預算的匯總。其主要內容是產品的單位成本和總成本。單位產品成本的有關數據，來自前述三個預算。

7.銷售及管理費用預算

銷售費用預算，是指為了實現銷售預算所需支付的費用預算。它以銷售預算為基礎，分析銷售收入、銷售利潤和銷售費用的關係，力求實現銷售費用的最有效使用。在安排銷售費用時，要利用本量利分析方法，費用的支出應能獲取更多的收益。管理費用是搞好一般管理業務所必要的費用。隨著企業規模的擴大，一般管理職能日益重要，其費用也相應增加。在編制管理費用預算時，要分析企業的業務成績和一般經濟狀況，務必做到費用合理化。

8.現金預算

現金預算由四部份組成：現金收入、現金支出、現金多餘或不足、資金的籌集和運用。「現金收入」部份包括期初資金餘額和預算期現金收入，銷貨取得的現金收入是其主要來源。「現金支出」部份包括預算期的各項現金支出。

現金預算的編制，以各項營業預算和資本預算為基礎，它反映各預算期的收入款項和支出款項，並作對比說明。其目的在於資金不足時籌措資金，資金多餘時及時處理現金餘額，並且提供現金收支的

控制限額，發揮現金管理的作用。

9.預計損益表的編制

　　預計的損益表與實際的損益表內容、格式相同，只不過數字是面向預算期的，該表又稱損益表預算。它是在匯總銷售、成本、銷售及管理費用、營業外收支、資本支出等預算的基礎上加以編制的。透過編制預計的損益表，可以瞭解企業預期的盈利水準。如果預算利潤與最初編制方針中的目標利潤有較大的不一致，就需要調整部門預算，設法達到目標，或者經企業領導同意後修改目標利潤。

10.預計資產負債表

　　預計資產負債表與實際的資產負債表內容、格式相同，只不過數據是反映預算期末的財務狀況。該表是利用本期期初資產負債表，根據銷售、生產、資本等預算的有關數據加以調整編制的。編制預計資產負債表的目的，在於判斷預算反映的財務狀況的穩定性和流動性。如果透過預計資產負債表的分析，發現某些財務比率不佳，必要時可修改有關預算，以改善財務狀況。

 心得欄 ------------------------------------

----

----

3 企業預算編製範例

某公司生產甲產品，2004 年預計價格為 60 元，2003 年 12 月 31 日該公司的簡略式資產負債表如下：

表 6-1　大力公司資產負債表

2003 年 12 月 31 日　　　　　　　　　　　　　　　　　單位：元

資產	期末數	負債與所有者權益	期末數
現金	20000	應付帳款	10000
應收帳款	40000		
存貨：材料	4000	實收資本	120000
產成品	9000	未分配利潤	25000
固定資產原值	100000		
減：累計折舊	8000		
固定資產淨值	82000		
合計	155000	合計	155000

該公司 2004 年有關預測資料如下：

(1)甲產品各季預計銷售量分別為 2000 件、3000 件、4000 件和 3000 件；現銷比例為 60%，其餘 40%於下季收回；銷售環節稅金及附加為銷售收入的 5%，以現金形式支付；

(2)甲產品 2003 年年末存貨量為 200 件，單位變動成本為 45 元；每季末的存貨量分別為下個季預計銷售量的 10%；2004 年年末存貨量

預計為 300 件，存貨按加權平均計價；

　　⑶每生產一件甲產品耗用 A 材料 2 千克，耗用直接人工 5 小時；A 材料的單價為 5 元/千克，直接人工的小時薪資率為 5 元/小時；

　　⑷預計材料存貨量及付款方式為：2003 年年末 A 材料存貨量為 800 千克，預計 2004 年各季庫存量均為下季生產耗用量的 20%，2004 年年末 A 材料存貨量預計為 1000 千克；每季購買材料只需支付 50% 現金，餘款在下季內付清；

　　⑸每季薪資全部在當期支付；

　　⑹製造費用分成兩個部份：2004 年全年變動性製造費用分配率為每單位工時 2 元；每季固定性製造費用為 10000 元，其中固定資產折舊為 6000 元，其餘均為各季均衡發生的付現成本；

　　⑺銷售費用及管理費全年合計為 40000 元，均勻支出；

　　⑻其他現金支出預計為：2004 年每季預交所得稅 5000 元，預分股利 2000 元；第四季購置設備一台，入帳價值 50000 元；

　　⑼該企業最低現金庫存量預計為 20000 元；各季現金餘缺可透過歸還短期借款、購買債券、出售債券、取得短期借款解決，借款年利率為 12%，還款時付息；銀行借款要求是 1000 元的倍數；

　　⑽公司適用所得稅稅率為 33%，假設不需要進行納稅調整。

　　預算編制如下：

(1)銷售預算

表6-2　大力公司2004年銷售預算

單位：元

項目	第一季	第二季	第三季	第四季	本年合計
銷售量	2000	3000	4000	3000	12000
銷售單價	60	60	60	60	60
銷售收入合計	120000	180000	240000	180000	720000
銷售環節稅金支出	6000	9000	12000	9000	36000
現銷收入	72000	108000	144000	108000	432000
回收前期應收帳款	40000	48000	72000	96000	256000
現金收入小計	112000	156000	216000	204000	688000

提示：第一季回收前期應收帳款數據取自2003年12月31日資產負債表的應收帳款。

(2)生產預算

表6-3　大力公司2004年生產預算

單位：元

項目	第一季	第二季	第三季	第四季	本年合計
本期銷售量	2000	3000	4000	3000	12000
期末存貨量	300	400	300	300	300
期初存貨量	200	300	400	300	200
本期生產量	2100	3100	3900	3000	12100

⑶直接材料相關的預算

表 6-4　大力公司 2004 年直接材料消耗及採購預算

單位：元

項目	第一季	第二季	第三季	第四季	本年合計
預算生產量（件）	2100	3100	3900	3000	12100
單耗（千克）	2	2	2	2	2
材料用量（千克）	4200	6200	7800	6000	24200
加：期末庫存	1240	1560	1200	1000	1000
減：期初庫存	800	1240	1560	1200	800
預計採購量（千克）	4640	6520	7440	5800	24400
單位採購成本	5	5	5	5	5
預計採購成本	23200	32600	37200	29000	122000
當期付現	11600	16300	18600	14 500	61000
支付前期貨款	10000	111600	16300	18600	56500
當期現金支出	21600	27900	34900	33100	117500

(4)現金預算

表 6-5　大力公司 2004 年現金預算

單位：元

項目	第一季	第二季	第三季	第四季	本年合計
期初現金餘額	20000	20900	20500	20110	20000
經營現金收入	112000	156000	216000	204000	688000
經營現金支出	122100	166400	204400	168100	661000
直接材料採購	21600	27900	34900	33100	117500
直接人工	52500	77500	97500	75000	302500
製造費用	25000	35000	43000	34000	137000
銷售及管理費用	10000	10000	10000	10000	10000
銷售環節稅金	6000	9000	12000	5000	20000
預交所得稅	5000	5000	5000	5000	20000
預分股利	2000	2000	2000	2000	2000
購買設備				50000	50000
現金結餘或不足	9900	10500	32100		6010
向銀行借款	11000	10000		14000	35000
歸還本金			11000		11000
支付利息			990		990
期末餘額	20900	20500	20110	20010	20010

提示：第一季期初現金餘額數據取自 2003 年 12 月 31 日資產負債表的現金。

直接人工＝產品生產量×直接人工單耗×小時薪資率

第一季＝2100×5×5=52500（元）

第二季＝3100×5×5=77500（元）

第三季＝3900×5×5=97500（元）

第四季＝3000×5×5=75000（元）

製造費用＝產品生產量×直接人工單耗×變動性製造費用分配率+固定性製造費用－固定資產折舊

第一季＝2100×5×2+10000－6000＝25000（元）

第二季＝3100×5×2+10000－6000＝35000（元）

第三季＝3900×5×2+10000－6000＝43000（元）

第四季＝3000×5×2+10000－6000＝34000（元）

第三季支付利息=還款額×利率×借款時間＝11000×12%×9÷12＝990（元）（借款發生在第一季期初）

(5)預計利潤表

表 6-6　大力公司 2004 年度預計利潤表

單位：元

項目	金額
銷售收入	720000
減：銷售稅金及附加	36000
本期變動銷售成本	540000
貢獻毛益總額	144000
減：固定製造費用	40000
銷售及管理費用	40000
財務費用	990
利潤總額	63010
減：所得稅	2079330
淨利潤	42216.70

⑹預計資產負債表

表 6-7　大力公司資產負債表

2004 年 12 月 31 日　　　　　　　　　　　　　　　　單位：元

資產	年初數	年末數	負債與所有者權益	年初數	年末數
現金	20000	20010	短期借款		24000
應收帳款	40000	72000	應付帳款	10000	145000
存貨：材料	4000	5000	未交稅金	793.30	
產成品	9000	13500			
固定資產原值	100000	150000	實收資本	120000	120000
減：累計折舊	18000	42000	未分配利潤	25000	72216.70
固定資產淨值	82000	108000			
合計	155000	218510	合計	155000	218510

提示：

累計折舊年末數＝期初數+本年計提數

　　　　＝18000+6000×4＝42000（元）

未交稅金＝本年所得稅計提數－預交數

　　　　＝20793.30－5000×4＝793.30（元）

4 有效控制預算支出

在對費用進行監控的過程中,經常會出現三類差異,即分別由於價格、數量和時間導致的費用差異。財務經理必須盡可能全面地瞭解這些差異產生的原因以及它們可能造成的影響和可以補救的方法;還要知道各種不同類型的費用差異往往會同時出現,必須分別分析和處理這些差異。

1.由價格導致的費用差異

(1)差異細分

可以分為兩個類型:產品和服務的實際採購價格高於預算資料;產品和服務的實際採購價格低於預算資料。財務經理可以根據自己的實際工作情況對費用進行進一步的細分,在這裏把費用細分為直接費用、間接費用、啟動費用和固定資產費用。假設在收入的價格、數量及費用的數量不變的情況下,直接費用和其他費用項目價格的升高將會降低企業的毛利潤和淨利潤,從而使得收入減少;直接費用一般是在獲得收入之前就發生了,所以費用項目的升高會對現金流量造成影響。

(2)針對差異採取措施

在所購買的產品和服務的數量保持不變的前提下,降低採購價格肯定會對企業有利。所以如果費用上升了,可以採取以下一些方法予以解決,例如利用批量採購折扣的優惠政策或向其他廠家尋找替代品;還可以採用提高銷售價格,並使用促銷活動來增加銷售數量或減

少其他費用支出等方法來抵消價格差異所帶來的影響。

(3)注意措施帶來的負作用

表面看來，以低價購買原材料和零件可能有利可圖，但是如果供應商無法保證相應的供貨時間，那麼企業的生產就會受到衝擊，從而進一步影響銷售數量和利潤。提高銷售價格可能會在一定程度上抵消因費用提高而帶來的利潤損失，但企業也可能因此丟失客戶，致使銷量下降，最終導致利潤水準的下降。

2.由數量導致的費用差異

(1)差異細分

這類差異也可以細分為兩個類型：購買產品和服務的實際數量高於預算數；購買產品和服務的實際數量低於預算數。假設在收入的價格、數量及費用不變的情況下，增加購買數量將會降低企業的毛利潤和淨利潤，使得現金資源緊張。

(2)針對差異採取措施

一般而言，產品和服務的採購數量少於預算數量會使企業受益，相反超出預算的過量購買則會給企業的經營造成潛在的威脅。針對這種情況，企業可以採取削減成本的方法來解決，例如減少人工或者提高單位人工的生產率等，還可以透過提高銷售價格、促銷等方法來降低因費用過高帶來的損失。

(3)注意措施帶來的負作用

減少人工成本，固然可以因薪資、福利等各項費用的支出減少，使得企業的利潤有所增加，但是如果不恰當的裁員，則可能會導致生產率的下降，尤其當企業有突發性生產需求時，由於人工不足而造成產品供應不足，從而對銷售數量和經營利潤都會帶來不利影響。

3.由時間導致的費用差異

(1)差異細分

可以分為兩類：產品和服務費用實際發生時間早於預算費用發生時間；產品和服務費用實際發生時間晚於預算費用發生時間。費用支出時間並不會直接影響企業的利潤或虧損，只有在必須借助銀行借款支付費用而增加直接費用支出時，才會導致淨利潤的下降。而且這一差異會對企業的現金流動產生重大的影響，提前付款會減少企業手頭的現金資源，延遲付款則會使企業因擁有較多的現金而週轉靈便。

(2)針對差異採取措施

為了手頭擁有比較多的現金資源便於資金週轉，企業的財務經理應該採取各種有效的措施來延遲對外付款時間，例如降低原材料、零件的存貨水準、減少生產和銷售時間以及充分利用信用付款和與供應商的密切合作等。

(3)注意措施帶來的負作用

減少原材料和零件存貨的措施可能會暫時緩解一個企業現金流量的狀況，但是當企業有特殊或者突發性需求時，則會造成產品供應量不足，從而對銷售數量和經營利潤產生負面影響。

總之，當實際工作中產生費用支出差異時，財務經理員首先要判斷造成這些差異的原因，有根據地、及時地找出解決和彌補這些差異的方案，實現有效控制預算支出的目標。

第 七 章

企業資金的需求量分析

1 越來越重要的現金流量分析

　　現金流量表代替財務狀況變動表，是發展的必然趨勢。對於經理人而言，學會編制現金流量表的意義要遠遠小於分析現金流量表的意義。

　　近代理財學一個重要理論是：資產的內在價值是其未來現金流量的現值。對現金流量進行分析，可以幫助你瞭解以前各期現金的流入、流出及結餘情況，正確評價企業當前及未來的償債能力和支付能力，發現企業在財務方面存在的問題。正確評價企業當期以及以前各期取得的利潤的質量，科學預測企業未來的財務狀況，從而為科學決策提供充分的、有效的依據。具體來講透過對現金流量表的分析，能使經理人掌握以下情況：

　　1. 企業資金使用的主要方向：企業以往將現金投放在日常的生

產經營方面,還是長期資產方面?

2.企業現金的主要來源管道:從外界籌集了多少現金,其中有多少是從銀行或其他機構取得的借款?

3.企業實現的淨利潤與經營活動產生的現金淨流量之間相差多少金額?

4.利潤表上的淨利潤很多,但是為什麼對所有者利潤分配較少?

5.企業為什麼出現經營虧損仍能派發現金股利?

在這裏所說的現金流量分析主要是一些相關比率的分析。現金流量表的分析實際上也類似於前面進行的資產負債表、利潤表的分析,採用的分析文法基本類似。一般可以概括為現金流量表的結構分析、利用現金流量表進行償債能力分析、收益質量分析、財務彈性分析和現金獲取能力分析五個方面。

2 現金流量分析

固定資產投資是公司長期投資的主要方式,具有資金佔用量大,投資回收期長、投資風險高的特點。因此,固定資產投資決策必須充分考慮貨幣的時間價值、投資的風險報酬、資金成本和現金流量等因素的影響。其中,估計投資項目的預期現金流量,是投資決策的首要環節,也是分析、評價投資方案的重要依據。

1. 現金流量分析的原理

現金流量是指一個投資項目引起的公司現金支出或現金收入增加的數量。這裏的「現金」不僅包括各種貨幣資金，而且還包括各種非貨幣資金的變現價值。例如，一個項目需要使用原有的廠房、設備和材料等，則相關的現金流量是指它們的變現價值，而不是其帳面成本。

現金流量包括現金流出量、現金流入量和現金淨流量：

⑴現金流出量。一個方案的現金流出量，是指該方案引起的公司現金支出的增加額。

例如，企業購置一條生產線，通常會引起以下現金流出：

①購置該生產線的價款。包括買價、運輸費、安裝費等。其支出可以是一次性的，也可以是分明的。

②墊支的流動資金。由於該生產線擴大了公司的生產能力，需要相應增加材料，在產品、產成品和現金等流動資產上的投資，引起流動資金需求的增加，這種需要追加的流動資金也應列入該方案的現金流出量。只有該生產線出售或報廢後才能把這部份流動資金收回。

③其他相關費用支出。如該生產線在整個使用期限內的維修費；與生產線有關的職工培訓費等。

⑵現金流入量。一個方案的現金流入量，是該方案引起的公司現金收入的增加額。

例如，公司購置一條生產線，通常會引起以下現金流入：

①營業現金流入。購置生產線擴大了公司的生產能力，使公司銷售收入增加，扣除有關的付現成本之後的餘額，是該方案引起的一項現金流入。即：

營業現金流入＝銷售收入－付現成本　　　　　公式⑴

式中的付現成本是指需要每年支付現金的銷售成本，在銷售成本中，不需要每年支付現金的主要是折舊費，因此，付現成本可用銷售成本扣減折舊費來估計。即：

付現成本＝銷售成本－折舊　　　　　　　　公式(2)

將(2)式代入(1)式，得：

營業現金流入＝銷售收入－付現成本

　　　　　　　＝銷售收入－(銷售成本－折舊)

　　　　　　　＝(銷售收入－銷售成本)+折舊

　　　　　　　＝利潤+折舊　　　　　　　　公式(3)

可見，營業現金流入主要來自兩個方面：一是利潤引起的貨幣增值，二是以貨幣形式收回的折舊費。

②自該生產線出售或報廢的殘值收入。因為出售或報廢的殘值收入是由於當初購置該生產線引起的，故應將其作為該方案的一項現金流入。

③收回墊支的流動資金。該生產線出售或報廢時，公司原有墊支在該生產線各項流動資產上的資金就可以相應減少，收回的資金可以用於別處，故應將其作為該方案的一項現金流入。

(3)現金淨流量。一個投資方案的現金淨流量，是指相應的一定期間內的現金流入量與現金流出量的差額。所謂「一定期間」，有時是指一年，有時是指投資項目持續的整個期限內。當流入量大於流出量時，淨流量為正值；當流入量等於流出量時，淨流量為零；當流入量小於流出量時，淨流量為負值。

2.所得稅對現金流量的影響

所得稅是公司的一種現金流出，其大小取決於利潤的大小和稅率的高低，而利潤的大小受折舊方法的影響。因此，在討論所得稅對

現金流量的影響時，要與折舊方法相聯繫，才能正確估計稅後現金流量，作為公司投資決策的依據。

(1)稅後成本。凡是可以減免稅負的項目，其實際支付的數額並不是真實的成本，而應將由此減少的所得稅考慮進去。扣除所得稅影響以後的費用淨額，稱為稅後成本。稅後成本的計算公式如下：

稅後成本＝實際支付×（1－所得稅率）　　　　公式(4)

式中的實際支付是指按規定可以抵免稅負的成本費用，不包括購置固定資產支付的價款。

(2)稅後收入。與稅後成本相對應的是稅後收入。由於所得稅的作用，公司的營業收入並不是全部都歸公司所有，有一部份要作為所得稅支付而流出公司。公司實際得到的現金流入是稅後收入。稅後收入的計算公式如下：

稅後收入＝收入數額×（1－所得稅率）　　　　公式(5)

式中的收入數額是指根據稅法規定需要納稅的應稅收入，不包括項目結束時收回的墊支流動資金等現金流入量。

(3)折舊抵稅。公司增加成本費用會減少利潤，從而使所得稅減少。若不計提折舊，公司的所得稅就會增加。折舊起著這種減少稅負的作用稱為「折舊抵稅」。

例：A公司和B公司全年的銷售收入和付現成本都相同，所得稅率為33%，所不同的是，A公司有一項應計折舊的固定資產（按直線法計提），B公司沒有計提折舊。A、B兩個公司的營業現金流入量如表7-1所示。

從表7-1可看出，A公司稅後利潤雖然比B公司少3350元（13400－16750），但其營業現金流入量卻比 B 公司多 1650 元（18400－16750）。這是因為 A 公司有 5000 元折舊費計入成本費用所起的折舊

抵稅作用的結果。

　　折舊對稅負的影響可按下列公式計算：

　　稅負減少＝折舊額×所得稅率　　　　　　公式(6)

　　　　　　＝5000×33%

　　　　　　＝1650(元)

表 7-1　A、B 兩個公司現金流入量表

單位：元

項目	A 公司	B 公司
銷售收入	50000	50000
費用：		
付現營業費用	25000	25000
折舊	5000	—
合計	30000	25000
稅前利潤	20000	25000
所得稅	6600	8250
稅後利潤	13400	16750
營業現金流入		
淨利	13400	16750
折舊	5000	—
合計	18400	16750

　　(4)稅後現金流量。在考慮所得稅因素以後，現金流量的計算相對複雜一些。稅後現金流量計算方法有如下三種：

①根據現金流量的定義來計算：

稅後營業現金流量

＝營業收入－付現成本－所得稅　　　　　　公式(7)

將上例 A 公司的數據代入公式(7)，得：

稅後營業現金流量＝50000－25000－6600＝18400（元）

②根據年末營業結果來計算：

稅後營業現金流量＝稅後淨利+折舊　　　　公式(8)

將上例 A 公司的數據代入公式(8)，得：

稅後營業現金流量＝13400+5000＝18400（元）

③根據所得稅對收入、付現成本、折舊三方面的影響來計算：

稅後營業現金流量

＝稅後收入－稅後成本+稅負減少

＝收入(1－稅率)－付現成本×(1－稅率)

　+折舊×稅率　　　　　　　　　　　　　公式(9)

將 A 公司的數據代入公式(9)，得

稅後營業現金流量

＝50000×(1－33%)－250000×(1－33%)

　+5000×33%

＝33500－16750+1650

＝18400（元）

上述公式(9)在實際工作中最常用。因為公司的所得稅是根據利潤來計算的，在決定整個項目是否投資時，往往採用差額分析法來確定現金流量，並不知道整個公司的利潤以及與此相關的所得稅，這就限制了公式(7)和公式(8)的使用。而公式(9)並不需要知道公司的利潤是多少，使用起來較為方便。

3 投資方案現金流量的估計

估計投資方案的現金流出量與流入量，往往會涉及到很多變數，這些變數的預測需要公司有關部門的相互配合，如銷售部門負責預測銷售量和銷售價格；產品開發和技術部門負責預測投資方案的研製費用、設備購置費、廠房建築物造價等；生產和成本管理部門負責預測產品製造成本。各部門在預測有關變數指標時應分清是否與投資項目相關，只有增量的現金流量才是與項目有關的現金流量。

所謂增量的現金流量，是指接受或拒絕某個投資方案後公司總現金流量因此而發生的變動。只有那些由於採納某個投資項目引起的現金支出增加額或現金收入的增加額，才是該項目的現金流出或現金流入。

為了正確估計投資方案的增量現金流量，需要正確判斷那些支出會引起公司總現金流量的變動，那些支出不會引起公司總現金流量的變動。為此，應注意以下四個問題。

1.區分相關成本與沉沒成本

沉沒成本是指那些已被指定用途或已經發生的支出。這些成本與投資方案無關，不會影響投資方案的取捨，因而不是增量成本，在分析時不應將其包括在內。

例如，某公司在去年曾打算投資一個項目，請專家為此項目作過可行性研究，支付諮詢費 20 萬元，後來因公司由於有了一個更好的投資機會，該項目被擱置下來一年，第二年又再重新考慮投資該項

目，那麼該筆諮詢費是否還是相關成本呢？答案是否定的。因為該筆諮詢費支出已經是沉沒成本，無論公司是否採納建立這個項目的答案，該筆諮詢費支出已經無法收回，與公司未來的總現金流量無關。

若將沉沒成本納入投資方案的總成本，則會使一個有利的投資方案可能因此變得不利，一個較好的投資方案可能因此變得較差，從而造成決策失誤。

2.不要忽視機會成本

在投資決策中，若選擇了某一個投資方案，則必定會放棄其他投資機會，其他投資機會可能取得的收益，就是選擇本方案所失去的收益，即投資本方案應考慮的代價。

例如，某公司計劃投資新建一座辦公大樓，該項目需要使用公司原有的一塊土地，不必動用資金去購買。在進行投資分析時，該土地的成本是否要考慮在內，回答是肯定的。因為公司若不利用這塊土地來興建大樓，則可以把這塊土地轉作他用，從中取得一定的收入。只因現在要在這塊土地上投資項目，才放棄這筆收入，而所放棄的收入就是該投資項目的機會成本。如果這塊土地出售可淨得 100 萬元，那麼，該項目的機會成本就應確認為 100 萬元。值得注意的是，無論公司當初是以 50 萬元還是 120 萬元購買這塊土地，都應以現行的市場價格作為這塊土地的機會成本。

機會成本與通常所說的成本不同，機會成本不是一種支出或費用，而是一種機會損失，即失去收益的機會。儘管這種收益不是實際發生的，而是潛在的可能，但也應當估計在內。

3.要考慮對公司其他部門的影響

當採納一個新項目後，該項目可能對公司的其他部門造成有利或不利的影響。

例如，某公司投資一個新項目，其相應的新產品上市後，對原有產品的銷路可能會產生影響，如果新產品與原有產品是替代關係，會導致原有產品銷售量減少；倘若新產品與原有產品是互補關係，會促進原有產品銷售量增加，進而對整個公司的銷售額產生影響。因此，公司在進行投資分析時，不應僅將新項目對應的新產品的銷售收入當作一個增量收入來估計，而應扣除或加上其他部門因此減少或增加的銷售收入。

雖然諸如此類的相互影響，事實上很難準確地計量，但進行投資決策時，仍然要將其考慮在內。

4.要考慮對淨營運資金的影響

所謂淨營運資金是指流動資產與流動負債的差額。在一般情況下，公司投資業務範圍的擴大會使銷售額擴大，並引起存貨和應收帳款等流動資產的需求增加，公司必須籌集新的資金，以滿足這種額外需求；另一方面，應付帳款和一些應付費用等流動負債也會同時增加，從而降低公司流動資金的實際需要。當投資方案的壽命週期快要結束時，公司將項目有關的存貨出售，將客戶的應收帳款收回轉為現金，應付帳款和應付費用也隨之償付，淨營運資金又恢復到原有水準。

在估計投資項目的現金流量時，通常假定：在開始投資時籌集的淨營運資金，在項目結束時收回。在項目投資時，需要墊支流動資金數額的多少，取決於項目引起增加的流動資產與增加的流動負債之間的差額，即淨營運資金增加的數額。

為了正確評價投資項目的優劣，必須依據可靠、準確的現金流量數據，才能作出科學的分析。因此，在正確判斷增量現金流量的基礎上，還要正確計算現金流量。

4 如何進行現金流量表的結構分析

中通公司 2003 年度的現金流量表為例，進行相關分析，說明如何對現金流量表進行分析。

表 7-2　現金流量表

編制單位：某企業　　　　　　2003 年度　　　　　　單位：元

項　目	金　額
一、經營活動產生的現金流量：	
銷售商品、提供勞務收到的現金	259922854.91
收到的租金	
收到的稅費返還	
收到的其他與經營活動有關的現金	10042612.48
現金流入小計	269965467.39
購買商品、接受勞務支付的現金	232408632.98
經營租賃所支付的現金	
支付給職工以及為職工支付的現金	26076548.18
實際交納的增值稅款	10986508.46
支付的所得稅款	5645466.72
支付的除增值稅、所得稅以外的其他稅費	1639644.70
支付的其他與經營活動有關的現金	10081027.40
現金流出小計	286837828.44
經營活動產生的現金流量淨額	-16872361.05
二、投資活動產生的現金流量	
收回投資所收到的現金	
分得股利或利潤所收到的現金	
收到債券利息收入所收到的現金	

續表

處置固定資產、無形資產和其他長期資產而收到現金淨額	89000.00
收到的其他與投資活動有關的現金	
現金流入小計	89000.00
購建固定資產、無形資產和其他長期資產所支付的現金	26186000.00
權益性投資所支付的現金	
債權性投資所支付的現金	
支付的其他與投資活動有關的現金	
現金流出小計	26186000.00
投資活動產生的現金流量淨額	-26097000.00
三、籌資活動產生的現金流量	
吸收權益性投資所收到的現金	254041000.00
其中：子公司吸收少數股東權益性投資所收到的現金	
發行債券所收到的現金	
借款所收到的現金	199900000.00
收到的其他與籌資活動有關的現金	6041035.65
現金流入小計	459982035.65
償還債務所支付的現金	183560000.00
發生籌資費用所支付的現金	15043210.08
分配股利或利潤所支付的現金	
其中：子公司支付少數股東的權益	
償付利息支付的現金	3500135.55
融資租賃所支付的現金	
減少註冊資本所支付的現金	
其中：子公司依法減資支行給少數股東的現金	
支付的其他與籌資活動有關的現金	
現金流出小計	202103345.61
籌資活動產生的現金流量淨額	257878690.04
四、匯率變動對現金的影響額	
五、現金及現金等價物淨增加額	214909328.99

1. 現金流入結構分析

編制現金收入構成表（如表 7-3）：

表 7-3　現金流入結構分析表

項　目	金額（元）	結構百分比
經營活動產生的現金流入	269965467.39	36.9%
其中：銷售商品，提供勞務收到的現金	259922854.91	35.6%
收到的其他與經營活動有關的現金	10042612.48	1.3%
投資活動產生的現金流入	89000.00	0.1%
其中：處置固定資產，無形資產和其他長期資產收到的現金淨額	89000.00	0.1%
籌資活動產生的現金流入	459982035.65	63.0%
其中：吸收權益性投資所收到的現金	254041000.00	34.8%
借款所收到的現金	199900000.00	27.4%
收到的其他與籌資活動有關的現金	6041035.65	0.8%
現金流入合計	730036503.04	100%

　　該公司的總現金流入中，經營活動收入佔 36.9%，籌資活動收入佔 63%，投資活動收入佔 0.1%，在經營活動收入的現金中，主要來自銷售的現金收入佔 35.6%，投資活動的現金收入 100%來自於處置固定資產、無形資產及其他長期資產產生的收入。籌資活動的現金流入中，吸收權益性投資佔 55.2%，借款佔 43.4%。

2.現金支出結構分析

編制現金支出構成表(如表 7-4):

表 7-4　現金支出結構分析表

項　目	金額(元)	結構百分比
經營活動中支出的現金	286837828.44	55.7%
其中:購買商品,接受勞務支付的現金	232408632.98	45.1%
支付給職工以及為職工支付的現金	26076548.18	5.2%
實際交納的增值稅款	10986508.46	2.1%
支付的所得稅款	5645466.72	1.1%
支付的其他稅費	1639644.70	0.3%
支付的其他與經營活動有關的現金	10081027.40	1.9%
投資活動中支出的現金	26186000.00	5.1%
其中:購建固定資產,無形資產和其他長期資產資產支付的現金	26186000.00	5.1%
籌資活動產生的現金支出	202103345.61	39.2%
其中:償還債務所支付的現金	183560035.65	35.6%
發生籌資費用所支付的現金	15043210.08	2.9%
償付利息支付的現金	3500135.55	0.7%
現金支出合計	515127174.05	100%

　　從表中可見,在公司當年支出的現金中,有 55.7%用於支付經營活動支出,有 39.2%用於籌資活動,只有 5.1%用於投資活動。在經營活動中購買商品,接受勞務支付的現金比例最大,佔全部現金支出45.1%,這是符合公司經營的,籌資活動中還債支付的現金最多,佔

35.6%。

　　將收支分析與項目分析結合起來，就會對企業的資金運作情況形成一個整體的印象。對一個健康的還在成長的公司而言，經營活動現金流量往往大於零，投資活動現金流量為負數，籌資活動的現金流量是正負相間的。中通客車現金流量中前兩項為負，後一項為正，顯然表明公司的資金運作上壓力較大，一方面與其行業特點有關，另一方面，也與公司長年經營有關。公司在 2004 年上市後，是否可以透過籌集到的自有資金，進行創新、改革、發展，還要看公司未來的情況。透過資產負債表、利潤表、現金流量表的分析可以告訴我們一個資訊，公司的資產運作、盈利能力都是較好的，但現金流量不甚穩定。

5 現金還在「口袋」嗎

　　需要加強對現金的日常管理，因為現金是最容易被盜用的資產。除了需要算清楚口袋裏應該有多少現金，還需要時時關注現金是否還在口袋裏。廣義的現金，包含庫存現金、銀行存款與其他符合現金定義的各種票證。其中，庫存現金和銀行存款是需要總經理特別關注的項目。

1. 現金是最容易被盜用的資產

　　鹽業公司某分銷處的出納，2002 年 10 月 9 日至 2003 年 4 月 18 日，採取私自開具現金支票到銀行提取現金並且不入帳的手段，先後 10 次從該分銷處在當地某銀行開立的帳戶上，累計提取現金 96.97

萬元。

　　某造紙廠財務科出納員 2004 年 7 月至 2005 年 3 月間，利用負責管理本單位現金的職務便利，多次竊取單位現金共計 86.9 萬元進行賭博以及購買彩票。2005 年 3 月在交接財務工作時，銷毀尚未入帳的 87 萬元現金支票存根，造成了帳面現金餘額與實際庫存現金餘額一致的假相。

　　某煤電公司出納員保管庫存現金。2006 年 3 月份，為付清購房尾款，從保管的庫存現金裏拿出 4 萬元，準備「先使一下，有錢了再還」。到 2008 年 5 月，應有 250 餘萬元庫存現金卻只剩下 18 萬餘元，虧庫現金達到 230 萬餘元。

　　現金出納挪用公司公款的案例時有發生、屢見不鮮。即使罪犯最後被繩之以法，但給公司造成的損失卻難以彌補了。縱觀各類現金盜竊案件，雖然其具體內容各不相同，但其根本原因卻是公司現金管理存在漏洞。如果公司現金管理規範，上述行為很容易被發現。公司現金管理的漏洞主要表現為：對現金、現金支票及存根管理不善，未及時進行記帳核對及盤點；企業庫存現金大大超過了規定額度，為盜竊現金提供了機會。

2.遵守現金管理制度

　　總經理應遵守並貫徹執行現金管理制度，主要內容包括以下四個方面。

(1)嚴格控制現金的使用和支出

　　通常情況下，企業可以在下列範圍內使用現金：

　　·職工薪資、津貼，個人勞務報酬；

　　·根據規定頒發給個人的各種獎金；

　　·各種勞保、福利費用以及規定的對個人的其他支出；

．向個人收購農副產品和其他物資的價款；

．出差人員必須隨身攜帶的差旅費；

．結算起點 1000 元以下的零星支出。

事實上，鑑於現金易被挪用的特點，總經理應當儘量減少現金的使用，能透過銀行轉帳的款項就透過銀行轉帳進行。例如目前越來越多的公司直接將職工薪資劃到其銀行存款帳戶上，就可以減少現金的週轉行為。

此外，為了加強現金管理，企業不得坐支現金。所謂坐支現金，就是直接將現金收入用於現金支出。

(2)企業應核定庫存現金的限額

公司一般設定三至五天日常零星開支所需的現金量，邊遠地區和交通不便地區和開戶單位可以保留十五天以下的日常零星開支所需的現金量，儘量避免企業留存過多現金。

(3)管好備用金

備用金是單位內部各部門工作人員用作零星開支、業務採購、差旅費等以現金方式借用的款項。

實行備用金制度有利於各部門工作人員積極靈活地開展業務，從而提高工作效率，但必須做到專款專用，不得挪用和貪污，一經發現嚴肅處理。

(4)管好現金支票

使用現金支票，不論對外支付款項或補充庫存，均需由財務負責人或其指定人員簽發。把存根和支票重新粘到一起，在存根和支票處各加蓋作廢章，放到指定地方保管，定期對支票及存根進行核對。上述銷毀未入帳現金支票存根的事情就能及時避免了。

3.定期對庫存現金的盤點

對於庫存現金，公司需要登記庫存現金日記帳（俗稱現金流水帳），現金盤點就是將現金實存數與帳面餘額進行核對，以查明帳實是否相符及盈虧情況。出納人員應於每日業務終了時盤點一次，做到日清。企業應定期盤點庫存現金，通常包括對已收到但未存入銀行的現金、零用金等的盤點。

某煤電公司是一個有大量現金收入的公司，公司財務人員挪用公款長達 2 年才被揭露，如果定期進行現金盤點，貪污行為會及時發現，公司的損失亦會降低到最小。

為了明確責任，在盤點庫存現金時，出納人員必須在場。清查過程中應特別注意查明有無挪用庫存現金，有無以白條、借條、收據及待報銷憑證等充抵庫存現金，有無超限額保留庫存現金，和任意坐支庫存現金等違反現金管理制度的現象，以及有無庫存現金短缺或溢餘的問題等。盤點庫存現金的步驟包括：

⑴在進行現金盤點前，應由出納員將現金集中起來存入保險櫃。必要時可以加封，然後由出納員按已辦妥現金收付手續的收付款憑證逐筆登帳，如企業現金存放部門有兩處或兩處以上者，應同時進行盤點。

⑵由出納員根據現金日記帳結出現金餘額。

⑶盤點保險櫃的現金實存數，同時編制「庫存現金盤點報告表」。

⑷資產負債表日後進行盤點時，應調整至資產負債表日的金額。

⑸盤點金額與現金日記帳餘額進行核對，如有差異，應查明原因，並作出記錄或適當調整。若有沖抵庫存現金的借條、未提現支票、未作報銷的原始憑證，應在「庫存現金盤點報告表」中註明或做出必要的調整。

對於庫存現金的盤點結果，要填制「庫存現金盤點報告表」，由盤點人和出納員共同簽字或蓋章方能生效。庫存現金盤點報告表兼有「盤存單」和「實存帳存對比表」的作用，是反映現金實有數的原始憑證，可以作為查找帳實產生差異的原因和調整帳簿記錄的重要依據。表 7-5 是某公司 2009 年 6 月 30 日庫存現金盤點報告表。

表 7-5　庫存現金盤點報告表

單位：元

實存金額	帳存金額	實存和帳存對比		備註
		長款	短款	
8437.74	9437.74		1000	員工張亮借條一張，金額為1000元

4.管理好轉帳支票

2003 年，某基金的銀行存款被挪用案引起了社會的廣泛關注。經檢察機關查實，該基金委員會財務局會計趙某，從 1995 年至 2003 年間利用職務便利，多次以向有關單位支付退匯重撥項目款為名，分別採取偽造銀行信用憑證、電匯憑證、進帳單等手段貪污公款 1200 餘萬元，採取偽造銀行進帳單、編造銀行對帳單和編造支票配售記錄等手段，單獨或夥同他人將公款 2 億餘元挪用給他人進行經營活動，涉嫌貪污、挪用公款 2 億餘元。

長達八年的貪污挪用公款案是如何被發現的呢？2003 年 2 月，為了加強財務管理，該基金委經費管理處新招進一名出納。該出納透過核對銀行對帳單與單位的電腦財務帳，發現二者存在 2000 餘萬元差額，出納進一步核實，對 2003 年 1 月 7 日一筆用支票轉出的 2090 萬元帳目提出了疑問。經核對該支票已由趙某登記為作廢支票，出納要求出示該作廢支票，趙某無法出示，當晚出納將此情況向單位作了

彙報。長達八年的貪污挪用公款案被揭露出來。

長期以來，該基金財務局經費管理處由趙某一人同時負責銀行存款的會計兼出納工作，去銀行處理帳務和登記銀行存款日記帳及與銀行對帳等各項任務均由其一人完成。這種財務管理制度顯然為貪污挪用公款提供了機會。公司的財務制度必須遵循這樣的準則，即會計、出納的崗位分離和牽制是加強銀行存款管理的必要措施。

管理轉帳支票，主要包括以下幾個要點：

(1)簽發支票授權

使用轉帳支票，應當由經辦部門或經辦人員持填寫借據和結算憑證（包括購貨發票、帳單、收據等），經財務負責人和總經理（總裁）簽字同意後，由出納開出轉帳支票。凡不能預先取得結算憑證，需要借用空白支票時，應當填寫借據，經財務負責人和總經理（總裁）簽字同意後，由經辦人員在出納員處辦理借（領）用款手續，並在支票有關欄目填寫簽發日期、用途和限額之後，方可借出。

(2)專人管理

支票由出納管理，領取支票需由經辦人員填寫支票領用單，經總經理審批簽字之後，出納方可簽發。未經總經理同意，借用人不得改變支票用途。

公司應建立支票領用簿，凡領用者一律登記簽字。

簽發支票時，必須詳細填寫日期、用途、金額（或限額）。不得開空頭或遠期支票。

支票一經簽發要妥善保管，如發生丟失現象，經辦人員應立即向財務部報告，並向銀行掛失。

(3)支票報銷

領取支票後，憑正式發票，並且經總經理審批後，出納方可辦理

報銷手續。

　　支票報銷越及時越好，以避免拖得太久最後給對帳帶來困難。相關人員可以要求在開出支票後 3 日內報銷。如實際支出超過限額，回來後應重新補齊手續，報銷後的原始憑證應加蓋「轉帳付訖」戳記。

　　(4)登記銀行存款日記帳

　　銀行存款日記帳與現金日記帳是企業對貨幣資金管理的重要手段。總經理必須要求財務部門逐日登記銀行存款日記帳，對每筆支出及時進行登記，這樣便於月末與銀行對帳，及時發現有疑問的款項。

　　5.每月必須與銀行對帳

　　對於銀行存款，企業應採用與開戶銀行核對帳目的方法進行管理。即將企業的銀行存款日記帳與從銀行取得的對帳單逐筆進行核對，以查明銀行存款的收入、付出和結餘的記錄是否正確。在與銀行核對帳目之前，企業應當首先仔細檢查銀行存款日記帳的正確性和完整性；然後再將其與銀行送來的對帳單逐筆進行核對。

　　在實際工作中，企業銀行存款日記帳與銀行對帳單餘額往往會不一致。究其原因有兩個：一是雙方或某一方記帳有錯誤。對於發生的記帳錯誤，應及時逐筆核對查清並進行更正。但有時即使企業的銀行存款管理十分嚴謹也確實無誤，有時也會發生在月末與銀行對帳不一致的情況。這是因為存在「未達帳項」。

　　「未達帳項」是指銀行、企業雙方由於記帳時間不一致而發生的一方已經入帳而另一方尚未入帳的款項。

　　未達帳項包括以下四種情況：

　　(1)銀行已收入帳，企業尚未收款入帳

　　以托收承付業務為例，例如外地某購貨單位以匯兌方式支付企業銷貨款，銀行收到匯款後已登記企業存款增加；而企業因未收到相關

的匯款憑證而尚未登記銀行存款增加。

(2)銀行已付入帳，企業尚未付款入帳

以委託付款業務為例，銀行受委託代企業支付水電費，銀行已經取得支付水電費的憑證，登記了企業存款的減少；而企業因尚未收到銀行支付電費的相關憑證導致尚未登記銀行存款減少。

(3)企業已收入帳，銀行尚未收款入帳

例如，企業將銷售商品收到的轉帳支票存入銀行，根據銀行蓋章退回的「進帳單」回聯已登記銀行存款增加；而銀行尚未登記入帳。

(4)企業已付入帳，銀行尚未付款入帳

例如，企業開出一張轉帳支票購買辦公用品，企業根據支票存根、發貨票及入庫單等原始憑證，已登記銀行存款減少；而銀行由於此時尚未收到付款憑證導致未登記減少該企業的銀行存款。

上述任何一種情況的發生，都會使企業和銀行之間帳簿記錄不一致。因此，在核對帳目時必須注意有無未達帳項。如果有未達帳項，應編制「銀行存款餘額調節表」，進行檢查核對，如果沒有記帳錯誤，調節後雙方的帳面餘額應相等。

編制銀行存款餘額調節表時，在企業和其開戶行各方現有銀行存款餘額的基礎上，採用各自加減未達帳項進行調節的方法。用公式表示如下：

企業銀行存款日記帳餘額+銀行已收企業未收款項－銀行已付企業未付款項＝銀行對帳單餘額+企業已收銀行未收款項－企業已付銀行未付款項

2008 年 6 月 30 日銀行存款日記帳的餘額是 1236500 元，銀行對帳單的餘額是 1239600 元，經過逐筆核對，查明有下列未達帳項：

6 月 29 日，企業收到天誠公司的轉帳支票 136400 元，送存銀行，

銀行尚未入帳；

6 月 29 日，企業開出轉帳支票一張，金額 97000 元，支付購買材料款，當即入帳，但持票人尚未到銀行辦理結算手續，因而銀行尚未入帳；

6 月 30 日，銀行已收妥企業委託收款 122900 元，並已入帳，而銀行收帳通知尚未到達企業，企業尚未入帳；

6 月 30 日，銀行代企業支付水電費 80400 元，而企業尚未接到銀行的付款通知而未入帳。

根據以上未達帳項，編制「銀行存款餘額調節表」。

經調整後，雙方餘額相等，說明雙方記帳相符，調整後餘額是企業當時實際可以動用的存款數額。如果調整後雙方餘額還不相等，則說明記帳有錯誤，應逐項查對予以更正。

心得欄

第 八 章

確保經營安全的財務分析

1 掌握財務分析的方法

財務分析的方法很多，其中常用的方法主要有對比分析法、因素分析法、比率分析法和趨勢分析法。

1. 對比分析法

對比分析法也稱為比較分析法。它是將實際指標與選定的基準指標進行對比，從而確定差異和分析原因的一種方法。運用這一方法時要注意可比性。要求相互比較的指標必須性質（或類別）相同，並且所包含的內容、計價標準、時間長度和計算方法都應保持一致，以保證比較結果的正確性。對比分析法的比較形式主要有：

⑴實際指標與計劃指標對比。對比的差異可以分析檢查計劃的完成情況。

⑵本期實際指標與歷史實際指標（上期或上年同期或歷史先進水

準)對比。對比的差異可以分析有關指標的發展變動情況。

⑶本企業的實際指標與同行業相同指標的平均水準或先進水準對比。對比的差異可以分析企業的現狀水準與同行業的差距，有利於促進企業之間的相互競爭。

無論進行何種形式的對比，其對比的指標可以是絕對數，如利潤總額；也可以是相對數，如產品銷售利潤率。

2.因素分析法

因素分析法是指在幾個相互聯繫的因素共同影響某一經濟指標的情況下，依據它們與這一經濟指標的內在聯繫，來計算和確定各個因素對指標發生變動的影響程度的一種分析方法，包括 ABC 分析法、因果分析法和連鎖替代法等。

3. ABC 分析法

ABC 分析法是根據各種因素在指標總體中的比重大小，依次分為主要因素(A)、一般因素(B)、次要因素(C)，然後對主要因素進行詳細分析，對次要因素概括分析。它是一種主次因素分析法。

因果分析法是利用逐層分析來揭示經濟指標變動原因的分析法。例如，產品銷售收入指標的變動，主要受銷售量和銷售價格兩個因素變動的影響；而銷售價格因素的變動，就主觀原因來說又受產品品質、等級因素變動的影響。因此，在分析影響產品銷售收入變動的原因時，首先要分析銷售量和銷售價格兩個因素變動對產品銷售收入指標的影響程度，然後進一步分析產品品質、等級構成兩個因素變動對產品銷售價格的影響程度。透過各因素的因果關係層層深入分析來揭示影響產品銷售收入這一經濟指標變動的原因。

4.連鎖替代法

連鎖替代法是在經濟指標對比分析確定差異的基礎上，對影響這

一經濟指標變動的諸因素,按一定順序替代變動,連續進行比較,計算各個因素變動對經濟指標差異的影響程度。運用連鎖替代法必須遵循以下原則:

⑴在衡量某一因素對某項經濟指標的影響時,必須假定只有這一因素在變動,而其餘因素不變。

⑵要根據各個因素對某項經濟指標的內在聯繫來確定因素的排列順序,然後按照這一順序進行替代計算。

⑶把替代後計算的指標與該因素替代前計算的指標相比較,來確定由於該因素變動所造成的影響程度。

5.比率分析法

比率分析法是指在同一會計報表的一些相互關聯項目的金額之間,或是在不同會計報表的一些有關聯項目的金額之間,用相對數來反映它們之間的關係,以揭示和評價企業的財務狀況和經營成果。

比率分析法在財務分析中的應用十分廣泛,利用財務報表資料計算的比率指標很多,有的比率由資產負債表上的相關項目構成,有的由損益表上的相關項目構成,有的則由資產負債表和損益表上的相關項目構成。從指標的意義來看,有的比率用來表明企業的償債能力,有的用來表明企業的獲利能力,有的則用來反映企業的營運能力等。

從指標的分析方法來說,有的比率可以直接對某種情況和問題做出判斷,如銷售利潤率,該指標越高,說明產品銷售盈利水準就越高;反之,則表明產品銷售獲利能力較差,有的比率則需要透過實際與計劃、本期與上期,本企業與其他企業的同一比率指標進行對比,才能據此對某種情況和問題做出分析判斷,如資產報酬率指標,一般應將所計算的這一比率與上期或同行業的平均水準指標相比,才能對企業運用全部資產的獲利能力高低做出正確評價。

6.趨勢分析法

趨勢分析法是根據企業連續幾年的財務報表來比較各項目在前後期間的增減變動方向和幅度，分析其經營成果和財務狀況的變化趨勢的一種方法。趨勢分析法可以採用圖示方法，即做出統計圖表，以觀察其變化趨勢。但財務分析通常採用的方法是編制比較財務報表，將前後兩期或連續多期的同一種類報表並列在一起加以比較，從中得出帶有規律性的發展趨勢，藉以分析判斷有關指標的變化情況，以便做出準確的預測和決策。

趨勢分析法可應用資產負債表或損益表進行橫向比較分析和縱向比較分析。

2 償債能力分析

償債能力是指公司償還其債務的能力。透過償債能力的研究與分析，能揭示一個公司財務風險的大小。

1.短期償債能力的分析

對於短期債權人來說，他們關心的是公司是否有足夠的現金和其他能在短期內變為現金的資產，以支付即將到期的債務。公司若無法滿足債權人的要求，可能會引起破產或造成生產經營的混亂。

短期償債能力體現在公司流動資產與流動負債的對比關係中，反映流動資產對償付流動負債的保障程度。因此，短期償債能力分析就要揭示公司流動資產與流動負債的適應程度，查明公司資產變現能力

的強弱，可透過下列指標來進行分析。

⑴流動比率。流動比率是流動資產與流動負債之比，表示公司用它的流動資產償還其流動負債的能力。其計算公式如下：

流動比率＝流動資產÷流動負負債

一般來說，流動比率較高，公司短期償債能力也較強。但流動比率過高，說明公司有較多的資金滯留在流動資產上，從而影響其獲利能力。因此，流動比率應保持一定的幅度，根據國際慣例，流動比率等於 2 的時候最合適。但具體分析公司的流動比率時，應根據不同行業、不同經營性質和不同營業週期的特點加以分析。就是同一公司，在不同的時期(如旺季與淡季)，流動比率也有很大的差別。因此，確切地說，流動比率必須大大超過 1，但應控制在 2 以下，既有利於加速資產的流動性，又能保證公司流動資產在清償流動負債之後有餘力去應付日常活動中的其他資金需要。

在分析流動比率時，應注意這個指標沒有考慮流動資產的構成。所以，流動比率高，不能絕對認為短期償債能力強。因此，利用流動比率指標分析公司的短期償債能力，還要結合速動比率的分析，才能更確切地反映公司的短期償債能力。

⑵速動比率。速動比率是衡量公司流動資產中可以立即用於償付流動負債的能力，它是速動資產與流動負債的比率。所謂速動資產，是指流動資產中變現能力較強的項目，主要包括現金、短期投資、應收票據、應收帳款等。速動比率的計算公式為：

速動比率＝速動資產÷流動負債
　　　　＝(流動資產－存貨)÷流動負債

在公司的流動資產中，存貨的變現週期較長，而且可能發生損耗和出現滯銷積壓，流動性較差。把存貨從流動資產總額中減去而計算

出的速動比率，反映的短期償債能力更加令人可信。

　　國際上通常認為速動比率應保持在 1：1 左右，才算具有良好的財務狀況和較強的短期償債能力。但是，這也僅是一般的看法沒有統一的標準。行業不同，速動比率會有很大的差別。

　　例如，採用大量現金銷售的商店，幾乎沒有應收帳款，小於 1 的速動比率則是比較合理的；相反，一些應收帳款較多的公司，速動比率可能要大於 1 才會被認為是合理的。

　　影響速動比率可信性的重要因素是應收帳款的變現能力。應收帳款變現的速度快慢、壞帳發生的多少都會對公司短期償債能力產生影響。為了正確判斷公司的短期償債能力，還應結合應收帳款週轉率進行綜合分析。

　　對公司短期償債能力的分析，應將速動比率與流動比率結合起來評價。當速動比率較高，流動比率較低時，公司的短期償債能力仍然較強；反之，當速動比率較低，流動比率較高時，關鍵要看存貨的變現能力，如果存貨的變現能力較強，其短期償債能力也不弱。只有兩個比率都較差，且大大低於標準時，才表明公司短期償債能力不足。

　　⑶應收帳款週轉率。應收帳款週轉率反映公司應收帳款的變現速度和管理效率。它是利用賒銷收入淨額與應收帳款平均餘額進行對比所確定的指標。有週轉次數和週轉天數兩種表示方法。其計算公式為：

　　應收帳款週轉次數＝賒銷收入淨額÷應收帳款平均餘額

　　應收帳款週轉天數＝360 天÷應收帳款週轉次數

　　　　　　　　　　＝（應收帳款平均餘額×360 天）

　　　　　　　　　　　÷賒銷收入淨額

式中：

賒銷收入淨額＝銷售收入淨額－現銷收入

平均應收帳款餘額

＝（期初應收帳款餘額＋期末應收帳款餘額）÷2

　　應收帳款週轉率是反映公司收回賒銷帳款的能力，從而揭示公司應收帳款的質量和管理水準對短期償債能力的影響，因而它是分析流動比率的一項補充指標。

　　評價公司應收帳款週轉情況的好壞，應當結合公司經營的業務特點、商業往來慣例、公司信用政策以及行業平均水準進行綜合分析。應當注意的是，應收帳款週轉率過高，可能是公司信用政策過於嚴厲的結果，從長遠來看，將會影響公司銷售量的擴大，從而影響公司的獲利水準。

　　⑷存貨週轉率。存貨週轉率是衡量存貨變現能力強弱和存貨是否過量的指標。它是由銷售成本與平均存貨進行對比所確定的指標。有存貨週轉次數和週轉天數兩種表示方法。

　　其計算公式如下：

存貨週轉次數＝銷貨成本÷存貨平均餘額

存貨週轉天數＝360 天÷存貨週轉次數

　　　　　　　＝（存貨平均餘額×360 天）÷銷貨成本

存貨平均餘額＝（期初存貨餘額+期末存貨餘額）÷2

　　存貨能否變現以及變現速度直接影響公司的短期償債能力，與應收帳款週轉率一樣，存貨週轉率也是分析流動比率的一項補充指標。

　　分析存貨週轉率應注意以下兩點：

‧存貨批量的影響。存貨批量很小時，存貨可以很快地轉換，因而存貨週轉率較快。但存貨批量過小，甚至低於安全儲備量

時，會導致經常性的缺貨，影響公司正常生產經營。

· 公司採用不同的存貨計價方法，會影響存貨週轉率的快慢。因此與其他企業進行比較時，應考慮存貨計價方法不同所產生的影響。

公司短期償債能力的分析，除了利用財務報表提供的資訊運用比率指標進行分析之外，還應注意某些影響短期償債能力的表外資訊。例如，公司是否有未使用的銀行貸款額度；公司信譽如何，能否隨時透過外部籌資來滿足短期償債的需要；公司是否存在著未作記錄的或有負債；公司是否為他人提供擔保等。這些因素都會增加或減少公司的短期償債能力。

2.長期償債能力的分析

對於長期債權人來說，他們是從長遠的觀點來評價公司的償債能力。公司長期償債能力與公司的獲利能力、資本結構有著十分密切的關係。衡量公司長期償債能力的指標包括：資產負債率、產權比率、利息保障倍數和長期負債與營運資金的比率。

(1)資產負債率

資產負債率是從總體上表明公司的債務狀況、負債能力和債權保障程度的一個綜合指標。它是負債總額與資產總額的比率。

其計算公式為：

$$資產負債率 = (負債總額 \div 資產總額) \times 100\%$$

公司的債權人和所有者往往從不同的角度來評價這一比率。

對債權人來說，他們總是關心其貸給公司資金的安全性，即到期能否收回本息。如果公司總資產中由所有者提供的部份較少，則意味著風險主要由債權人承擔，這對債權人來講是不利的。因此，債權人總是希望比例越低越安全。

對所有者來說，他們關心的主要是投資收益率的高低。如果負債的利息率低於總資產收益率，負債比例越大，所有者投資收益也越大。這樣，所有者就希望能透過增加負債來提高資本收益率，從中獲得更多的利益。

從財務主管及公司經營者的角度看，必須將資產負債率控制在一個合理的水準。資產負債率低，財務風險較小，但過低的資產負債率使公司無法充分獲取借入資金利息率小於總資產收益率時所帶來的財務杠杆利益，影響公司獲利能力的提高，從而削弱公司的長期償債能力。反之，資產負債率越高，公司擴大生產經營的能力及增加盈利的可能性就越大，但財務風險也隨之增大，一旦發生經營不利的情況，將難以承受沉重的債務負擔，甚至可能因出現資不抵債而導致公司破產。

資產負債率的合理水準，一般應在 50%左右。但具體而言，到底是多少，要根據公司的經營情況來判斷。如果公司經營前景較樂觀，可以適當提高資產負債率，以增加獲利的機會；倘若前景不佳，那怕是眼前還較紅火，則應減少負債經營，降低資產負債率，以減輕債務負擔。總之，對公司資產負債率的評價，應結合公司的獲利能力進行綜合考察。

⑵產權比率

產權比率也是衡量長期償債能力的指標之一。它是負債總額與股東權益總額之比率。這一比率可用以衡量主權資本對借入資本的保障程度。其計算公式為：

產權比率＝（負債總額÷股東權益）×100%

該項指標反映了由債權人提供的資本與股東提供的資本的相對關係，反映了公司基本財務結構是否合理。產權比率高，說明是高風

險、高報酬的財務結構；產權比率低，說明是低風險、低報酬的財務結構。公司應對收益與風險進行權衡，力求保持合理、適度的財務結構，以便既能提高獲利能力，又能保障債權人的利益。從這個意義上說，產權比率一般應小於 100%，即借入資本小於股東資本較好，但也不能一概而論。

⑶利息保障倍數

利息保障倍數是稅息前利潤與利息費用的比率。它反映公司經營業務收益以付債務利息的能力。其計算公式為：

利息保障倍數＝稅息前利潤÷利息費用

一般來說，利息保障倍數以高為好。這個指標較高，說明公司有足夠的能力償還債務的利息，特別是對於分期還本付息的長期負債來說，如果公司在支付債務利息方面不存在困難，通常也就有可能再借款用於歸還到期的債務本金，形成良性循環。反之，利息保障倍數越小，則表明公司可用於支付利息的利潤越少。當該比率小於 1 時，表示公司的盈利能力根本無法承擔舉債經營的利息支出，此時公司已陷入財務困境之中，舉債的安全保障已成問題。

⑷長期負債與營運資金的比率

長期負債除以營運資金稱為長期負債與營運資金比率。其計算公式如下：

長期負債與營運資金比率

＝長期負債÷營運資金

＝長期負債÷（流動資產－流動債）

長期負債會隨時間的推移不斷延續地轉化為流動負債，因此，流動資產除了滿足償還流動負債的要求，還必須有能力償還到期的長期負債。一般來說，如果保持長期負債不超過營運資金，即不超過流動

資產與流動負債的差額，長期債權人和短期債權人都會感到貸款有安全保障。

長期償債能力與獲利能力是相互關聯的。如果公司的獲利能力不佳，就會影響未來的現金流入量，而現金流入量不足，必然會影響公司的償債能力；如果公司不能及時清償到期債務，就難以繼續借款，從而影響生產經營活動的順利進行，公司的盈利就會受到影響。因此，在分析公司長期償債能力時，還要進一步分析公司的獲利能力。

3 獲利能力基本指標分析

反映企業獲利能力的比率指標很多，通常使用的主要有銷售毛利率、銷售淨利率、總資產收益率、淨資產收益率、資本保值增值率。

1. 銷售毛利率

銷售毛利率是銷售毛利與銷售收入淨額之比。其計算公式如下：

銷售毛利率＝銷售毛利÷銷售收入淨額×100%

式中，銷售毛利是銷售收入淨額與銷售成本的差額；銷售收入淨額是指銷售收入扣除銷售退回，銷售折讓與折扣之後的差額。

銷售毛利率反映了企業產品或商品銷售的初始獲利能力。從企業行銷策略來看，沒有足夠大的毛利率便不能形成較大的盈利。由於銷售毛利率是一個相對數，分析時要與銷售毛利額相結合，才能評價企業對管理費用、銷售費用、財務費用等期間費用的承受能力。

通常來說，毛利率隨行業的不同而高低各異，但同一行業的毛利

率一般相差不大。與同行業的平均毛利率比較，可以揭示企業在定價政策、商品銷售或產品生產成本控制方面的問題。

2.銷售淨利率

銷售淨利率是指淨利潤佔銷售收入淨額的百分比。其計算公式如下：

銷售淨利率＝淨利潤÷銷售收入淨額×100%

銷售淨利率是企業銷售的最終獲利能力指標。比率越高，說明企業的獲利能力越強。該指標除了和銷售毛利率同樣受行業特點、價格高低和成本水準等因素影響外，還會受到諸如期間費用、其他業務利潤、投資收益、營業外收支、所得稅率等因素的影響，故在分析時應多加注意。

從指標的計算可以看出，只有當利潤總額的增長速度快於銷售收入淨額的增長速度時，銷售淨利率才會上升；企業採用薄利多銷的政策，會降低銷售淨利率；銷售品種結構或經營業務改變也會對銷售淨利率發生影響。可見，銷售淨利率既反映企業的成本費用水準，也反映企業的經營方針和策略對獲利能力的影響。

3.總資產收益率

總資產收益率又稱總資產報酬率，它反映了企業利用全部經濟資源的獲利能力。其計算公式有兩種：

總資產收益率＝淨利潤÷平均資產總額 　　　　　　　(1)

總資產收益率＝(淨利潤+利息支出)÷平均資產總額 　　(2)

式中，

平均資產總額＝(期初資產總額+期末資產總額)÷2

常用公式(1)計算總資產收益率。

總資產收益率是從總體上反映企業投入與產出，所用與所得對比

關係的一項經濟效益指標。總資產收益率越高,說明企業獲利能力越強。這項指標是財務管理中的一個重要指標,也是總企業對分企業下達經營目標,進行內部考核的根據。

在公式中,淨利潤之所以要加上利息支出,基於兩方面理由:一是總資產不僅來源於投資者的投入資本,也包括債權人的借人資本。利息支出實際上是分配給債權人的一部份報酬,加上利息支出才能全面反映總資產的收益率;二是由於不同企業經營時的舉債程度不一樣,其利息支出也會有較大的差別,將利息費用扣回,可以消除不同舉債經營程度對總資產收益率的影響,使該指標在同行業中具有可比性。它對綜合評價企業的經濟效益和正確進行投資決策,都具有十分重要的作用。

4.淨資產收益率

淨資產收益率又稱所有者權益報酬率或股東權益報酬率,它是淨利潤與平均所有者權益的比率。

淨資產收益率的基本公式為:

淨資產收益率＝淨利潤÷〔(期初所有者權益＋期末所有者權益)÷2〕×100%   (1)

上市企業的股東權益報酬率可按下列公式計算:

股東權益報酬率(淨資產收益率)＝淨利潤÷年度末股東權益×100%   (2)

上述公式(1)具有普遍性,適用於一般企業和企業淨資產收益率的計算;公式(2)具有特殊性,只適用於上市企業淨資產收益率的計算。

公式(2)分母不需平均計算,其理由主要是:

·由於上市企業增加股份時新股東要超面值繳入資本並獲得同

股同利的地位，期末的股東對本年利潤擁有同等的權利；

・這樣計算可以和每股收益、每股淨資產指標的分母都按「年末股數」的計算口徑保持一致。

現接公式(2)計算某企業的股東權益報酬率如下：

股東權益報酬率＝64800÷198000×100％＝33.72％

例中，股東權益報酬率即淨資產收益率，表明股東擁有企業每100元淨資產能獲得 32.72 元的收益。該指標越高，投資者投入資本所獲得的收益就越高，對投資者的吸引力越大。反之亦然。如果淨資產收益率高於借入資本成本率，則過度負債對投資者是有利的；反之，過高的負債將會損害投資者的利益。從這個意義上來說，淨資產收益率不僅是投資者衡量企業的獲利能力，作為投資決定導向的依據，也是企業資本結構決策的參考指標。

5.資本保值增值率

資本保值率反映投資者投入企業的資本的保全性和增值性。它是期末所有者權益總額與期初所有者權益總額的比率。其計算公式為：

資本保值增值率＝期末所有者權益總額÷期初所有者權益總額

具體分析時必須分清期末所有者權益的增加是由於所有者增加投入資本，還是由於企業保留盈餘所致。同時還要考慮貨幣時間價值和通貨膨脹因素的影響。

資本保值增值率指標從兩個方面考核企業經營者對所有者權益的保障程度。一方面要求企業按照資本保全原則的要求管好用好投資者投入的資本，在生產經營期間，除了投資者依法轉讓投資之外，不得以任何理由抽走資本金。資本保值是企業持續經營和實現自負盈虧的前提條件。企業保持與其生產經營規模相適應的資本金，才能保證財務狀況的安全性和穩定性，為提高企業的獲利能力奠定基礎。另一

方面要求實現盈利的企業還要注重內部積累和再投入，以保證企業自我發展和自我約束的能力，增強企業長期獲利能力，從長遠利益保障投資者的權益。

4 獲利能力分析

　　獲利能力是指公司透過生產經營活動獲取利潤的能力。這是投資者創辦公司的初衷，也是公司總經理及財務主管經營的目標和方向。良好的獲利能力不僅是公司吸收投資和借款的重要前提，而且是評價公司經營業績的基本標準。因此，獲利能力的分析是財務分析的重點。

　　獲利能力綜合分析是利用財務指標之間的內在聯繫，對公司獲利能力進行綜合評價的分析體系。該體系以股東權益報酬率為龍頭，以總資產收益率為核心，重點揭示影響公司獲利能力的各個相關指標。

　　分解股東權益報酬率指標：

　　＝淨利潤÷股東權益

　　＝（淨利潤÷資產總額）×（資產總額÷股東權益）

　　＝總資產收益率×權益乘數

　　分解總資產收益率指標：

　　總資產收益率

　　＝淨利潤÷資產總額

　　＝（淨利潤÷銷售淨收入）×（銷售淨收入÷資產總額）

　　＝銷售淨利潤×總資產週轉率

分解權益乘數指標：

權益乘數

＝資產總額÷股東權益

＝（股東權益＋負債總額）÷股東權益

＝1＋產權比率

　　從以上指標分解可以看出，股東權益報酬率受總資產收益率和權益乘數兩個指標的影響。總資產收益率和權益乘數越大，股東權益報酬率也就越高，公司的獲利能力越強；反之，則獲利能力較弱。而總資產收益率的大小又取決於銷售淨利率和總資產週轉率兩因素。其中銷售淨利率是總資產收益率的決定因素，有銷售淨利率存在，才能有正的總資產收益率；若出現銷售虧損，則無總資產收益率可言。

　　要實現銷售利潤，銷售淨收入必須大於銷售成本費用，公司必須在不斷擴大銷售收入的同時努力降低成本費用。總資產週轉率對總資產收益率具有促進作用，總資產週轉率反映公司資產的營運效率，週轉次數越多，週轉速度越快，公司利用有限的資產能獲得更多的銷售收入，總資產收益率也就越高；反之則越低。

　　權益乘數是資產總額與股東權益的比率。從指標的分解可以看到，權益乘數的大小受產權比率因素的影響，產權比率越高，權益乘數就越大，股東權益報酬率也越高。但產權比率的提高，意味著公司負債程度增大，債權人的保障程度受到削弱，公司資本結構隨之發生變動。因此，產權比率的大小取決於公司最佳資本結構的要求。

　　將銷售淨利率、總資產週轉率、產權比率三項指標作進一步分解，便形成公司獲利能力綜合分析系統，即杜邦分析體系。圖 8-1 是以某公司為例的分析圖。

　　從圖中可以看出，公司獲利能力的提高可從以下三條主要途徑入

手。

· 開拓市場，擴大銷售，努力降低成本費用水準，提高銷售淨利率。

· 加強資產管理，加速資金週轉，提高各項資產的營運效率。

· 安排合理的資本結構，適度負債經營，以求獲得最大的財務杠杆利益。

透過利用分析體系，對公司獲利能力層層深入分析，可以瞭解影響公司獲利能力的主要原因，找出經營管理中存在的問題，並從銷售效益、資產運用效率和資本結構等主要方面，分析其各自狀況的好壞及其對股東權益報酬率大小的影響程度，從而對公司獲利能力進行全面綜合評價。

 心得欄 ┈┈┈┈┈┈┈┈┈┈┈┈┈┈┈┈┈┈┈┈┈┈┈┈┈┈┈┈┈┈┈┈┈┈┈┈┈

┈┈┈

┈┈┈

┈┈┈

┈┈┈

┈┈┈

圖 8-1　杜邦體系分析圖

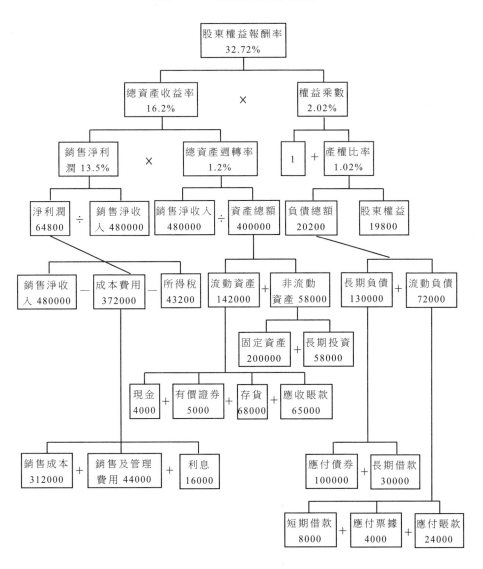

5 企業經營安全分析

1. 確定保本點(盈虧臨界點)

盈虧臨界點分析是本量利分析的一項基本內容,它主要研究如何確定盈虧臨界點、有關因素變動對盈虧臨界點的影響等問題,並可以為決策提供在何種業務量下企業將盈利,以及在何種業務量下會出現虧損等資訊。

盈虧臨界點,是指企業收入和成本相等的經營狀態,即邊際貢獻等於固定成本時企業所處的既不盈利又不虧損的狀態。通常用一定的業務量來表達這種狀態。

(1)盈虧臨界點銷售量

就單一產品企業來說,盈虧臨界點的計算如下:

由於:利潤＝單價×銷量－單位變動成本×銷量－固定成本

當利潤等於零時,此時的銷量為盈虧臨界點銷售量:

0＝單價×盈虧臨界點銷售量－單位變動成本×盈虧臨界點銷售
量－固定成本

盈虧臨界點銷售量＝固定成本÷單價－單位變動成本

又由於:

單價－單位變動成本＝單位邊際貢獻

所以,上式又可寫成:

盈虧臨界點銷售量＝固定成本÷單位邊際貢獻

例:某企業生產一種產品,單價 10 元,單位變動成本 8 元,每

月固定成本 8000 元，求盈虧臨界點銷售量。

盈虧臨界點銷售量＝8000÷(10－8)＝4000(件)

(2)盈虧臨界點銷售額

單一產品企業在現代經濟中只佔少數，大部份企業產銷多種產品。多品種企業的盈虧臨界點，儘管可以使用聯合單位銷量來表示，但是更多的人樂於使用銷售額來表示盈虧臨界點。即：

盈虧臨界點銷售額＝固定成本÷邊際貢獻率

根據上例的資料，可得：

盈虧臨界點銷售額＝8000×10÷(10－8)＝40000(元)

(3)盈虧臨界點作業率

盈虧臨界點作業率，是指盈虧臨界點銷售量佔企業正常銷售量的比重。所謂正常銷售量，是指正常市場和正常開工情況下企業的銷售數量，也可以用銷售金額來表示。

盈虧臨界點作業率

＝盈虧臨界點銷售量÷正常銷售量×100%

上例中，若正常銷售量為 10000 件，則：

盈虧臨界點作業率＝4000÷10000×100%＝40%

它表明企業的作業率必須達到正常作業的 40%以上才可取得盈利，否則就會發生虧損。

2.企業經營安全嗎

現代管理中我們習慣於運用安全邊際和安全邊際率來衡量經營的安全程度。安全邊際是企業正常銷售量超過盈虧臨界點銷售量的差額，它表明銷售量下降多少公司仍不致虧損，從而反映了企業經營的安全程度。安全邊際越大，企業經營就越安全。

安全邊際的計算公式為：

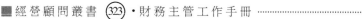

　　安全邊際＝正常銷售量－盈虧臨界點銷售量

　　由於安全邊際是一個絕對數，不便於比較不同行業、不同企業的安全程度。因而，要應用安全邊際率這一指標。

　　安全邊際率＝安全邊際÷正常銷售額×100%

　　此外，人們還建立了有關企業安全性的經驗數據表，以便企業準確判斷自身的安全程度，如表 8-1 所示：

表 8-1　安全邊際經驗數據表

安全邊際率 40%以上	30%～40%	20%～30%	10%～20%	10%以下
安全等級很安全	安全	較安全	值得注意	危險

　　例：某企業生產一種產品，單價 10 元，單位變動成本 8 元，每月固定成本 8000 元，盈虧臨界點銷售量為 4000 件，實際銷售量為 10000 件，求安全邊際。

　　安全邊際＝10000－4000＝6000（件）

　　安全邊際率＝6000÷10000×100%＝60%

　　可見該公司的經營狀況良好，應注意保持。若安全邊際率低於 20%，公司就應作出提高安全邊際率的決策。提高安全邊際率有兩條途徑：一是增加銷售額；二是使盈虧臨界點下移。使盈虧臨界點下移有兩種方法：降低固定成本和提高單位產品邊際貢獻。

　　下面再以一個例題進行說明。

　　例：某加油站附近設一個商店。該商店對本地居民的月銷售額為 18000 元。此外每個加油的顧客在汽油和小商店的消費比是 10：3，該比率是固定的。已知汽油的貢獻毛益率為 20%，商店的貢獻毛益率為 30%，現行油價為 2 元/公升，每月的銷售量為 150000 公升。又知該加油站每月固定成本額為 50000 元。

要求計算：

⑴該加油站目前的月利潤額

⑵該加油站的汽油保本銷售量

⑶如果汽油銷售量降至 120000 公升，為了維持目前的利潤水準，其他因素不變的前提下，固定成本總額應該控制在什麼水準內？

答：

⑴加油站的月利潤額＝$150000 \times 2 \times 20\% - 50000 + (18000 + 150000 \times 2 \times 0.3) \times 30\% = 42400$（元）

⑵商店對本地居民的月銷售彌補的固定成本＝$18000 \times 30\% = 5400$（元）

設汽油保本銷售量為 x，則有：

$(50000 - 5400) = 2x \times 20\% + 2x \times 0.3 \times 30\%$

$x = 76896.55$（元）

⑶設固定成本總額為 y，則：

$120000 \times 2 \times 20\% - y + (18000 + 120000 \times 2 \times 0.3) \times 30\% = 42400$

$y = 32600$（元）

即應控制在 32600 元之內。

第 九 章

應收帳款管理

1 企業持有應收帳款的成本

應收帳款可看成是企業為了擴大銷售規模而進行的一項投資,是投資就有投資成本,其投資成本表現在以下方面:

1. 管理成本

企業持有應收帳款必然會發生管理成本,這種管理成本是指從應收帳款發生到收回期間的所有的與應收帳款管理系統運行有關的費用。

應收帳款的管理成本主要包括:制定信用政策的費用、對客戶信用狀況調查的費用以及資訊收集的費用、應收帳款記錄與監管的費用、應收帳款正常收回的費用、應收帳款催收的費用等等。不過,從根本上講,這種成本是半固定、半變動的,維護一定的應收帳款管理系統總要發生一定的費用。在應收帳款低於一定規模時,管理成本是

基本固定的。但是，當應收帳款規模達到一定程度之後，應收帳款的管理成本將會跳躍到一個新的程度，然後再維護其固定的狀態。

2.資金佔用成本

因為企業的應收帳款的佔用資金主要借助於銀行借款，因此，要支付銀行借款的利息，即資金佔用的成本。當款項未收回時，當然由企業出資付息。銀行借款利息率越高，就意味著持有成本越高，則企業的盈利降低；反之，銀行借款利息率降低，則企業的資金成本率下降，企業盈利增多。

再者說，應收帳款是一筆被客戶無償佔用的資金，企業失去了將這筆款項投資於其他項目賺取收益的機會。這樣算來，資金佔用成本是很大的。

3.壞帳損失

企業的大量的商品銷售活動中，難免出現少數貨款無法收回的情況，我們稱之為壞帳損失。壞帳損失會給企業造成經濟損失，這種損失對企業來說，是一種不可避免的成本支出。

就壞帳損失的性質來看，它屬於變動成本類，企業的應收帳款規模越大，壞帳損失的數額也就有可能越大，反之則會較小。不過，與上述成本不同的是，壞帳損失的發生規模具有彈性，應收帳款管理水準較高，壞帳損失的比例將會很小直至接近於零。但是，如果事前事後的管理較差的話，壞帳損失比例和數額可能非常大。現代企業應收帳款管理的一項重要任務就是努力降低企業的壞帳損失。

2 如何做好應收帳款管理

1. 管理工作的負責部門

銷售和應收帳款存在兩條明顯的管理主線，以商品流為主要管理對象的營銷管理是一條線，以資金流為主要管理對象的財務管理是另一條線，兩條線相互監督相互促進，因此，總經理下設營銷總監和財務主管。

(1)營銷總監的任務

- 組織制定公司營銷政策及市場佈局、產品開發計劃
- 監督銷售政策的實施
- 落實營銷各部門崗位責任，並指導、培訓其工作
- 參與銷售預算編制與審核
- 會同財務部考核各級人員的責任完成情況

各處的營銷單位負責部門的任務是：

- 組織市場調研
- 建立市場資料庫
- 制定廣告策略、設計製作宣傳資料
- 預測銷售和銷售費用，參與銷售預算編制
- 制定銷售網站、片區、辦事處管理規章
- 落實網點、片區、辦事處責任
- 拓展銷售網站和銷售片區
- 建立客戶管理檔案、資信審查、綜合評估

- 制定應收帳款的管理辦法、收帳政策和收帳策略
- 培訓營銷人員做好銷售及回款工作

(2)財務部負責人的任務

- 對銷售預算的審查、平衡、上報、下達
- 檢查銷售費用計劃的執行情況
- 審批有關費用的支出
- 組織應收帳款、壞帳損失、壞帳準備及銷售收入、銷售成本的核算
- 對銷售費用借款和報銷進行審查核算
- 及時核對各種帳目，保證帳帳、帳證、帳實相符
- 會同計劃部、銷售部預測、編制公司銷售計劃、市場開發和產品開發計劃
- 制定各種考核辦法及各項指標
- 對各部門的任務完成情況進行檢查考核

2.銷售收入管理

(1)銷售工作的控制要點

①票據控制

銷售業務發生必須開具銷售單據，發貨必須是貨票同行。對辦事處要貨，原則上須辦事處負責人提出要貨申請，開票掛辦事處帳。無論現銷還是賒銷，都應由直接經手銷貨以外的人開具發票，再由銷貨經手人發貨，以加強內部控制。

②訂單控制

採用訂貨單方法對銷售業務進行控制。公司與購貨單位簽訂訂貨單，註明客戶全稱、位址、訂貨日期、訂單號碼、貨物名稱、規格、數量、單價、品質要求、付款方式、提發貨時間、運輸方式等內容。

③合約控制

對於銷量較大的單位應簽訂銷貨合約或協議，明確權利義務。

⑵現銷工作的控制要點

控制程序如下：

圖 9-1　現銷管理控制程序

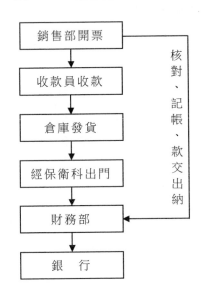

說明：

第一步：開票。公司開票由銷售部專人負責。

第二步：收款。收款由財務部負責，收款人收款時核對單價是否準確，並驗算單價、金額是否相符，大小寫金額是否相等。現金收入，則在發票上加蓋現金收訖章。

第三步：發貨。客戶憑提貨單向倉庫提貨。

第四步：出門檢查。客戶出示出門單據。

第五步：記帳。財務部記帳，並將現金或支票交出納，出納將現

金存入銀行或將支票交由銀行下帳。財務部須將發票記帳聯與銷售部存根進行核對，以控制收款人是否如實收款交財務部。

(3)賒銷工作的控制要點

控制程序如下：

$$\boxed{接受訂單} \rightarrow \boxed{簽訂合約} \rightarrow \boxed{開票} \rightarrow \boxed{發貨} \rightarrow \boxed{收款}$$

說明：

第一步：銷售部接受客戶訂貨單。

第二步：銷售部草擬合約，報分管副總經理審批賒銷業務。

第三步：購銷雙方在合約上簽字並加蓋公章。

第四步：開出銷貨發票，並通知倉庫發貨。發票開好後應交由另一人審核發票內容是否填寫完整，有無錯誤。增值稅發票由專人管理。

第五步：發出貨物，取得運輸部門運單。

第六步：財務部憑發票、運單、合約等向開戶銀行辦理托收手續或委託收款手續。同時，登記應收帳款明細帳。

第七步：財務部根據收款登記銀行存款沖減應收帳款。

若因產品質量等原因而發生銷貨退回，財務部應該沖減應收帳款帳戶，同時辦理退回的產成品入庫登記手續。若因其他原因購貨方要求折讓，應按規定銷貨折讓的批准權限，由有關負責人簽批意見後財務部據以入帳。

退回產品因質量問題需要返修的，應辦理出庫手續組織返修，返修完畢再辦理入庫手續，其返修費用應按規定進行會計處理。

對應收帳款應建立催收制度。包括款項到期前的函證對帳、到期時的催收逾期款項的交涉與催收。財務部不得隨意將應收帳款作壞帳損失沖銷，應建立壞帳損失的審批制度，明確審批權限。

(4)退貨管理工作的控制要點

①維護信譽

產品出現質量問題,或品種規格不符合合約的規定致使購貨單位無法使用時,公司應該退貨,維護公司信譽。

②總結原因

發生退貨,證明公司經營管理工作不夠完善,在處理好退貨後,應立即組織相關部門查找問題所在,以及問題產生的原因,分清責任寫出書面報告,報營銷總監批准處理。

③嚴格出入庫管理

退貨也是存貨管理的一部份,退回產品入庫應按存貨管理辦理入庫手續,出庫辦理出庫手續。

3 應收帳款的核算

應收帳款核算管理在財務部,回收管理在營銷中心的銷售部和各辦事處。財務部和營銷中心應當緊密配合。

1. 核算

正確做好應收帳款的分戶核算,做到不重不漏,不串戶,並配合營銷各部定期與商家對帳,如果對帳發現不一致,應及時查明原因。

2. 控制

這裏控制的含義,一方面是對應收款項的控制,另一方面是對營銷隊伍的控制。

(1)定期編報《應收帳款月(年)報表》。

(2)每半年或一年進行一次帳齡分析，填寫《帳齡分析表》，提請營銷部門催收。

(3)加強壞帳管理，在清理往來帳的基礎上，編報《呆壞帳核銷匯總表》，經批准後核銷，並對核銷後的壞帳登記備查，以防資產流失。

(4)監督營銷人員的工作，確保收入及時入帳，確保應收帳款及時回籠。

(5)配合營銷部門做好客戶信用分析評價，對收款政策提出意見。

3.基礎核算工作

(1)健全應收帳款核算基礎工作，做好銷售和收款統計，填報《應收帳款明細統計表》，隨時掌握應收帳款的回款動態和責任完成情況。

(2)定期計算各辦事處的回款率和呆帳率，並進行考核。

(3)正確計算各辦事處及銷售人員的銷售提成額。

(4)對應收帳款應用帳齡分析法，編制應收帳款餘額表，並與各辦事處核對，及時催收。

(5)根據公司收款政策，制定合理的收帳策略，制定並落實具體措施，以加速應收帳款的回款速度。

(6)配合財務部，按財務制度規定，對符合壞帳損失的應收帳款及時按規定程序和手續進行核銷。

4.收款

加強款項催收工作，合理安排收款，填寫《應收帳款收款日程安排表》，有計劃地開展工作，每日填報《應收帳款日報表》，每月末填報《回款報表》，每年末填寫《應收帳款年度分析表》。

4 先要建立信用管理機制

1.第一步，制定合理的信用政策

合理的信用政策是企業控制應收帳款的前提，在不同情況下，企業經營管理者可以運用信用政策的變化來改變或調節應收帳款的大小。企業的信用政策一般包括：

⑴確定提供信用的標準，即在什麼情況下、什麼時候、對何種類型的企業、對何種產品提供信用；

⑵確定給與信用的客戶範圍；

⑶確定各類客戶及各類產品提供信用的最高限額；

⑷確定提供信用應辦的手續；

⑸確定有權審批信用的各有關部門及其主管的責任和權利；

⑹確定給予各種折扣的條件和審批手續；

⑺確定合理的收帳程序以及有關收帳人員的責任和權利；

⑻確定壞帳的確認及其批准處理程序。

企業信用政策應是財務部門與銷售部門配合制定，並經單位負責人審批。制定信用政策時，既要考慮到市場的佔有和推銷策略，還應考慮到企業風險承受能力等方面的問題。這樣，才能使企業信用政策合理、適用。

2.第二步，評價客戶的資信程度

信用標準是企業為客戶提供商業信用所應具備的最低條件。

企業在制定信用標準時，必須對客戶的資信程度進行評價，然後

根據客戶的信用等級來確定是否給予客戶信用優惠。

評價客戶的資信程度，主要從以下五個方面進行：

⑴信用的品質。信用品質是指客戶履約或賴帳的可能性，這是決定是否給予客戶信用的首要因素。這主要透過瞭解客戶以往的付款履約記錄進行評價。

⑵付款能力。即客戶在信用期滿時的支付能力，它取決於客戶資產特別是流動資產的數量、質量（變現能力）及其與流動負債的比率關係。其主要證明資料是客戶的各種財務報告。

⑶資本。資本反映了客戶的經濟實力與財務狀況的優劣，是客戶償付債務的最終保證。

⑷抵押品。即客戶提供的可作為資信安全保證的資產。能夠作為信用擔保的抵押資產，必須為客戶實際所有，並且應具有較高的市場性，即變現能力。對於不知底細或信用狀況有爭議的客戶，只要能夠提供足夠的高質量的抵押財產（最好經過投保），就可以向他們提供相應的商業信用。

⑸經濟環境。是指不利經濟環境對客戶償付能力的影響及客戶是否具有較強的應變能力。

要做到對客戶信用狀況客觀、準確的評價，除明確以上五種因素外，關鍵在於能及時掌握客戶的各種信用資料，這些信用資料的來源主要有以下幾種管道：

⑴財務報告，即企業對預期的「準信用」客戶索取或查閱近期的資產負債表或損益表等。這些是進行分析評估的最重要資訊，企業可據此對賒銷對象的流動性、支付能力以及經營業績等進行分析和判斷。

⑵銀行證明，即由客戶的開戶銀行出具的一些有關信用狀況的

證明材料。企業可透過這些材料瞭解到客戶的存款餘額、借款情況和結算情況等。

⑶企業間證明，一般而言，企業客戶對外會同時擁有許多供貨單位，企業可以透過與客戶有關的各供貨單位交換信用資料來瞭解情況。

3.第三步，確定客戶信用等級

在以上對客戶資信程度評價的基礎上，透過設定標準，確定客戶的信用等級。財務部門可以用一組具有代表性、能夠說明付款能力和財務狀況的若干比率作為信用風險指標，根據數年內最壞年景的情況，分別找出信用好和信用壞兩類客戶的那些比率的平均值，作為比較其他客戶的信用標準。然後再利用客戶公佈的財務報告數據，測算拒付風險係數。根據客戶拒付風險係數並結合企業自身承受風險的能力及市場競爭的需要，劃分客戶的信用等級。這樣，企業就可以根據客戶不同的信用等級採用不同的信用對策。

4.第四步，對應收帳款跟蹤管理

對於企業已經形成的應收帳款，絕不能採取聽之任之的態度，應採取積極措施，對應收帳款進行跟蹤管理。

對應收帳款進行跟蹤管理的第一步，就是財務部門從應收帳款產生之日起，對應收帳款的收回時間加以分類統計，監督客戶的支付情況。最好的監督辦法是編制應收帳款帳齡分析表。

跟蹤管理的第二步就是催收。催收應收帳款，不但是財務部門的事，而且也是銷售人員的事。財務部門依據「應收帳款帳齡分析表」，對於快要到期的應收帳款，安排銷售人員或收帳部門催收，直到客戶按期付款為止。對於逾期還沒有收回的應收帳款，財務部門與銷售部門等有關部門應配合制定催收措施，並積極實施，直到帳款被全部收

回。

　　作為單位負責人，應該時常關注應收帳款的發生與收回情況，對於欠款時間超過 6 個月以上的，要責成財務部門或收帳部門逐筆提出專項報告，將超期拖欠的原因、採取了何種催收措施、催收責任人是誰等情況一一說明。要逐筆落實責任人及具體催收措施，以儘快收回欠款。

5　要建立應收帳款的控制機制

　　企業的應收帳款是在銷售業務中產生的。企業的銷售如果屬於賒銷，即銷售實現時沒有立即收取現款，而是得到要求客戶在一定條件下和一定時間內支付貨款的權力，這時就產生了應收帳款。因此，應收帳款的控制應結合銷售業務來進行。

　　企業的賒銷業務主要由銷貨及收款業務構成，在其業務過程中要涉及一些憑證和帳簿，主要有：顧客訂貨單、銷貨通知單、發貨單、銷售發票、銷售匯總表、銷售明細分類帳及總分類帳、應收帳款明細分類帳及總分類帳、現金及銀行存款日記帳及總分類帳。

　　如果企業銷售實現時沒有收到現款，而是收到了客戶的商業匯票，包括商業承兌匯票和銀行承兌匯票，便產生了應收票據。應收票據是以書面形式表現的債權資產，其款項具有一定的保證，同時經持有人背書後可以提交銀行貼現，具有較大的靈活性。企業透過應收票據進行賒銷時，一般要進行銷貨、收取票據、計息、貼現、收款等活

動，在此過程中要涉及到一些憑證和帳簿，這些都是應收票據的審計範圍。與應收帳款不同，應收票據業務主要涉及以下憑證和帳簿：顧客訂貨單、銷售通知單、發貨單、銷售發票、銷售匯總表、銷售明細分類帳及總分類帳、應收票據明細分類帳及總分類帳、財務費用明細分類帳及總分類帳、應收帳款明細分類帳及總分類帳、應收票據登記簿。

　　良好的應收帳款和應收票據的內部控制制度，應當貫徹不相容職務相互分離的原則，使不同的職能分別由不同的部門或人員負責。

1.應收帳款的內部控制制度

　　⑴編制銷貨通知單。負責處理銷售單的部門收到訂單後，應首先進行登記，再審核訂單的內容和數量、確定能夠如期供貨後編制銷貨通知單，作為信用、倉庫、運輸、開票和收款等有關部門履行職責的依據。

　　⑵批准賒銷。信用部門收到銷貨通知單後，應審查該顧客的會計報表或向信用機構查詢，瞭解該顧客的信用狀況，從而決定能否批准賒銷。

　　⑶發貨。倉庫部門應根據運輸部門持有的經信用部門審核後的銷貨通知單發貨。

　　⑷運貨。運輸部門運送貨物時應填制運貨單等貨運文件並送往開票部門。貨運文件應順序編號，並記入送貨登記簿。如成批量送貨，還應持有出門證。

　　⑸開票。開具銷貨發票就是通知顧客所購貨物或勞務的金額。開票職能不能由銷售部門負責，一般由會計部門辦理。開票的主要職責為：控制順序編號的貨運文件；核對貨運文件、銷貨通知單和銷售訂單；將這些單據中的有關資料填入發票；根據企業的價目表，在發

票上填寫單價和貨款總額。開具發票之後，記帳人員據以編制記帳憑證，登記應收帳款明細帳和應收帳款總帳。

(6)收款。收到貨款後，出納人員登記銀行存款日記帳，並將銀行收款通知單送交記帳人員據以編制記帳憑證，登記應收帳款明細帳和總帳的貸方。

(7)壞帳處理。對於確實無法收回的應收帳款，經批准後方可作為壞帳，進行相應的帳務處理。已經沖銷的應收帳款，應在設置的備查登記簿上登記，加以控制，以免已沖銷帳款後回收時被個別人員納入私囊。

(8)內部審計。大企業的內部審計人員應定期向顧客寄發應收帳款對帳單，發生的差異要及時查清；應經常審核貨運文件、發票、應收帳款帳齡分析表、單據等資料，瞭解企業規定的工作程序是否得到貫徹執行。

2.應收票據的內部控制制度

保管應收票據的人員不得經辦會計記錄。

票據的接受、貼現和換新須經保管票據以外的主管人員的書面批准。接受顧客票據須經批准手續，可使偽造票據以沖抵盜用現金的可能性大為減少；票據的貼現和換新(即票據到期後顧客未付款而是簽發新的票據)也應經主管人員審核和批准，否則經辦人員可能在貼現或顧客付款後截留現金而用偽造的新票據加以掩飾。如果內部審計人員定期直接向出票人函證，則更能加強這種批准程序所產生的控制作用。

違約票據(即呆票)的沖銷須按規定的程序批准，已沖銷的票據應置於會計部門的控制之下並在以後採取有效的追蹤措施。

票據到期時如果顧客只付了其中的部份款項，則應將付款日期、

金額、餘額等記在票據背面，並在票據登記簿上進行適當記錄，以免經辦人員剽竊部份付款的現金收入。

3.關鍵控制點

(1)銷售發票

- 核對銷售發票、銷售合約、銷售訂單所載明的品名、規格、數量、價格是否一致。
- 檢查銷售合約、賒銷是否經核准。
- 核對相應的運貨單副本,檢查銷售發票日期與運貨日期是否一致。
- 檢查銷售發票中所列商品的單價並與商品價目表核對。
- 覆核銷售發票中列示的數量、單價和金額。
- 從銷售發票追查至銷售記帳憑證或銷售記帳憑證匯總表。
- 從銷售記帳憑證或銷售記帳憑證匯總表追查至總分類帳及明細分類帳。

貨運文件樣本與相關的銷售發票,將發票樣本與相關的貨運文件相核對,以確保所有發出的貨物均已開具發票。可以從本年貨運文件中抽取樣本,與相關的發票核對。應特別注意貨運文件是否連續編號控制,作廢的貨運文件均應蓋章註銷並予以存檔。

(2)審查銷售退回、折讓、折扣

- 檢查銷售退回和折讓是否附有按順序編號並經主管人員核准的貸項通知單。
- 檢查所退回的商品是否具有倉庫簽發的退貨驗收報表。
- 銷售退回與折讓的批准與貸項通知單的簽發職責是否分離。
- 現金折扣是否經過適當授權,授權人與收款人的職責是否分離。

　　按照內部控制制度的要求，對於確實無法收回的應收帳款，按規定程序報經批准後方可作為壞帳處理，否則不法分子就有可能透過註銷應收帳款而掩飾其貪污行為。按照有關規定，確認壞帳損失應符合的條件是：因債務人破產或者死亡，以其破產財產或者遺產清償後，仍然不能收回的應收帳款；或者因債務人逾期未履行償債義務超過三年仍然不能收回的應收帳款。因此，在審查已轉銷的應收帳款時，一要審查有無經過規定的報批程序，二要審查是否符合規定的條件。必要時可向債務人寄發詢證函，查明這些已作壞帳轉銷的應收帳款在最初入帳時是否屬於偽造。

4. 制訂合理的催收方針

　　收帳方針亦稱收帳政策，是指當客戶違反信用條件，拖欠甚至拒付帳款企業所採取的收帳策略與措施。

　　在企業向客戶提供商業信用時，必須考慮三個問題：其一，客戶是否會拖欠或拒付帳款，程度如何；其二，怎樣最大限度地防止客戶拖欠帳款；其三，一旦帳款遭到拖欠甚至拒付，企業應採取怎樣的對策。一、二兩個問題則必須透過制定完善的收帳方針，採取有效的收帳措施予以解決。

　　可見，在企業向客戶提供信用之前或當時，應當對發生帳款拖欠或拒付的各種可能情形進行合理預期，並制訂相應的收帳方針，防患於未然，而不能在帳款實際已遭拖欠或拒付時才消極被動地進行，因為收帳方針是企業整個信用政策行使過程的一個有機組成部份。

　　從理論上講，履約付款是客戶義不容辭的責任與義務，是企業合法權益要求所在。但如果企業對所有客戶拖欠或拒付帳款的行為均付諸法律解決，往往並不是最有效的辦法，因為解決企業與客戶帳款糾紛的目的，主要不是爭論誰是誰非，而在於怎樣最有成效地將帳款收

回。實際上,各個客戶拖欠或拒付帳款的原因是不盡相同的,許多信用品質良好的客戶也可能因為某個原因而無法如期付款。此時,如果企業直接向法院起訴,不僅需要花費相當數額的訴訟費用,而且除非法院裁決客戶破產(這通常需要經過極為複雜的程序和相當長的時間),否則,效果往往也不是很理想的。所以,透過法院強行收回帳款一般是企業不得已而為之的最後的辦法。基於這種考慮,企業如果能夠同客戶之間商量妥協的方案,也許能夠將大部份帳款收回。

通常的步驟是:當帳款被客戶拖欠或拒付時,企業應當首先檢討現有的信用標準及信用審批制度是否存在紕漏,然後重新對違約客戶的資信等級進行調查、評價。對於信用品質惡劣的客戶應當從信用名單中排除,對其所拖欠的款項可先透過信函、電訊甚至派員的方式進行催收,態度可以漸加強硬,並提出警告。當這些措施無效時,可以透過法院裁決。為了提高訴訟效益,有必要聯合其他被該客戶拖欠或拒付帳款的企業協同向法院起訴,以增強該客戶信用品質不佳的證據力。對於信用記錄一向正常的客戶,在去電、去函的基礎上,不妨派人與客戶直接進行協商,彼此溝通意見,達成諒解妥協,既密切了相互間的關係,又有助於較為理想地解決帳款拖欠問題,並且一旦將來彼此關係置換時,也有一個緩衝的餘地。當然,如果雙方無法取得諒解,也只能付諸法律進行最後裁決。

第 十 章

財務部的成本控制

1 全面認識成本管理

　　企業生產經營的目標就是要實現經濟效益的最大化,也就是利潤的最大化。根據利潤形成的基本原理,最大化利潤的形成取決於收入的最大化和成本的最小化,因此,加強成本管理和控制是提高公司盈利水準的重要途徑。公司要確保經營利潤的不斷提高,實現自己的經營目標,必須精打細算,加強成本管理,努力降低成本。

　　1. 強化成本意識

　　加強成本管理和成本控制,需要掌握一些具體的成本管理方法。但對公司經營者來說,樹立成本意識比瞭解具體的成本管理方法更為重要。

　　牢固的成本意識是指公司經營者凡事要精打細算,處處從節約著手,自己以身作則,尤其是高度重視公司的成本管理工作,透過建立

各項制度和方法對公司成本的形成進行有效的控制。

　　成本意識應貫穿於公司經營決策及日常管理的全過程。從工程項目的設計施工到產品設計和技術制定，從原材料採購、產品生產、產品銷售到用戶的使用，都要進行嚴格的成本計算和控制，從各個環節入手對公司成本的最終形成進行管理和控制。

　　公司牢固樹立成本意識，除了表現為自身具有強烈的成本意識外，還應表現為努力促使公司全體職工都能樹立起節約成本的觀念，使降低成本成為一項全體職工的共同行動，也只有在公司領導自身具有強烈的成本意識的前提下，才有可能使全體員工都樹立這種觀念。

　　可以設想，如果公司經營者沒有成本意識，對成本管理工作不重視，那麼不管財務管理部門制定出如何先進和科學的成本管理方法，在公司開展成本管理都是極為艱難的，事實上，如果公司經營者不重視成本管理工作，也就不會有科學的成本管理方法的產生。

　　公司經營者樹立了成本意識，則可將這種成本意識貫穿於公司經營管理的各個方面和公司全體員工中去，至於成本管理和控制的技術手段上，則可透過公司的財務管理部門以及理財專家設計出一整套能滿足公司管理要求的成本管理方法。因此，在加強成本管理的過程中，公司經營者樹立牢固的成本意識比掌握一些成本管理的技術手段重要得多。

2.明確成本管理

　　成本管理，是指對公司生產經營活動過程中所發生的成本、費用，有組織、有系統地進行預測、計劃、控制、核算、分析、考核等一系列的科學管理工作的總稱。其基本任務是，正確反映生產經營成果，挖掘降低生產成本的潛力，努力降低成本。

　　成本管理包括以下幾個環節：成本預測、成本計劃、成本控制、

成本核算、成本考核和成本分析。預測和計劃為事前管理，即在成本形成之前，根據公司的生產經營情況，運用一定的科學方法，進行成本指標的測算，並據以編制成本計劃，作為降低成本的行動綱領和日常控制成本開支的依據。控制和核算為事中管理，即對公司生產經營過程中所花費的各項開支，根據計劃實行嚴格的控制和監督，並正確地計算產品的實際成本。成本考核和分析為事後管理，即透過對實際成本和計劃成本的比較，檢查成本計劃的完成情況，並進行分析，找出影響成本升降的主客觀因素，總結經驗和發現存在的問題，從而制定進一步降低成本的具體措施，為編制下一期成本計劃提供依據。

明確成本管理的內容，可使公司經營者瞭解成本管理的基本框架，並使公司經營者能根據本公司的具體情況，有針對性地突出抓住公司成本管理的中心環節和薄弱環節，妥善解決成本管理中的難點問題。從現代公司成本管理的要求來看，非常強調成本的事前預測、決策以及事中的控制，以增強成本管理工作的預見性和主動性，減少盲目性和被動性。

事後的分析和考核固然十分重要，但對於當然的成本形成控制也為時已晚。因此，公司經營者在成本管理中應把重點放在事前預測和事中的控制上。成本考核工作一定要落實，要嚴格按事先制定的獎懲指標兌現。否則，對於今後的成本控制將帶來很大的困難。

3.瞭解成本構成

瞭解公司產品成本構成是加強成本管理，降低產品成本的重要前提條件。公司經營者只有清楚地把握住公司產品成本的形成過程，瞭解產品成本的具體構成情況，才能準確地抓住公司成本管理的重點和薄弱環節，在工作中真正做到有的放矢，有針對性地提出加強成本管理、降低產品成本的對策措施。

從計算公司利潤的角度來看,公司產品成本應包括原材料成本、固定資產成本、薪資成本及其他成本幾個部份。原材料成本是公司產品成本的重要組成部份,是構成使用價值的實體和產品價值的主要組成部份。

在不同的公司,甚至在一個公司的不同時期,由於公司自身條件的改變及外部環境的變化,其產品構成的各個部份在產品總成本中所佔的比重各不相同。公司經營者必須經常瞭解本公司主要產品的成本構成情況,如原材料成本佔多少,薪資成本有多大,各部份佔的比重如何,只有掌握產品成本的具體構成情況,才能在成本管理中抓住重點,找到節約成本的關鍵所在;如果對產品成本的構成不清楚,不知道本公司產品中那些成本在產品成本中佔大頭,那些成本具有降低的潛力,那些成本對產品成本影響不是很大,那麼,如何節約成本當然就無從下手。因此,公司經營者對產品成本的一些基本數據,特別是主要產品的基本成本數據,必須做到心中有數。

4.公司成本與外界之比較

公司成本管理目的就是盡可能降低公司的成本水準,增強其在市場中的競爭能力,提高資本運營的獲利能力,因此,公司經營者在成本管理中要掌握一些相關的成本資訊。要動態地瞭解不同歷史時期本公司主要產品成本的一般水準,歷史最低水準,也要透過必要的途徑瞭解國內同類型公司產品成本情況,甚至國際市場上產品成本情況也要盡可能瞭解,將公司現有的產品成本水準與這些指標進行比較分析。

只有透過對比,才能找出差距,對公司目前的產品成本水準的高低進行準確地定位,透過與先進公司成本水準的比較,與本公司歷史最好水準的比較,可以發現降低公司產品成本的潛能所在。這項工作

對公司經營者的成本管理來說是非常重要的。

公司經營者要勤於對公司的歷史成本資料進行整理和分析,善於搜集國內外先進公司的成本資料。當然,成本管理資料有些由於涉及到公司的商業秘密,因此在搜集上有一定的難度,但對國內的公司來說,目前關於同類型公司的成本資料還是可以透過一些途徑搜集得到的,只要留意此項工作,是可以掌握一些重要的成本資訊的。

5.質量成本不可忽視

通常,人們在研究產品成本的構成和控制方法時,一般只是就成本論成本,往往忽視了同樣對產品成本有著重要決定影響的另一個直接性因素,即質量成本。

質量成本是指產品質量的好壞也對產品成本構成影響,它是影響公司利潤的一個重要因素。談到質量問題,人們往往都是從技術管理的角度來考慮的,而不是從理財的角度、從降低產品成本的角度來考慮。事實上,質量的好壞在公司經營者理財活動中佔據很重要的位置。提高產品質量,不僅能夠降低產品絕對成本,而且能夠降低產品相對成本。所謂降低絕對成本,是指透過提高產品質量,可以減少一些費用支出,如廢品損失、返工費用、複檢費用、次品挑選處理費用、次品銷售費用、次品折價損失、消費者意見處理費用、因廢次品引起的停工費用以及售後維修、檢查、交涉、服務費用等。所謂相對成本是指由於產品質量差或競爭能力弱,致使公司聲譽不高,從而喪失市場,喪失發展機會所造成的損失。

公司經營者在成本管理中必須高度重視質量對產品成本、對公司利潤的影響。控制質量成本應從原材料採購、工業生產和產品銷售全過程入手,在原材料採購階段把住材料質量關,杜絕劣質材料、不合格材料進入公司生產過程;在生產階段把住產品加工質量關,杜絕不

合格產品流出公司，進入市場；在銷售階段把住售後服務質量關，確保產品有良好的售後服務，提高產品在消費者心中的地位，提升市場形象。透過對各個環節進行全面的質量控制和管理，提高公司的綜合效益水準。

6.建立起成本管理制度

公司成本的形成貫穿於公司生產經營的全過程，因此成本管理包括公司生產經營的各個方面和各個環節。

作為公司經營者，不可能去實施每一項具體的成本管理事項，而應致力於成本管理的制度建設，把重點聚焦於公司成本管理的宏觀層次問題，透過建立各項制度，規範和約束公司成本行為，避免在成本管理上對一些具體事項就事論事，投入過多的時間和精力。建設公司的成本管理制度主要應從以下幾個方面出發：

(1)建立各項基礎管理制度

成本管理的核心在於事前和事中的控制，因此，必須建立和健全各項基礎管理制度。

①建立定額管理制度。具體應包括勞動定額、原材料、燃料、動力、工具消耗定額、物資儲備定額、質量定額等。科學的定額是進行成本核算和成本控制的重要依據，實行定額管理，對於節約原材料，合理組織勞動，提高設備利用率和勞動生產率，降低成本，具有重要的作用。

②嚴格計量、核對總和物資收發領退制度。公司各種材料、產品等物資的收發都必須經過嚴格的質量驗收和計量；對水、電、氣的消耗等，要嚴格計量。

③建立健全廠內計劃價格，這是進行廠內核算的重要基礎。

④健全原始記錄。只有基礎管理制度健全，公司內部成本管理

工作才能有章可循、有條不紊地開展。

(2)制定嚴格的成本開支範圍和標準

隨著公司改革的不斷深入，公司內部財務事項將全部由公司自行確定。因此，一些費用開支範圍要公司自己明確，有些開支標準需由公司根據實際情況自行制定。

如差旅費開支標準、會議費開支標準、勞保福利開支標準等，公司經營者應本著節儉、不影響公司生產經營開展的原則，合理組織制定本公司的成本開支範圍和開支標準。

(3)建立嚴格的成本約束制度

成本管理的難點是確保成本執行符合成本計劃要求，使各項成本指標控制在預定的範圍內。而要達到這一目標，的確也需要透過財務部門開展細緻的工作，但更需要建立一套能夠對各成本責任單位和責任個人進行有效約束的制度體系，只有透過嚴格的制度約束和規範，才能使各成本責任單位和個人自覺遵守各項成本管理規則，努力節約各項成本開支，使實際執行結果符合計劃控制的要求，此外，公司經營者還應為財務管理部門開展成本管理工作創造良好的工作環境，解決財務部門難以解決的一些問題，支持財務部門開展工作，嚴格執行各項成本管理規章制度。

2 利潤＝銷售額－成本

　　每個人都知道的一個公式：利潤=銷售額－成本。

　　然而在公司採取其他一切辦法以提高利潤時，卻常常忽視全面的成本降低。不管經濟週期中流動情況如何，在力求提高利潤或穩定利潤時，成本降低應該是管理層最重要的關注對象之一。

　　有效地降低成本計劃包括短期和長期兩種方式，短期方式可稱之為臨時的應急措施，可以分三步：

　　第一步：分析企業的組織機構。

　　組織機構分析的目的是確定公司各個部門怎樣合理配置和改編，從而做到不僅降低成本而且又能提高效率和生產率。例如，你的一些經理可能承擔太多的責任，而其他一些經理卻沒有承擔足夠的責任。從組織機構分析中，不能忽視每一個你要支付薪資的人員——最高執行經理到工人，每個部門，直到銷售部中地位最低的人員。對大多數公司來說，組織機構可以做得簡單而切實有效，因而組織機構分析一年至少應該重覆兩次。

　　組織機構的分析要時刻把握三個重要規則：

　　1.控制範圍：一個經理主管下屬人員數不超過 10 人，但不少於 7 人；

　　2.合適的彙報層次：最影響利潤的部門經理應該直接向公司負責人彙報；

　　3.簡化管理層次：公司負責人與基層管理部門之間的管理層次

數應該保持最小程度。

這些規則看起來很簡單，但在大多數公司中常常被忽視，束之高閣。

在行政管理中，部門經理的控制範圍必須在 7～10 人之間。少於 7 人，部門經理未能充分利用他們的時間和能力；多於 10 人，部門經理因精力分散、抓面過寬而挂一漏萬，反而增加成本。在作業複雜的工廠，一個工長能對 15 個人保持控制，而在作業簡單的工廠，能保持控制 50 個或更多的人。

按照第一條規則，即控制範圍，一般不超過 7～10 個部門經理，應該向公司經理直接彙報。而在這 7～10 個部門經理中，通常應包括銷售部門經理，製造部門經理，採購經理，審計主任，勞資關係部門經理等，這裏邊仍然有 1～4 個空位，可根據你特殊的經營管理情況確定。相對於多部門公司的總部來說，這些指導原則當然可視作以利潤為中心的營運方式。

第二步：在組織機構分析後對，全部經營管理比率分析。

首先你需要公司最近 5 年(最好是 10 年)公司營運的詳細數字。這些數字都是最基本的，如：銷售量，毛利，銷售開支，一般和行政管理費用，研究開發費用，債務成本和稅前利潤等。對每一個數字，你還必須知道這個數字相對於銷售量的百分比。

對這些數字做宏觀分析，先找出毛利佔銷售量百分比最高的年份，找出銷售成本，一般費用和行政管理費用，研究開發費用和債務成本佔銷售量最低的年份，以上找出的都是最佳比率，你會發現，這些比率並不是集中在同一年的。當然，銷售量是一個因素，將這些比率都單列出來，假如它發生在同一年，例如是你毛利率最高的一年，

你會發現,其他年若用那些最佳比率來算,你的利潤就會大幅度提高,從這裏吸取的一個教訓是:永遠沒有自滿的餘地。你的每一年都不是最佳的。如果有可能的話,你還應將你的數據與其他公司相比較,俗話說:「不怕不識貨,就怕貨比貨」。

接下來的一步就是確定那種成本是在正常的限度之內,那種成本佔銷售量的百分比不必要增加了,這就是所謂的微觀分析方法。在這一步中,你還應該細分。例如銷售成本中你應細分原材料、固定資產損耗、人員薪資、一些其他的製造費用等,其他如監督管理費、銷售人員薪資及傭金、倉庫管理人員薪資、福利待遇、固定開支、差旅費和招待費等,分門別類。應該設法將這些費用降低。這裏反覆強調的是,增加利潤最好的辦法不是增加銷售量,而是降低成本。成本降低之時,就沒有必要採用應收帳款或庫存量的形式增加營運資金而形成新的債務資金。格言是:銷售是要花錢的,而成本降低不花錢。

第三步:在臨時性成本降低計劃中,剩下的時間花在工作抽樣上。

工作抽樣是透過觀察和應用數學概率,得到有關人員活動和機器的真實情況。工作抽樣是對工廠內或公司內不同工位的活動頻率和效率進行抽樣,能明顯地反映出工人和機器兩者的生產率以及低效率的程度。

對於成本降低而言,工作抽樣是最有效、最實際、最科學的方法之一。它是既合理又迅速地精簡不必要人員的最好工具,也是比較省錢並能避免付出昂貴代價的一種方法。另外,它還可以替代工作標準,並能對現有標準系統和設備利用率做總的評估。

工作抽樣操作必須安排企業內部具有工作抽樣經驗的僱員,或者是外部的、在這方面有能力的諮詢專家。企業主自己應該有行家的指

導，與此同時，你還必須對工作抽樣法的邏輯有一般的瞭解。

　　進行工作抽樣僅以正常的連續標準計劃中的一小部份為代價，但能提供有關企業管理三個重要方面的寶貴資訊：

　　1. 僱員工作時間百分比；

　　2. 僱員工作速率；

　　3. 機器利用率。

　　換句話說，透過工作抽樣，對工廠或辦公室的效率以及各種設備的利用水準能做出可靠的判斷。

　　任何工作抽樣研究的目標是提高效率，提高生產力和消除過剩現象。透過工作抽樣，你能對機器和人員的利用率做出評估，明智地降低成本，確定和維持起碼是臨時性的工作標準。透過抽樣，你可以確定你的公司那些工作點的人太多。

　　隨著工作抽樣的完成，你的「大有作為的一個月」也就該結束了。透過三個步驟，即組織機構分析、比率分析和工作抽樣，你可能會降低人員費用 10%～20%，當然這只是臨時性的應急措施，下一步要求更加深入的程度，需大半年才能完成，進行下一步更有價值的成本降低計劃，與此同時，會實實在在地增加利潤。

第四步：把降低成本的責任落實到人頭

　　管理者一般都懂得授權的重要作用：它可以將一個龐大而複雜的工作交派給幾個獨立人去完成。每個人只完成這一項大工作中的一小部份並對其負責。這樣既可以提高工作效率，同時又會增強每個人的責任感，便於考核的展開。

　　在企業的成本控制中，責任分解這一原則同樣有著較廣的應用。一般而言，成本管理與各部門及個人的責任相結合，會使企業龐大的預算，控制及決策指標分解到不同部門，每個員工及每個部門都為各

自分內的指標數負責，從而真正有利於整體控制目標的實現。

從現實角度來看，企業每年都要作大量的預算和開銷計劃，並且公司中的各個部門都有一個這樣的計劃。一旦計劃作好並經管理部門批准，就由一個具體的部門主管和班組長來關心他們本部門的工作或開銷，看它們是否符合交給他們的計劃和預算。

只要部門主管能使下面的預算和工作保持在公司制定的規章制度的總範圍內，他們便沒有別的事了。至於下面的人如何完成任務，達到目標，則是下面的人自己的事。所以預算與責任相結合的確是個很好的方法，老闆可以用它按系統分派責任，同時還可保持對成本的控制與監督。

從責任分解的整個過程來看，制定恰當的標準是這一過程中關鍵之所在。

應考慮的問題：

·整個預算的分派是否會減輕工作責任，提高工作效率。
·每個責任中是否有專人負責，並確保有專人負責監督。
·分派責任後的預算控制系統是否會使你有充足的時間思考重大政策問題。
·啟動整個控制系統是否會產生重大的財務負擔。
·各級責任要確保有嚴格的預算，並使預算的標準掌握在平均先進基礎上。
·將責任與員工的考核、選拔、激勵、獎懲制度結合起來。

透過在成本控制中實行責任分解的辦法，可達到這樣一種效果：企業中的所有部門和部門的負責人都制定他們的預算。實際費用的發生情況與預算的對照透過定期的成本報表加以反映，老闆便可以從這些報表中瞭解成本控制及管理工作的概況，使成本管理更加清晰、明

瞭、簡便易行。

　　還有一點，一旦發現報表中何處實際情況與預算發生偏差，你就必須馬上採取行動。而對於實際情況和預算相和諧的部份，你則不必做任何事。預算和責任分解如果能在管理中得到了適當的運用，它一定能成為成本管理和控制中非常有效的工具。

3 分配到各部門的成本責任

　　財務部是成本總體考核及成本管理歸口部門，但成本管理不僅僅是財務部門的事情，而涉及到很多部門。各部門負責人的責任如下。

　　財務主管下分設採購部負責人、技術開發部負責人、分廠負責人、機電部負責人、營銷中心負責人、財務部負責人、其他部門負責人。

採購部負責人責任：
· 制定本部門的費用開支標準和管理辦法
· 建立健全採購成本的管理制度
· 制定採購成本的操作程序和辦法
· 控制本部門的費用開支
· 尋求降低採購成本和費用開支的途徑和方法

技術開發部負責人責任：
· 建立健全設計成本的管理制度，制定設計成本的操作和辦法
· 制定本部門的費用開支標準和管理辦法

· 控制本部門費用開支
· 尋求改進產品設計結構的途徑和方案

工廠負責人責任：

· 建立工廠成本費用管理制度
· 制定工廠成本費用管理的操作程序及辦法
· 負責工廠成本費用計劃的制定及實施，協調工廠成本費用管理
· 負責對工廠成本的考核
· 控制生產工廠費用開支

機電部負責責任：

· 建立健全工廠的成本費用管理制度(機電部份)
· 制定工廠成本費用管理的操作程序及辦法(機電部份)
· 負責工廠成本費用計劃的制定及實施(機電部份)
· 協調工廠成本費用管理(機電部份)
· 負責對工廠成本的考核(機電部份)
· 控制動力工廠費用開支

營銷中心負責人責任：

· 建立健全銷售費用管理制度和操作程序辦法
· 負責銷售費用計劃的制定及實施，降低銷售費工。制定成本管理的基礎性制度
· 制定和下達公司成本計劃，組織和考核成本計劃完成情況
· 審查成本費用開支的真實性、合理性
· 組織領導公司的成本核算
· 確定合理的成本核算方法，正確、及時地核算成本
· 指導檢查工廠、班組的成本核算、管理基礎工作
· 對採購部、銷售部的倉庫收、發、結存情況及時進行稽查

其他部門負責人責任：
· 制定本部門的費用管理制度和操作程序及辦法
· 控制本部門的費用

如何做好成本控制管理

1. 成本控制點

一個產品的成本決定於那些方面，即成本控制點在那裏，這是成本控制首先應該明確的。

財務部作為成本核算部門，對下述三個環節進行反映、分析、控制，並指導其他部門進行成本控制。

為了清晰地反映成本和利潤，使成本控制一目了然，針對成本控制點，可以使用《成本控制表》。

(1) 產品設計

產品設計直接決定了產品料、工、費的耗用量，可以說是產品成本的「先天因素」。

(2) 物料採購

產品的有形價值是直接由物料轉化而來的，最終物料的採購成本，是影響成本的重要因素。

(3) 產品製造

當設計成本、採購成本定下來後，製造環節就成了成本控制的最後環節，這個環節的料、工、費消費對產品成本影響極為重要。

2.產品設計的成本環節

(1)責任單位

設計環節成本控制由技術開發部負責。

(2)新產品增加值率

技術開發部在開發研製新產品時,應有目的地選取市場前景好,經濟效益高的品種。衡量新產品經濟效益高低的指標是新產品的增加值率:

增值率=[1-(原、輔、包材成本+其他中間投入成本)÷產品不含稅銷售價]×100%

(3)技術控制

技術開發部在編制技術定額時,應科學、合理地確定各種原、輔、包材的理用量,盡可能採用先進技術,控制材料消耗量。同時,制定相應的原、輔、包材消耗定額。

(4)材料選擇

在保證質量和使用價值的前提下,對價格偏高的稀缺材料,技術開發部有關技術人員應積極配合生產單位,尋求替代材料,以降低成本。

3.物料採購的成本控制環節

(1)責任單位

採購環節成本控制由採購部和辦公室負責,前者控制生產用物料成本,後者控制非生產用物料成本。

(2)控制進價

①計劃價控制

採購部每年初根據上一年實際採購價,預測市場價格變動趨勢後提出各類材料計劃價,經生產計劃部、財務部審核,分管副總經理批

准後，作為考核、評價採購成本高低的標準。

②詢價控制

對大宗或價值高的物料採購，可以實施詢價程序，對採購環節實施監督。

(3)經濟批量控制

採購批量與採購批次成反比。採購批次多，可以降低現金支付壓力，加快週轉，但會提高採購費用和入庫成本；採購批次少，可以降低採購費用，但現金支付壓力增大，同時存貨資金佔用量會增加，降低週轉速度。經濟批量，也稱經濟採購批量或最佳採購量，它是在採購批次和採購批量之間尋找一個最合理最經濟的平衡點。

經濟採購批量由財務部根據生產計劃、庫存定額、儲存費用來制定，採購部每次採購按批量控制，以降低採購成本。財務部利用經濟採購批量對採購部實施監督考核。

經濟採購批量只是相對而言，對於季節性材料，應在大量上市、售價最低時集中採購。

(4)倉儲成本控制

倉儲成本控制的要點是各級庫房加強庫存物資的管理，做好庫房安全、衛生工作，嚴格執行收、發、盤點制度，防止庫存物資出現黴變、毀損、被盜等損失，保證其安全完好，降低庫存成本。

(5)分析考核

對採購環節的分析考核，可以用計劃成本，也可以用標準成本作參照，進行對比，分析原因，為下一步降低成本找到突破口。

4.製造的成本控制環節

(1)責任單位

製造環節成本控制責任單位是財務部、生產計劃部和分廠。

財務部負責制造成本總量控制，包括：

· 原、輔、包材的採購控制。

· 庫存盈虧、報損、製造費用的發生額控制。

· 人工費用控制。

生產計劃部和分廠負責制造成本的分項明細控制，對生產計劃部所屬工廠、部門，按責任成本原則，將成本控制目標分解落實，按期考核。

⑵分階段控制

包括事前控制、事中控制和事後控制。

①製造成本事前控制

事前控制手段主要有標準成本法、費用預算控制，及目標成本法。

目標成本法是先分析各種影響因素，確定一個目標成本，然後用目標成本對實際成本進行控制、考核。程序如圖 10-1。

圖 10-1　目標成本控制流程圖

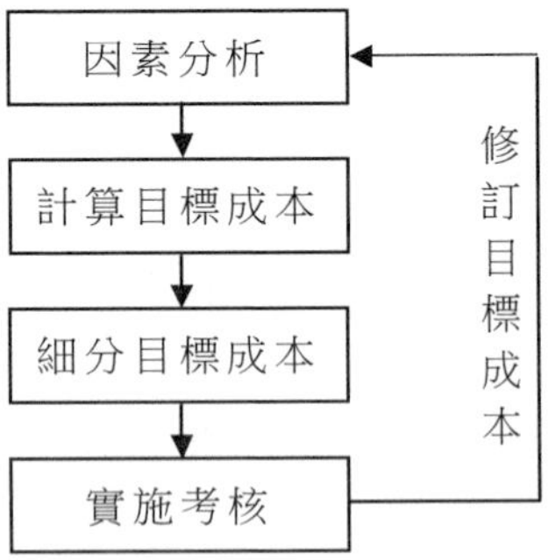

```
┌──────────┐
│  因素分析  │◄─────────┐
└────┬─────┘          │
     ▼                │ 修
┌──────────┐          │ 訂
│ 計算目標成本 │         │ 目
└────┬─────┘          │ 標
     ▼                │ 成
┌──────────┐          │ 本
│ 細分目標成本 │         │
└────┬─────┘          │
     ▼                │
┌──────────┐          │
│  實施考核  │──────────┘
└──────────┘
```

說明：

第一步：根據上期成本狀況及市場訊息，分析原、輔、包材價格變動趨勢，產銷量增減可能性，以及製造費用預算等因素，預測當期

成本變化趨勢。

第二步：經過對諸因素的量化測算，計算出預測成本。

第三步：根據市場價格、目標利潤，計算出目標總成本。

第四步：對比目標成本和預測成本，對目標成本進行修訂。

第五步：將確定的目標成本──分解到每一產品、部門、工廠、班組、個人。

第六步：用目標成本考核實際成本。

第七步：用實際成本修訂目標成本。

②製造成本事中控制

對於事中控制，各個環節應當做好成本記錄，填寫《產品成本記錄表》（表 10-1），建立核算和控制基礎資料。

表 10-1　產品成本記錄表

製造號碼：

產品名稱規格				生產數量					生產日期		
月份	直接材料						直接人工				製造費用	
	日期	領料單號	原物料	單價	數量	金額	日期	憑證號碼	部門	金額	日期	憑證號碼	金額

覆核：　　　　　　　　　　　　製表：

③製造成本事後控制

事後控制對當期成本控制本身是於事無補的，但對於改進未來成本管理具有十分重要的作用。

每一報告期的成本完成情況應及時與標準成本、目標成本進行比較，分析產生價差、量差原因，提出措施，落實責任，制定下一期成本控制計劃，不斷降低成本。

制定切實可行的獎懲制度，獎勵在降低成本方面作出成績的人和事，處罰無成本意識、造成浪費的人和事，不斷提高全體員工成本意識。

5 成本分析研討會

成本分析是成本管理的重要環節，分析是為了不斷總結成本管理的經驗，掌握成本變化的規律性，進而採取有效的措施，不斷降低成本。

1. 核算成本

做好核算基礎工作，是保證成本核算準確及時、對比分析切合實際的需要。

(1)健全各種原始記錄。包括物料的領、退記錄，每批生產記錄，在產品盤點記錄，完工入庫記錄等，以及設備運行小時記錄，工人出勤記錄，產品質量記錄，返工記錄等。

(2)制定各種消耗定額。包括原、輔、包材定額，燃料定額，動能定額，人工定額，設備定額等。

(3)制定各種物資的計劃價格、設備小時運轉費用率、人工小時薪資率等。

(4)健全各項物資盤點制度，堅持物料和在產品月末盤存制。

(5)健全計量手段，各種能源按使用單位裝表計量，各種衡量器具必須準確。

2.定期召開成本分析研討會

定期召開成本分析會：

(1)公司級成本分析會每季至少召開一次。

由生產副總經理或財務主管主持，各部門主管以上人員參加。財務部在會議中負責通報分析期內成本情況，並以書面報告形式全面分析成本構成及升降情況。生產計劃部和各分廠負責人在會議中報告所管轄範圍內成本指標完成情況，針對存在的問題，分析原因，提出改進措施。

(2)分廠級成本分析會每月至少召開一次。

由分廠廠長或生產計劃部負責入主持，班組長以上人員參加，分廠財務人員報告分廠成本指標完成情況，針對存在的問題，分析原因，提出改進措施，落實責任。

(3)工廠級成本分析會每半月至少召開一次。

由工廠主任主持，班組長以上人員參加，必要時邀請分廠廠長和生產計劃部負責人參加，工廠核算員和統計員負責報告當期成本變化和指標完成情況，並對成本管理薄弱環節提出改進建議。

(4)班組成本分析會至少每週召開一次。

班組成本分析會可長可短，主要是針對成本管理的不良現象及時予以糾正，並分析指標完成情況和成本挖潛措施。

財務部成本核算人員應經常深入生產現場，瞭解生產流程，熟悉產品成本構成。及時發現生產過程中的節約、浪費等事項，掌握成本分析的第一手資料，並應虛心向工程技術人員學習有關產品生產知

識,不斷提高成本核算的科學性、準確性。

⑸成本分析應該盡可能表格化,用數字說明問題,做到直觀、一目了然。

3.宣傳全員成本控制

各級管理人員,應時時宣傳全員控制成本的思想,讓成本意識深入人心,同時,可開展一些降低成本的比賽活動,提高員工的參與意識,對降低成本有功人員,給予獎勵。

6 財務主管如何加強成本管理

1.成本預測

成本預測是運用科學方法,對企業未來的成本水準及變化趨勢進行預測估計的過程。在成本預測過程中,財務主管須完成如下五項工作,確保成本預測結果的科學性與合理性。

⑴組織相關人員收集企業成本相關數據,並進行全面分析,明確上期成本計劃的執行情況。

⑵根據企業總體目標及上期成本計劃的執行情況,制定本期初步的成本目標。

⑶制定企業各部門成本控制指標,監督成本控制情況,並根據上期成本計劃的完成情況,反覆進行預算,確定本期可能達到的成本水準。

⑷對本期可能到達成本水準及初步制定的目標進行比較,確定成

本差距,並根據企業的實際情況,制訂成本降低計劃,預算成本降低計劃實施後可能達到的成本水準。

⑸根據預算結果修訂初步成本目標,確定正式的成本目標。

2.成本決策

成本決策是以財務預測結果與確定的成本目標為依據,採用科學的方法去客觀評價已有的各種成本管控方案,並從中選擇最佳方案的過程。

成本決策結果將作為成本計劃制訂的直接依據。財務主管在參與成本決策的過程中,應結合企業的實際狀況,遵循成本最小化與收益最大化的基本原則,有效利用成本預測結果,以確保決策的科學合理。

成本決策的具體內容主要包括四個方面。

⑴確定成本目標。依據成本預測結果與企業的實際狀況,確定成本目標。

⑵擬定成本方案。依據成本目標,初步擬訂成本方案。

⑶分析成本方案。審查擬訂的成本方案,分析方案優劣。

⑷選擇最佳方案。依據分析結果,從中選擇最佳的成本方案。

3.成本計劃

成本決策完成後,財務主管應依據決策結果,編制成本計劃。成本計劃的編制應當明確四項要點。

(1)明確編制依據

成本計劃編制應以成本決策結果為依據,同時還應綜合考慮其他經營計劃的安排。

(2)選擇編制方法

成本計劃編制應根據實際情況選擇合適的編制方法,具體包括滾動計劃、零基計劃等。

(3)確定計劃內容

成本計劃應針對各成本項目，明確其在計劃期的控制水準。

(4)計劃審核審批

成本計劃編制完成後，應提交財務主管審核，總經理審批，審核審批通過後方能下發實施。

4.成本核算

成本核算是將企業生產經營過程中發生的各種費用耗損，按照一定對象進行分配歸集，以計算出企業的本期總成本與單位成本的過程。財務主管在成本核算過程中，需要完成三項基本工作。

⑴確定成本計算對象與成本項目。依據企業的生產類型，明確成本核算的對象，而後再依據法律法規的有關規定，明確核算對象的具體核算項目。

⑵匯總分配要素費用。對實際發生的各項要素費用進行匯總，並正確分配到各類核算對象的具體核算項目中。

⑶計算總成本與單位成本。依據要素費用的分配結果，計算出核算對象的總成本與單位成本。

5.成本分析

成本分析是依據成本核算結果，明確企業的成本水準與構成，分析成本合理性、成本變動趨勢以及成本計劃執行差異的過程。

財務主管在成本分析過程中，應從橫向和縱向兩大維度進行。橫向維度是將本期成本與上期成本和計劃成本進行比較，分析增減變動與執行差異。縱向維度則是對比分析各成本項目與總成本，明確成本結構比例的合理性。

6.成本控制

成本控制是在企業生產經營的過程中，透過對各項費用產生的審

查與監督，及時發現並糾正成本偏差，從而保證成本計劃得以執行落實。財務主管在成本控制的過程中，應落實三大控制要點。

⑴成本發生控制。即在生產經營規程中，對發生的成本項目進行控制，確保各成本項目為生產經營所必需。

⑵成本計量控制。即在生產項目確定後，對成本費用的額度計量進行控制，確保各成本項目額度的合理性。

⑶成本審核控制。即成本項目費用支出核准階段的控制，成本審核控制應以成本計劃為標準，並綜合考慮生產經營的實際需求。

7.成本考核

成本考核是在成本核算與分析的基礎上，對成本管控的實際效果進行綜合評估。成本考核不僅是為了客觀評價成本狀況，更重要的是明確成本執行中有那些不足與缺陷，以便有效提升後期的成本管控工作。

財務主管在成本考核過程中，應切實完成四項工作內容。

⑴設計考核指標體系，並組織財務人員搜集成本信息，對指標進行評估打分。

⑵綜合分析超出計劃標準的成本項目，確定其必要性與合理性，對評分結果進行調整。

⑶依據評分結果進行綜合評價，並設置相應激勵措施，落實到有關責任部門與人員。

⑷分析成本管控的缺陷與不足，擬訂改進計劃以指導後期成本管控的改進工作。

7 台塑控制成本打敗對手

　　台塑集團老總王永慶曾經面臨一個艱難的投資決策問題。台塑集團下屬的南亞公司，根據市場需求決定成立多元脂棉絲廠，當時有兩個方案：一是直接採購一家德國公司的設備，日產量預計 6 噸；二是由南亞公司工務部門與生產廠家共同研究，自行設計擴建。王永慶比較了兩個方案的成本之後認為後者更划算。工廠按計劃建成，其多元脂棉絲產量迅速增加，躍居世界第三大多元脂棉生產廠家。此後南亞公司在美國設立多元脂棉絲廠時也採用同樣的方法。王永慶注重員工的生產效率，儘量少用人多辦事。年產量 20 萬噸的工廠，員工不超過 500 人，為同等規模企業人數的 1/3，僅員工薪酬一項一年便可節約 5000 萬美元，大大提高了企業的競爭力。

　　降低成本是王永慶經營企業追求的主要目標。無論是投資擴建還是產品生產，成本理念始終貫穿於他的每一個決策和管理行為。王永慶特別注意比較國際間不同國家的優劣勢，將最小成本項目進行組合，整個項目的成本就達到最低了。下面讓我們一起來看看他建新廠房的模式：

　　美國的廠房在台灣製造。王永慶注意到美國的製造成本和人工成本大大高於台灣，因此在國外建廠時，儘量將能在本土完成的工作在台灣完成，以降低成本。台塑在美國德州建 PVC 塑膠工廠時，所有硬體設備都由公司機械事業部在台灣製造完成後，再

運到美國安裝。這樣整個廠的建廠成本，大約只有美國人投資同樣工廠所需經費的 63%。

台灣廠房只從國外買關鍵設備。王永慶在台灣籌設生產高密度聚乙烯和聚丙烯工廠時，注意到許多設備和基礎項目均能在本土完成。因此，除製造和儀器設備向國外訂購外，自己人員負責基本設計和工廠建造，以便節省大量的設計與工程費用。最終，聚乙烯廠投資總計花費 12 億台幣，聚丙烯廠花費 16 億台幣，成本均只有國外同類企業投資建廠經費的 70%。投入成本低為打產品價格戰創造了條件。台塑的產品價格一上市比市場同類產品每公斤低 20 元，其競爭優勢不言而喻。

王永慶在成本管理方面可謂「點滴不漏」，他如同剝竹筍一樣將項目層層分解，對每一層的成本都進行比較、分析和控制。他曾提出著名的「魚骨理論」：任何大小事務的成本，都要對其構成要素不斷進行分解，把所有可能考慮到的影響成本的因素全找出來，像魚骨那樣具體、分明、詳細。他強調，要謀求成本的有效降低，必須分析在影響成本各種因素中最本質的東西，也就是要做到「單元成本」的分析。只有徹底地把有關問題一一列舉出來並加以檢討改善，才能建立一個具體的標準成本。

王永慶因為擴建成本低，才敢於對產品定低價格，才能在市場中立於不敗之地。錢總也需要認真比較各種方案的成本、效益和風險，最終確定擴建方案。如何比較呢？

對於總經理而言，成本絕不是一個籠統的概念。目前激烈的市場競爭使許多企業進入了微利時代。微利時代細節決定公司的成敗，成本甚至體現在公司使用的一張紙和一瓶水上。有人曾嘲笑環球航運集團老闆包玉剛不算是一個真正的船王，只是一個節儉成性的銀行家。

他寫給員工辦事指示的紙(不能稱為完整意義上的紙,只能稱為「條子」)都是粗劣的薄紙。如果指示比較簡短,他常常將一張信紙大小的白紙裁成三四張條子使用。

船王尚且如此,我們的總經理更應該具有成本意識,將成本控制貫穿於企業資金運轉的全過程,更重要的是,要貫穿於企業的每一個角落。總經理需要對企業資金運轉各環節的成本了熟於心,有效地實施成本控制,才能在市場競爭中取勝,實現企業的財務目標。「成本控制無處不在」,應該成為總經理的座右銘之一。

日本著名企業家三井孝昭曾經說過:要想擴大市場,賺更多的錢,你就必須降低商品的成本。不斷降低成本,降低價格,市場也就大了。作為總經理,身體的每一個細胞都應飽含成本理念,只有控制了成本才會產生效益。

心得欄 -

- -

- -

- -

- -

- -

第 十 一 章

財務部的資本運營

1 資本運營的基本模式

從運作方式來看，可以分為擴張型資本運營和收縮型資本運營。

1. 擴張型資本運營

資本擴張是指透過內部積累，追加投資，吸納外部資源即併購和收購等方式，將現有的資本結構擴大，其主要表現如下。

(1)橫向型資本擴張。這就需要瞄準與自己所在企業有共同點的地方，例如產業相同，部門一致，產品相同或相似。從這些地方下手進行產權交易，不僅減少了競爭者的數量，增強了企業的市場支配能力，而且改善了行業的結構，解決了市場有限性與行業整體生產能力不斷擴大的矛盾。

(2)縱向型資本擴張。處於生產經營不同階段的企業或者不同行業部門之間，有直接投入產出關係的企業之間的交易，稱為縱向資本擴

張。縱向資本擴張將關鍵性的投入產出關係，納入自身控制範圍，透過對原料和銷售管道及對用戶的控制，來提高企業對市場的控制力。

(3)混合型資本擴張。兩個或兩個以上相互之間沒有直接投入產出關係和技術經濟聯繫的企業之間，所進行的產權交易稱之為混合資本擴張。混合資本擴張適應了現代企業集團多元化經營戰略的要求，跨越技術經濟聯繫密切的部門之間的交易。它的優點在於分散風險，可提高企業的經營環境適應能力。

2.收縮型資本運營

資本收縮和資本擴張相反，是指企業把自己擁有的一部份資產、子公司、內部某一部門或分支機構轉移到公司之外，從而縮小了公司的規模。

為什麼還要縮小企業規模呢？這不利於企業的發展擴大啊？進行收縮型資本運營，是透過重組來追求企業價值最大化，以及提高企業的運行效率。

它主要是放棄規模小且貢獻小的業務，放棄與公司核心業務沒有協同或很少協同的業務，從而集中精力支持核心業務的發展。收縮性資本運營，是擴張性資本運營的逆操作，其主要實現形式有以下幾種。

(1)資產剝離

找出不適合企業發展戰略目標的一部份資產出售給第三方，這些資產可以是固定資產、流動資產，也可以是整個子公司或分公司。一般在以下情況下進行資產剝離：不良資產的存在惡化了公司財務狀況；某些資產明顯干擾了其他業務組合的運行；行業競爭激烈，公司急需收縮產業戰線。

(2)公司分立

公司分立是指公司將其擁有的某一子公司的全部股份，按比例分

配給母公司的股東，從而在法律和組織上，將子公司的經營從母公司的經營中分離出去。透過這種資本運營方式，形成一個與母公司有著相同股東和股權結構的新公司。在分立過程中，不存在股權和控制權向第三方轉移的情況，母公司的價值實際上沒有改變，但子公司卻有機會單獨面對市場，有了自己的獨立的價值判斷。

(3)分拆上市

指一個母公司透過將其在子公司中所擁有的股份，按比例分配給現有母公司的股東，從而在法律上和組織上將子公司的經營從母公司的經營中分離出去。

(4)股份回購

股份回購是指股份有限公司透過一定途徑購買本公司發行在外的股份，適時、合理地進行股本收縮的內部資產重組行為。透過股份回購，股份有限公司達到縮小股本規模或改變資本結構的目的。股份公司進行股份回購，一般基於以下原因，一是保持公司的控制權；二是提高股票市價，改善公司形象；三是提高股票內在價值；四是保證公司高級管理人員認股制度的實施；五是改善公司資本結構。

股份回購是在公司發展的不同階段和不同環境下採取的經營戰略。因此，財務管理者要對公司經營環境進行判斷才考慮是否採用股份回購的方式進行資本運營。一般來說，一個處於成熟或衰退期的、已超過一定的規模經營要求的公司，可以選擇股份回購的方式收縮經營戰線或轉移投資重點，開闢新的利潤增長點。

2 以主業為核心進行資本運營

　　曾有這種說法，業務經營是企業經營的低級形態，資本運營是企業經營的高級形態。許多企業正是在這種口號的鼓動下，盲目從事資本運營，結果走入偏失。

　　企業在生產經營過程中，都在進行著不同程度的資本運營，根據企業資本運營的目的和在整個經營活動中的地位，可以將企業的資本運營分為以下 5 種類型。

　　①為充分利用「閒錢」而進行的資本運營。

　　②為擴大資金來源，彌補資金缺口而進行的資本運營。

　　③以產品生產為主業，以資本運營為副業。在從事產品生產或經營的同時，調整一部份人力、物力、財力，專門用於諸如股票炒作、產權轉讓、企業併購之類的活動。

　　④將資本運營作為企業的主業甚至唯一的業務。

　　⑤把資本運營作為擴張規模的手段。

　　美國有關機構針對世界 500 強企業做了一個調查，結果顯示，目前世界 500 強企業大都有清晰的主業。

　　而針對美國大型企業所做的調查則表明，在 20 世紀 70 年代，美國大型企業進入的行業平均為 43 個，而到了 20 世紀 90 年代，這一數字出現了急劇的下降，為 12 個。另一項相關統計也顯示：在 20 世紀 60 年代，美國 25%的企業開始了多元化經營，只有 1%的企業縮減了業務範圍；在 20 世紀 80 年代，美國開始多元化經營的企業則降低

到了 8%,而縮減業務範圍的企業增加到了 20%；20 世紀 90 年代以後,美國大部份企業都專注於主業。

美國專門機構透過對美國 50 多家管理最佳的公司進行調查研究後發現,那些集中經營核心產品的企業盈利水準最高,相關多元化經營的企業盈利一般,而那些不相關多元化經營的企業盈利最低。

從這些事實中,可以得出一個這樣的結論:以主業為核心,經營發展是企業進步的趨勢。

吉列憑藉小小的刮鬍刀而聞名天下,麥當勞以最平常的漢堡包而使其業務遍佈全球,可口可樂以不起眼的飲料產品而獨步江湖,寶潔則以司空見慣的日用品而領先國際。世界 500 強企業的實踐已經證明,在保證主業清晰的前提下,即使是很小的產品,只要一以貫之,不斷創新,都有可能發展成為世界級的大公司。

這個規則並不僅適用於世界 500 強,世界上任何一家公司要想在競爭日益激烈的市場中站穩腳跟,根本之道就是把主業做精做強。

例如佳能,它的主業是電子產品,具體包括照相機、攝像機、電腦、影印機、傳真機、雷射印表機、掃描器、細胞分析儀等,儘管品類眾多,但每種產品都能有自己獨特的競爭力,都能精細強大。

企業的一切活動,都應當為主業經營服務,而資本運營作為非常重要的行動,務必不能脫離主業,這就需要 CFO 把握和控制。

要知道,如果企業的主業經營不佳,就會出現資產無效、資本無利的情況。因此,資本運營應建立在為主業經營服務的基礎上。在處理主業經營與資本運營的關係時,CFO 務必謹記:主業優先,資本次之。

但現實中無數的案例卻表明,一些財務總監並不能很好地處理資本運營與主業經營的關係,往往掉進了以下幾個可怕的陷阱。

1. 在企業主業經營之前就進行資本運營

有些財務總監認為，資本運營能夠更容易創造「神話」，於是就顛倒了資本運營和主業經營順序，犯下了這種錯誤。

中國的德隆集團，從一家小公司起步，在不到 20 年的時間裏，控制的資產一度超過了 1200 億元。德隆集團透過不斷地資本運營，先後涉足「白色產業」(棉麻紡織業、乳業)、「紅色產業」(番茄、果汁)、「黑色產業」(機電、汽車以及零配件)、「灰色產業」(水泥、建材、礦業)，甚至還有各種文化娛樂業、金融業等。

但是這些產業無論是在上下游銜接上，還是在管道共用上，幾乎都沒有相關性，是一種典型的與主業不相關的格局。這種格局沒有抓住主業進行生產經營，有以下缺陷。

①很難進行正常的統一管理。

②企業不能產業互補、資源分享。

這就導致德隆公司陷入了一個惡性循環，規模越大，盈利能力卻越差；向銀行借款越多，產出的利潤卻越少。當資金鏈無法支撐龐大的產業時，德隆公司就崩塌了。

其失敗的根本原因，就是顛倒了主業經營與資本運營的先後順序，其財務總監的資本決策在很大程度上導致了德隆公司的失敗。

德隆公司曾給投資者描繪出這樣一幅圖景：「併購交易完成——規模擴大——利潤增加——股價上漲——價值提升——被併購交易完成」。很顯然，德隆公司的資本運營只是簡單地透過收購來擴大規模，並沒有透過重組和加工來讓資本增值，使資本運作變成了純粹的「資本遊戲」，而忽略了價值創造這一關鍵環節。在這種策略下，德隆公司的資本運營越大，主業就越模糊，價值創造的能力就越弱。失敗者的教訓給人啟示，作為企業 CFO，一切資本運營的決策都要為主業經

營服務，促進主業的發展，只有這樣，資本運營才能實現更大的價值。資本運營只能是促進主業發展的手段，而不是目的；資本運營只有在促進主業更有效率、經營更能創造價值、核心能力更具競爭力時，才具有意義。

2.沉迷於資本遊戲，導致資本運營阻礙了主業經營

雖然財務總監的基本任務是資本運營，但是如果一味地進行資本運營，完全沉溺在「資本遊戲」中，必定會讓企業越來越偏離方向，找不到自己的核心力量，最後衰落甚至滅亡。

例如，如果某一企業是以飲料發家，後來收購娛樂、電子、文化等各種不相關的產業，這種看似眼花繚亂的資本運營，不僅沒有增強飲料這一主業，相反卻耗費了巨額的資本，導致企業資金不足，直接影響了主業的利潤，結果公司只能變得越來越弱。

財務總監必須把握資本運營的方向和頻率，不能沉溺於資本的投機和炒作，這樣運作，沒有把加強主業作為企業發展的基礎，透支了主業的發展資金，最終只能對主業發展造成嚴重損害，財務管理工作也會陷入癱瘓之中。

3.盲目進行多元化，使資本偏離了主業經營方向

管理大師德魯克曾經對這種現象作過評價，他認為：一個企業的多元化經營程度越高，協調活動和可能造成的決策延遲就越多。盲目多元化的最大不利之處，在於使資源分散，破壞核心競爭力，釀成主業「空洞化」的格局。

總之，CFO務必要謹記：資本運營必須建立在主業經營和資產經營的基礎上，單純靠資本運營很難成功，脫離主業進行資本運營也很難成功。相反，在做好主業的基礎上進行資本運營，常常能給企業帶來倍增效益。

3 大宇集團危機的原因

韓國第二大公司集團大宇集團 1999 年 11 月向新聞界宣佈，該集團董事長金宇中以及 14 名下屬子公司的總經理決定辭職，以表示「對大宇的債務危機負責，並為推行結構調整創造條件」，意味著「大宇集團解體進程已經完成」，「大宇集團已經消失」。

大宇集團為什麼會倒下？在其轟然坍塌的背後，存在的問題固然是多方面的，不可否認有財務槓杆的消極作用在作怪。大宇集團在政府政策和銀行信貸的支持下，走上了一條「舉債經營」之路。試圖透過大規模舉債，達到大規模擴張的目的；最後實現「市場佔有率至上」的目標。1997 年亞洲金融危機爆發後，大宇集團已經顯現出經營上的困難，其銷售額和利潤均不能達到預期目的。而與此同時，債權金融機構又開始收回短期貸款、政府也無力再給它更多支持。因此，它繼續大量發行債券，進行「借貸式經營」。

正由於經營上的不善，加上資金週轉上的困難，韓國政府於 7 月 26 日下令債權銀行接手對大宇集團進行結構調整，以加快這個免債累累的集團的解散速度。由此可見，大宇集團的舉債經營所產生的財務槓杆效應是消極的。不僅難於提高公司的盈利能力，反而因巨大的償付壓力使公司陷於難於自拔的財務困境。從根本上說，大宇集團的解散，是其財務槓杆消極作用影響的結果。

財務槓杆是把雙刃劍。在經營利潤較高的情況下，財務槓杆的利

用將會增加股東的財富；反之，在經營利潤較低的情況下，過高的財務槓杆會侵蝕股東的財富。有人喜歡財務槓杆，因為它具有一本萬利的魔力；有人厭惡它，因為它會把公司推入破產的深淵。

 創業型企業財務戰略：引入風險投資

在診斷企業的財務戰略時，需要特別注意把握好企業目前的發展階段，這是因為處於不同發展階段的企業，應當採取不同的財務戰略。

顯而易見，企業生命週期初始階段的經營風險是最高的。這些風險包括：新產品能否試製成功，如果試製成功，它能否被潛在的顧客所接受；如果被接受，這個市場能否擴大到一定規模，以便給予該產品充分發展的空間和補償投入的成本；即使這些都能實現，公司能否獲得足夠的市場佔有率立足於該行業等等。這種高經營風險意味著與這一階段相關的財務風險應盡可能降低。因此，創業型企業最好使用權益資本，即使這些權益資本投資不能吸引所有的潛在投資者。公司經營的高風險，只能吸引那些想從事高風險投資，並要求獲得高額回報的投資者。由於在創業初始階段只有現金流出，不可能分紅，這種高回報將以資本利得的方式給予投資者。

1. 高經營風險

多數創業企業的第一階段需要在研究開發上投入資金，以證明所構想的新產品值得進一步開發，許多公司覺得初期研究投入太高，又無商業價值，因此他們將活動限制在更具實用性的研究階段，通常幾

乎只集中在產品的開發上。對這些產品開發所投入的大部份資金，最
終影響是對市場前景的認可，這個前景可能會由一種新產品或一種新
技術的應用帶來。在產品的真正前景還未出現之前，第一階段還需在
市場調查以及隨後的研究開發上投入資金。

如果這些投資完成後，該產品前景繼續呈現出投資吸引力，在產
品實際投放市場之前，通常需要另外的大筆資金用於經營設施(如產
品生產基地)、輔助設施、試銷及市場開發等方面。對大多數產品，
投放市場和打開銷路的初期階段意味著淨現金的流出，來自銷售收入
的流入不僅少而且慢，同時，現金流出中仍然包含維持持續經營的費
用及一次性高投入成本。

所有這些資金的投入都是基於一種期望，即產品能開發成功，當
銷售量趨於穩定時，就能獲取最終的高現金流入了。顯然，初創期戰
略具有很高的經營風險，後續的每個階段都取決於前一階段的成功發
展，因此，可採用決策樹財務分析方法進行評估。

首先，該項目應具備良好的市場前景，在這一領域的經營具有或
能夠培養核心競爭力，這種經營通常需要解決一些技術難題才能開發
這一市場。因此，產品投放也取決於研究開發的成功，但還要適應市
場需求，即要考慮到：產品能否發揮預想的功能，預想的顧客會否購
買，最終是否會具有一定的市場規模，總投資能否具有足夠多的現金
流入量。此外，即使產品和市場達到甚至超過預期效果，公司自身的
成功仍然有可能還未實現，它還取決於市場佔有率，這個比率不僅取
決於產品投放階段的表現，還有賴於經營生命週期中成長、成熟階段
的開拓與保持。

2.盡可能降低財務風險

創業經營的企業應透過權益資本而不是債務資本來進行籌資。假

設一個初創公司擁有的負債會增加違約風險，投資者至少在考慮與這種違約或早期階段財務危機有關的任何成本時，將會降低這種投資的價值。因此，評估潛在財務危機影響程度的一個關鍵因素就是在這一財務危機中可能發生的成本的相關水準。如果一個企業的潛在資產相對獨立，並且具有確定的較高變現價值，這個企業的財務危機成本就可能很低。但對於大多數創業企業來說，投資價值是由未來預期現金流量的現值創造的，這種現金流量來自於產品的成功開發、投放和成長。

　　因此公司潛在的資產是無形的，無任何明確的獨立可變現價值，這意味著財務危機成本在創業企業中可能很高。確定失敗風險綜合影響的另一個關鍵因素是它發生的可能性。它會隨著企業使用負債資本比例的升高而顯著增加，但對一個創業企業來說，即使使用很少的負債資本也會帶來較高的風險。經營徹底失敗的高風險意味著不會產生任何現實的現金流量，因而任何程度的負債都會導致嚴峻的財務危機。

　　高成本發生的高概率要求對潛在的財務危機有很高的風險溢價；因此，從這一角度來看，負債融資此時沒有吸引力。資本結構分析的另一點就是負債融資可帶來的避稅好處。但創業企業在經營的初始幾年間，會計上只會產生虧損或完全是名義上的收益，因此，負債融資也不會對此產生積極影響。

5 成長型企業財務戰略：關注市場動向

　　一旦新產品成功地推上市場，銷售規模將開始快速增長。這不僅意味著與產品相關的整個營業風險會降低，而且也表明公司需要在戰略突破點上作出調整。現在，公司戰略的重點應集中於銷售業務活動的開展，以保證銷售總量滿意地成長並儘快佔據更大的市場比率。

　　這些關鍵的問題表明，儘管較之創業階段，銷售高速成長時期所蘊涵的經營風險有所降低，但在絕對數上依然較高。必須採取適當的融資管道，將財務風險控制在低水準，這就意味著需要繼續使用權益資本。然而，在控制企業從創業階段向成長階段演進的過程中，一個不容忽視的問題是，最初的風險資本投資者需要實現他們的資本利得，以便能夠再投資於更多的、處於創業階段的新經營項目。這意味著需要尋求新的權益投資者去替代最初的風險資本，以便為高速成長時期持續的資金需求做好準備，而籌集這種資金最具吸引力的方式就是公開發行該公司的股票。

　　在高速成長時期，基於完全合理的利潤水準之上的高銷售額將產生比創業階段更加充裕的現金流入。但是，由於企業必須在總體市場開發和拓展市場佔有率兩方面同時投入大量資金，同時為了與生產活動中不斷增長的規模水準相匹配，也需要大量的資金投入，結果會使經營過程中所產生的現金流入必須重新投入到經營過程中去，最終結果將會導致股利支付率仍然保持在較低的水準上。不過，對於新的權益資本投資者而言，這一點並不構成問題，因為吸引他們投資的主要

原因是基於對公司未來高成長的預期。

對公司現行股價進行評估時，上述情況已經體現在較低的當期每股淨利對應的高市盈率上。既然股利的發放相當微薄，那麼大多數投資者所期望的回報只有透過股價上漲來實現。這意味著公司必須在高速成長時期實現收益穩步的增長，而這一點必須透過在快速成長的市場中贏得佔有率來實現。正是在產品生命週期的前兩個階段，企業擁有形成可持續發展的競爭優勢的絕佳機會，這種競爭優勢將要在隨後的現金淨流量為正數的成長階段體現出來。

對於大多數公司，對某個產業領域構建進入屏障通常是在其高速發展時期完成的，這是為了在產品開發潛力被確認時，能夠阻止競爭對手追隨本企業具有競爭性的創新技術進入該領域。構建這些屏障可採用許多方式，例如：知名產品品牌的創立，可以使自己的產品在消費者心目中留下卓爾不群的印象；以及搶先完成規模經濟和掌握成本降低技術，以便成為該領域的成本領先者，使企業處於有利的競爭地位。

當執行這些競爭性戰略時，存在著與之相關的明顯的巨大風險，並且所有戰略都需要公司相當大的投資，而這些需求在財務上的可行性有賴於對未來銷售長期增長的一種預期。但鑑於公司所預期的需求增長可能無法達到，所以此時企業經營風險的程度依然很高。然而，有些企業可以更穩健地進入這一階段，因為他們的競爭優勢在創業時期已經確立下來了。一個典型的例證是在制藥工業領域，在該領域中，一種新藥總是要盡可能早地註冊專利，如果在之後的發展階段，包括必須的臨床試驗和實際的產品投放成功的話，那麼專利將保證它的擁有者在限定的期間內獲得可持續的競爭優勢，而且企業可以完全控制該期間由產品需求增長所帶來的行業利潤。當然，在產品給企業

帶來巨大的經營成功的背後，這類新產品的開發費用是十分高昂的，而且相應的失敗風險也極高，這清楚地顯示了某些行業較之其他行業來講，主要的風險承擔期來得更早。

造成成長階段經營風險居高不下的另外一個原因就是從創業階段向成長階段的轉變，要求進行一系列的改變。而變化本身就意味著風險，如果對這些變化的調控失效的話，就可能導致未來經營活動的衰退。對企業而言，要求的變化越顯著、越廣泛，所導致風險增大的程度就越高。而那些明顯地發生變化的領域就在於公司的戰略突破上。

在創業階段，大多數公司將注意力集中於研究和開發，這既是為了拓展明確的市場機會，也是寄希望於透過技術突破創造市場良機。甚至在研發的後期，即產品準備面向市場時，重點仍應放在盡可能早地解決問題上。拖延產品上市的代價可能是昂貴的，它的結果是競爭者首先佔領了市場，或僅僅是由於拖延而喪失了大發展的良機。

一旦企業的產品被成功地推向市場，公司就應該致力於開拓這個市場並在這個不斷擴張的市場上佔據必要的比率，這要求高級管理人員從產品生命週期階段關注研發和技術，轉向注重企業銷售。

企業的投資者在從創業階段向高速成長階段的改變過程中也需要進行一次根本性的改變。一家公司在向高成長階段轉型過程中，保留風險資本作為投資主體對公司來說是不恰當的，與高成長公司相關的持續高經營風險意味著低風險籌資策略才是更為適宜的。這就需要尋找新的權益資本投資者。對公司而言，實現這一要求的最好辦法是在股票交易市場上市，以便其股價可以眾所週知。同樣重要的是，股票交易場所應該能夠保證在任何時間都可以順暢高效地進行交易，從而為現有股東提供一條快捷的退出通道。

　　保證股東能夠以目前公開市場價盡可能快捷地出讓他們的股份是世界各地眾多股票交易市場成功的關鍵所在，這種保證極大地提高了投資者的信心，並吸引更多的投資者進入股票市場，也因此而使股票市場實現了「更高效率」。

　　對於一家高成長型公司來說，應將收益的大部份返回到經營過程中，以便為企業未來的發展提供資金，所以低股利支付率政策是這一策略的必然結果。由於股東們將期待強勁的資本增值，而這需要公司增長的收益來支撐。企業的市場定價如果成功的話，將確保股份能夠以合適的市盈率進行銷售，而這正是反映企業未來成長潛力的現值。

6　成熟型企業財務戰略：考慮發行股票

　　競爭者之間具有挑釁性的價格競爭的出現，標誌著該產業成長階段的結束。這時，在這些競爭者之間已形成了巨大的剩餘生產能力，這樣，該產業早先所預期的持續規模擴張將根本無法實現。一旦產業穩定，銷售量高而且銷售收入穩定，則利潤空間合理的成熟階段將開始出現。伴隨著成長階段的成功結束，經營風險會再次降低。

　　由於成長階段企業在市場行銷方面大量投入，進入成熟期的企業有相對較高的市場佔有率。在此期間，戰略重點轉移的一個方面就是保持現有的市場佔有率和提高效率，這將會使從成長期進入成熟期的轉換非常難以管理。然而，透過負債融資而提高的財務風險將可以用降低的經營風險來抵消。由於這一期間淨現金流量已變成正數，借款

和還款都成為可能,股利支付率必然提高,進而大大增加了股利支付額。

當產品的成熟期到來時,必將導致企業管理重點的巨大改變。在早期成長階段,重心是整個市場和市場佔有率,而現在要讓位於關注贏利能力,維持已經達到的銷售利潤率水準。這就意味著在管理風格上要有所變化,因為早期管理成功的主要因素在銷售量更為穩定的成熟階段不再至關重要。許多管理團隊對產品從引入期到進入成熟期的管理是沒有問題的,但是相對來說,能成功地從產品成長期進入成熟期的則寥寥無幾。如果在這個轉變過程中財務診斷人員能夠幫助高層經理在一些恰當的方面找出關鍵的變化,這也許是有益處的。這樣,在管理上可以有意識地加快促成這些變化。

銷售增長放慢與產品的生命週期有關,這需要把這種產品與其商標或公司相分離,而品牌和企業通常遵循自己更長的生命週期。一個知名商標可能是在某種產品高增長階段形成的。如果商標目前的狀況特別適合高增長率已經完成的產品,那麼,再把這種商標與正在進入成熟期的該產品相匹配就顯得很不划算。但是,若把這個商標轉移到另一種已進入或正進入成長階段的產品上可能就會魅力無窮。這樣,產品的高成長性與商標的知名度緊密相關。商標轉換的觀念已經被幾家大的日用消費品公司廣泛實施,這些公司有許多不同類型的產品且產品分別處於產品壽命週期的不同階段。轉換了商標名稱和形象的新產品要有與這個商標相適應的內在品質,這是非常重要的,這樣做可以顯著地延長該商標的經濟壽命期。從無到有形成一個商標所需的成本是巨大的,所以對商標的原始投資決策需要商標有盡可能長的潛在收益期,以證明這種投入是合理的。

這策略具有明顯效果的例子,一旦產品進入成熟階段,在競爭方

面確實需要有所改變。早期的競爭戰略是基於透過適宜的強有力的商標，體現出產品的差別化和設置巨大的進入障礙。隨著產品走向成熟，用戶對產品的瞭解深入了，他們不再願意為產品某種形式的差別化作出支付。日益激烈的競爭環境會迫使競爭者提高產品品質或將名牌產品早期的獨特品質融入自己的產品中，結果與其相伴隨的是商標的品牌作用就大不如前了。也許可能透過注重產品的貨幣價值，形成一種新的持續的競爭優勢。這是可能的，也具有經濟意義。作為對產品重新定位的一部份，正常情況下，就要求產品價格有所下降，不用將原有的商標形象與重新定位的產品相結合，也許就可以部份實現所需要的相應的成本的節約了。

建議企業在經營中透過適當的產品多元化將自身的生命週期予以延長，以使得公司即使在任何一種產品進入成熟期的情況下仍然能夠獲得持續的成長。

一個避免在產品發展階段因錯誤判斷而付出高額代價的可能方式，就是以一種向新的領域拓展的思維來重新審視市場，而不要只關注總體市場的大小。這樣，對許多產品來說，就很可能發現市場中一部份產品明顯處於成熟階段，而其他部份產品卻顯示出加速增長的跡象。如果不同的市場區域能夠合理地被劃分，就能夠實施適宜的競爭戰略來謀求企業價值的長期最大化。

經營風險與財務風險之間的反向變動關係表明，經營風險的降低能透過舉債帶來的財務風險增加來平衡。財務戰略從完全的權益資本融資到增加一定比例的債務融資的轉換，能夠給處於成熟階段企業的股東帶來巨大的價值。然而，走向成熟階段的公司能夠進行舉債了，但是現在對他們而言，企業自身的經營也有較高的現金流入量而且再投資的需求也在減少。因此對於財務診斷人員來講，關鍵的一點是要

為企業找到一個利用這種能獲得額外融資新管道的有效辦法,以進一步提高企業的價值。

7 衰退型企業財務戰略:注重成本結構

　　企業在成熟期創造正的現金流量的能力不可能永遠持續下去,因為市場對產品的需求最終將逐漸衰退。需求的減少將伴隨著現金流入量的減少,儘管如果經營得當,也許這兩者減少的比率並不同步。儘管在成熟期,資金不應大量用於拓展市場和用於增加市場佔有率,但是仍有必要投入一定的資金,以保持未來市場的銷售目標。一旦市場需求不可避免地下滑,企業再投入同樣的資金以維持市場規模就是很不明智的了。因此,如果企業適時調整經營戰略,在衰退期的初期階段仍可以維持現金流入量。

　　儘管經營業務的減少和產品的最終消亡無法避免,在衰退期,與之相關的經營風險仍然比成熟期有所降低。在創辦初期並不知道成熟期有多長,但現在清楚了。在衰退期,唯一存在的重大風險是,在有利可圖的前提下,經營還能持續多久。低的經營風險可以同相對高的財務風險互補,即透過高的股利支付率和利用負債融資來實施。對衰退業務的再投資應盡可能減少,因為未來的增長前景並不樂觀。據此,診斷人員應告誡企業實施高額股利分配政策。

　　實際上,在衰退期,由於無充分理由進行固定資產的更新重置,股利的發放額可能超過稅後利潤數。雖然固定資產的更新重置是維持

現有經營規模的一個通行辦法,但在衰退期,這種做法並不合理。實際上,股利應該等於利潤與折舊之和,股利發放的一部份就相當於資本的返還。

　　生命週期的衰退階段不能被認為是持續發展經營和以前所實施財務戰略的結束。當企業發展從成熟期經過穩定狀態階段過渡到衰退期後,企業財務戰略的重新審視和相應調整是非常重要的。這種審視方法的良好範例就是考慮企業的成本結構。由於在產品引入期,非常高的經營風險表明:成本應盡可能保持不變,並且要避免長期的負債。在成長期往往需要巨大的投入,因此也會導致固定成本的增長,但是高經營風險要求固定成本的比例應當有效控制。只有在進入穩定的成熟期之後,才能接受與高固定成本相匹配的增加的風險。由此帶來的效率改進上的收益對經營的持續改善有著重要的作用。

　　當銷售業績開始下滑,高額的固定成本將很快使企業陷入嚴重的虧損境地。因此,透過重新簽訂短期契約等方式和完全以可變成本為基礎而減少固定成本的比例是很重要的財務手段。這和在生命週期早期階段的趨勢恰好相反,並且不考慮持續減少的經營風險。在進行財務決策時,實際上主要考慮使用短期資金。

　　一個明顯的戰略就是經營的多元化,但如果直到核心經營開始進入萎縮階段才實行多元化,則就很難從日益減少的現金流量中獲得實現多元化的資金了。

　　一個潛在的更有吸引力的戰略是認真分析公司進入衰退的主要原因。如果在市場中存在大量的小公司,所有的小公司都要面臨一個緩慢的、停頓不前的、痛苦的死亡過程。其中的一家公司可以考慮併購其他幾個小的競爭對手,以改變行業的市場結構。併購的成本不能太高,因為被併購企業目前不能產生良好的財務回報。

　　一旦公司透過併購在市場中獲得了更多的市場佔有率,它就可以大幅度提高企業全面的財務回報。這也可以透過簡單地改組其他公司、提高行業的潛能來實現,特別是在產品售價下跌的情況下尤為如此。公司擁有的市場佔有率越大,其與供應商和消費者談判的主動性就越強,由此可以增加公司價值鏈的比率。在許多情況下,最終結果是公司發現該行業並沒行真正衰落,行業中公司的衰落是由於它們災難性的價格戰爭而引起的,雖然這種相互排擠曾推動它們的發展。

　　通常情況下,權益資本成本比債務資本成本要高,權益資本的上升,會導致綜合資本成本的上升。然而,如果現行混合融資包含的風險溢價可以透過調整財務戰略來降低或消除的話,那麼,綜合的資本成本在注入新資金之後實質上會有所下降,這顯然會導致權益價值的上升。

8 企業的併購流程

　　企業併購的形式已從同行業、同地域、同所有制的併購,正在逐步向跨行業、跨地域、跨所有制,甚至跨國界的縱深發展。在併購的方式上也由被動、無償、封閉、盲目,逐步向自願、有償、開放、規範的方向發展。

1.董事會決議和股東決議

　　併購雙方的公司董事會應各自通過併購的決議。

　　董事會將通過的決議提交股東大會討論,並由股東大會予以批

准。美國《公司法》一般規定在獲得有表決權的多數股份持有者的贊成票後決議應被通過。德國的《公司法》則規定，凡股份有限公司的併購協定，需要全部表決權的股東的四分之三多數通過方為有效。

2.併購合約

併購或收購各方應當簽訂併購合約。併購合約必須經各方董事會和股東大會的批准。

併購合約一經股東大會批准，應在限定時間內到政府部門登記。這時存續公司應當進行變更登記，新設公司應進行設立登記。註冊後，被解散的公司應進行解散登記。只有在有關政府部門登記註冊後，併購才正式生效。併購一經登記，因併購合約而解散的公司的一切資產和債務，概由存續或新設公司承擔。

3.聘請財務顧問

在準備收購一家上市公司時要有一家投資銀行提供幫助。換句話說，必須聘請投資銀行擔任財務顧問，為公司併購的動作提供財務諮詢和建議。聘請投資銀行擔任財務顧問有利於處理可能產生的複雜的法律和行政管理事務。例如，準備並分發給股東們的出價文件、徵求股東關於支付價值的合理的意見、參與併購的談判、提供有關建議等。不過聘請投資銀行擔任財務顧問有一個前提，就是應確信該投資銀行與併購各方沒有任何聯繫和利益衝突。

4.保密和安全

當某一投資銀行擔任財務顧問一經確定，財務顧問就有義務提醒自己的客戶關於併購的保密和安全事宜。任何一個參與併購計劃並知道開價情況的人都應該保守秘密，僅在必要的情況並同樣保守機密的條件下方可將機密告訴他人，所有參與併購計劃的人都應當小心謹慎，以便把洩漏要密的可能性減少到最低限度。另外應特別注意證據

和證明的列印，要採取任何可能的預防措施以確保機密。在併購開價宣佈之前，執行人不能交易本公司股票，也不得建議其他人交易該公司的股票。

5.事先在股市上收購

在收購某個公司之前，先購買它的一小部份股份作為下一步整體報價的一個跳躍，是十分有利的。這一部份股份或者說一定量股份可以透過第三者謹慎地收購，一般不會影響某個公司的股票價格。但一旦這種一定量的股份收購達到或超過某公司資產的 30%時，收購計劃就可能洩漏或被對方發現，因此收購者需要儘快地在市場上集聚到比對方公司稍少於 30%的股份，這一數量是收購審查委員會對收購一個公司全部股份進行開價所必需的。然而那時候關於大量股票購買的新規則使最初防備措施的有效性減弱，這些規則規定在任何 7 天的時間內最多只能購買股本的 5%。

6.確定關聯交易

除了收購量的限制外，收購一家公司還有些額外的限制和障礙。由出價者或被出價者的「合作團體」、「同謀者」、「一致行動人士」、「關聯公司」進行的股票交易均構成關聯交易，應受到限制。所以，收購方應事先對收購將產生的關聯交易限制到最小程度。

7.確定報價時間

獲得一定量的股份數額的潛在好處是，獲得一定量的股份可以使收購方在目標公司董事會獲得一個席位，這就為出價者下一步購買公司獲得更多的信息，並為全面報價確定一適當的時間。國外公司法一般都規定，公司的股份登記應是公開的，且每個成員均有權得到副本。出價者可以根據記錄查到是否有一些大的事業機構股東的支援，這對確定一個報價時間並使報價獲得成功是必需的。

8.確定出價的方法

出價者首先應將出價提交給被出價公司的董事會即目標公司董事會。如果該步驟由一個投資銀行以一個出資者名義進行，出價者的身份在一開始就應該公佈。如果該出價由出價者的附屬機構或出價者的「媒介物」來提出，最終的公司的身份也應宣佈出來，接收出價的委員會有權確定出價是否處於全面的、真實的出價位置上。

一個報價者如果得到被購買公司董事會的支持則成功機會就會增大。因此在提供任何形式的出價之前就會有非正式的秘密的討論。在這種討論中出價者將會描繪其未來的打算，其中包括出價者對現有董事會人員及高級管理人員的打算。如果董事會成員在公司被收購後能繼續留在有吸引力的高級位置上，並有更好的發展機會，他們就會積極支援和歡迎公司被收購。

在出價被宣佈之前，目標公司的股票價格如果出現一種上升的趨向，這表明存在著情報洩露，甚至內幕人士交易的可能性。如果有這種洩露發生，董事會應立即公佈出來，並向股票交易所提出對目標公司股票交易的停牌要求。

9.向反托拉斯的權力機構進行諮詢

在一個註冊公司正在出價購買另一個公司的情況下，很可能會涉及到反托拉斯方面的問題。如參考壟斷委員會的規定，出價者可能會希望與公司交易署進行非正式的磋商以表明其觀點。這種討論的時機確定，基本上靠判斷，它一般應在向目標公司提供出價前進行。如果報價受到目標公司的歡迎，則與公平交易署進行聯合討論會有一些好處。如果報價不受歡迎，目標公司自己就會找公平交易署，並指出出價者的購買違背公共利益。

10.預備性的通告

在目標公司董事會收到出價前，宣佈通告的責任僅在出價者一方。在目標公司董事會收到出價之後，宣佈通告的主要責任就落在公司董事會身上。他們為此應密切注意股票價格，如果出價是被推薦的，且股票交易所很可能暫停股票交易時，則可立即發佈一個通告，並提出中止股票交易的請求。

11.確定的通告

只有當出價者有充分理由相信他能執行該出價時，才可以提供一個確定的具有出價傾向的通告。一旦出價採取這一步驟，他就遵守自己的報價諾言，出價者的金融顧問在這一方面也承擔責任。

12.出價期間的交易

在某一預定出價被宣佈後，當事人仍可以自由交易目標公司的股票，但需在交易日之後的第二天中午 12 點以前把交易情況報告給股票交易所、專門小組及新聞報導部門。從實際情況來說，一般必須以書面形式通知股票交易所，這樣安排比較合適。合夥人進行的交易，不論是為他們自己或是為他們的投資顧問都應通報。

13.獨立等級和潛在的權益

在對股票資本確定出價的意向宣佈之後，目標公司應根據出價者的要求，盡可能地提供有關股票資本更改或認購權的細節，其中包括行使這些所能產生的具有投票權的股票數額。

14.準備出價文件

正式的出價文件一般應在確定通告之日起的 28 天內寄出。出價文件的詳細內容應包括：出價者聘請的併購顧問(如投資銀行)的有關文件，出價者公司和目標公司的詳細財務記錄(包括有關營業和利潤的歷史記錄以及每股的淨資產)，使股東可以自己判斷所出的價格是

否公平，還包括資產接受和轉移的形式、如何完成交易程序等。

15.出價文件的發送

由於對出價文件的高度準確性及董事們承擔責任的要求，致使證明工作極為必要，要根據事實對文件中包括的情況和責任進行嚴格檢查。在出價文件發送前，購買公司的每一位董事必須在寫給投資銀行及發佈該文件的其他人的信中，證實他接受其中的聲明和觀點所負的責任。

16.目標公司的反應

目標公司董事會應公佈它對出價的意見，並告訴它的股東由它自己獨立的顧問所提供建議的主要內容，董事會也應該對出價者、對目標公司及其員工的聲明和打算發表評論。這些意見和評論應盡可能地在出價文件發佈之後的 14 天內公佈，並在目標公司董事會發出的主要通知的文件中列出。有關股份持有和合約的特點的具體細節亦應如此。應該注意，任何由目標公司發佈的文件中表明的信息、鑑定或推薦材料，都應像購買公司一樣嚴格遵守有關法規所要求的標準。

17.防禦策略

被出價公司的防禦，除了在信函上溫和地表明該報價不受歡迎外，還有其他策略。例如，股份回購、訴諸法律，甚至吞食「毒丸」等。因此收購方還必須考慮目標公司可能採取的種種防禦措施。

18.在出價期間的行動

一旦被併購公司已採取步驟保衛自己，或一旦有另一報價競爭者加入戰鬥，激烈的競爭就開始了。就出價過程中發佈的信息來說，因收購而成立的專門小組，應對它的顧客的財務顧問以及任何涉及到的公共關係顧問承擔指導責任。就實際情況來說，這種指導一般由投資銀行或從事報價事務的律師，以正式的建議備忘錄形式提供。

19.對目標公司董事會的限制

根據規則，目標公司的董事會應在出價寄出後的 30 天內，宣佈交易結果、利潤或紅利預測、資產估價和紅利支付的建議。通告的日期應儘量提前，但如果不可能的話，專門小組一般也會同意推遲。

目標公司在不經它的股東同意的情況下，根據一般責任不可以採取可能破壞這一真誠出價的行動。如果公司已為一位受歡迎的出價者提供了信息，它也有義務為不受歡迎的出價者或潛在的出價者提供相同的信息。根據規則，它也應該確保股票轉移能迅速登記，以便使股東可以自由行使他們的選舉權以及其他權利。換句話說，目標公司應對自己的行為負責，而不應以犧牲它的股東的利益為代價採取攻擊性的和不公平的防禦策略。

20.第一個結束日

出價文件要具體說明被出價公司股東的最小接受數目及應收到的日期。該日期應在出價文件被寄出後的 21 天內或更長一些時間。如果報價在那個日期被附加條件，則出價者沒有義務延長它的出價日期，可以簡單地讓它失效。

21.出價期的延長

在一些場合下，出價者可以延長出價期或修訂出價，或兩者均做。不管是選擇了宣佈無條件接受、修改或是延長之中的任何一項，收購公司在報價到期後第二個工作日的上午 8：30 以前應該進行通告，同時把情況通知股票交易所。

22.對出價價格的修改

如果出價價格提高了，則必須提供有關細節的通知，然而不論修改與否，任何出價都不能延長到它被寄出的第 60 天之後。在一些情況下，一個修改後的出價當然可以是強制性的。但出價者不應使自己

處於這樣一種境地：即當其出價被要求修改時，這個出價還處於強制性有效的狀態。

23.終止通知

如果一個出價不是被推薦的，而且目標公司的防禦戰略在起作用，拉股東參加將是很困難的。股東們會在提出他們接受價以前，坐在旁邊觀察拍賣會在什麼地方停止。惟一可以迫使他們加入的理由是出價者將要採取進一步行動的跡象。出於這種原因，出價者常常會發表聲明，大意是它的出價是最後的，不會提高，而且在規定日期肯定終止。

24.接受的撤回

從第一個結束日起的 21 天后，出價仍未被無條件接受，那麼任何已接受該報價的股東可以自由撤回他們的接受。一直到出價實際上成為或被宣佈為無條件地接受的時候為止，這種撤回的權力都有效。

如果在出價者宣佈他的出價是無條件的時候，他未能遵守規則的要求，在隨後的交易日下午 3：30 以前完成，已接受的股東將有 8 天時間可以確定是否撤回接受。這當然可能導致接受水準降低到低於所要求水準，因此出價者應嚴格信守該規則所確定的職責。

25.無條件接受

所有的出價者應確保接受一個足夠的數目，以獲得足夠數量股票。出價者擁有的股票應超過財產股票資本投票權的 50%，除非出價者已經擁有或控制超過 50%的投票權。沒有任何出價可以被宣佈為無條件接受，除非有關的情況實際上被洩露出去了。

26.股東會議

出價支付的手段是購買公司的股票，這種購買須得到出價公司股東的同意，為此出價公司應舉行一個非常大會，以正式批准這項購

買。這次會議上通過的決議案的內容應該全部以正式通告形式列出，附在出價文件中。除非有敵意、有爭議或另外有較高的報價。在沒有爭議的情況下，這些會議參加的人數不會太多，一般限於董事或出價者的代理人，這樣決議很容易被親自參加會議的大多數人通過。在一次需要投票的會議中，存在強烈反對或威脅的可能，出價者董事會應小心行事，透過遊說那些較為重要的事業機構股東，以便獲得所需要的贊成票以反擊對該投票的反對。如惠普公司在併購康柏時，就因某一個大股東的反對，而不得不舉行全體股東的投票，以決定是否併購。

27.所有條件的滿足

一旦出價被無條件接受，任何還存在的先決條件的實現一般是程序化的事情，除了得到專門小組的同意以外，所有還存在的條件都須在最初結束日的 21 天內，或者在出價被宣佈無條件接受那天後的 21 天內實現，否則該出價將失效。

28.支付方式

假定出價已獲成功，對購買公司來說，下一步就是把支付手段(不論是以現金保證的形式還是股票、債券的形式)交付給那些同意接受出價的股東。而這些股東在出價文件規定的期限內，已經以有效的形式交出了接受文件，並附有他們的股票證書及其他所有權文件。這最遲必須在出價成為無條件之後的 28 天內完成。

29.強制性購買法

1985 年的英國公司法如下規定：禁止股票所有者中的少數派阻撓一個公開的完全成功的出價，並且也禁止這些少數派被排斥在一成功報價之外。如果一個出價在最初出價寄送後的 4 個月內已得到股票持有者的同意，而這些股票持有者擁有不低於出價者想要購買的股票總值的 90%的股票(不包括出價者和他的合夥當事人在出價前所擁有

股票)，對購買者來說下一步驟是根據法令向持有不同意見的股東(或者那些在某些情況下已經消失、更換位址或死亡的股東)發出通知的方式，對剩下的股票採取強制性購買。

30.安排計劃

一個出價者能實行強制性購買做法的情形並不經常發生，出價者不一定能夠在 4 個月期間內獲得被出價公司的 90%的股東支持。

31.購買後的審計

在被購買的公司已被重新組織、重新改造或與購買公司業務合為整體的時候，購買者將希望進行事後檢查，以確定有關最初統計和批准的投資假定在過程結束後是否正確。

心得欄 ------------------------------

第 十二 章

企業的查帳工作

1 怎樣選擇查帳方法

　　時間是寶貴的，為提高查帳效率，最好能在短時間內選擇最適合的查帳方法將問題查出來。然而查帳的方法很多，不同的查帳方法適用於不同的查帳目的和要求。查帳方法選用是否適當，對於查帳結果的正確性有著緊密的聯繫。每一種查帳方法都有其特定的適用範圍，如果方法選用不當，會影響查帳效果，所以，在選擇查帳方法時，應該遵循下面的原則：

　　1. 針對審查對象及目標特點選擇查帳方法

　　各種查帳方法都有各自的特點與適用條件，不同的審查對象，其內容、要求也各不相同，選擇和運用查帳方法時應緊緊圍繞審查對象及目標的特點，及時、準確地取得相應的證據。具體情況有以下幾種：

表 12-1　查帳方法選擇列表

審查具體情況	採用的查帳方法
審查書面資料	採用審閱、核對、複算、分析、比較等審查方法。
審查有形實物	採用盤點、觀察、鑒定等審查方法。
被查單位管理制度健全有效	採用制度基礎審查、抽查或逆查等方法。
財經法規執行情況審查	為保證審查結論正確、可靠，應用詳查法。
財務收支審查	用抽查法就可取得充分適當的證據。

2.查帳面要擴大到企業外部

查帳工作有時涉及很多部門，如果不與這些部門取得聯繫，很可能不能將事情查清楚。例如，有的問題涉及到銀行、往來單位、稅務等多個部門，有時既涉及到宏觀，又涉及到微觀。查帳人員就必須不辭辛勞地利用電話、函證等方式與這些部門聯繫，索取所需的資料。因此查帳工作要根據實際情況，擴大查帳面，不能一味地認為查帳是企業內部的事情，將查帳的範圍局限在企業的內部。

3.本著科學化原則不偏聽、偏信

有的查帳人員在查帳時最愛用的是「詢問」法，這種方法雖然也是查帳的一種方法，但還是比較片面的。查帳要講求科學化。科學化查帳方法要求查帳必須先進、合理、完整、系統。查帳技術方法先進，就可能提高工作效率，收到事半功倍的效果。遵循查帳方法的科學性原則是指：

⑴根據技術方法的自身規律性選擇查帳方法。

⑵在綜合運用多種查帳方法時要保持查帳方法之間的有機聯繫。查帳方法之間要能承上啟下、相互聯繫，並且方法與方法之間可

以相互制約、相互促進。

(3)不斷補充和創造適合自己企業的查帳方法。

4.各種查帳方法結合使用

查帳的方法很多,各有各的使用目的和適用性。但是,查帳方法並不是相互排斥的,它們之間存在著密切的聯繫,無論是查帳的一般方法與查帳的技術方法之間,還是其各自所包含的方法之間,都有某種內在聯繫。往往是各種方法中,你中有我,我中有你;或者使用某一種方法又必須依賴於另一種查帳方法。所以,在運用查帳的各種方法時,必須注意它們之間的密切聯繫,結合使用。

例如,在查帳的一般方法方面,逆查時可使用順查法,順查時可採用抽查法,也可採用詳查的方法,而逆查時也可採用抽象法,或採用詳查法。但從方法特點上看,逆查時更適合採用抽查方法,順查時更適合採用詳查方法。直接審查法和制度基礎審查法也是一樣,前者更適宜於順查、詳查,後者則更適宜於逆查、抽查。但當內部控制經過測試證明不能有效防止和發現錯弊時,也不排斥使用順查、詳查。

在查帳的技術方法使用方面,各種方法的使用也是密切相關的,例如,在盤點時,由於盤點日與資訊報告日不同而必然要結合使用調節法;分析法必然要與比較法結合使用;審閱法往往與核對法和複演算法結合使用。在查帳的一般方法與技術方法的聯繫方面,盤點法可以與抽查法結合使用,順查法與審閱法和核對法結合使用,而逆查法則可與分析法結合使用等等。

2 會計差錯和會計舞弊的區別

1.「會計差錯」與「會計舞弊」的區別

(1)會計差錯

所謂會計差錯，是指在會計核算中存在的非故意過失。俗話說「人非聖賢，孰能無過」。財會人員由於種種原因可能在會計核算中發生各類失誤，這是不可避免的。這裏，會計差錯強調的是非故意的差錯，即行為人不存在主觀上的故意，否則就成了會計舞弊。

根據現行的會計制度和會計準則的規定，會計差錯主要包括以下三個方面：原始記錄和會計數據的計算、抄寫差錯；對事實的疏忽和誤解；對會計政策的誤用。

有些會計差錯與財務人員的業務熟練程度有關，如果其業務水準和熟練程度較低，就會發生較多的差錯；也有些差錯與其熟練程度並無直接聯繫，因為從人的生理角度看，財會人員在大量的業務面前，難免會由於疲勞或大意而發生一定比例和一定數量的差錯，即使實行電算化以後，財務人員仍有可能發生會計差錯。

(2)會計舞弊

所謂會計舞弊是指故意的、有目的的、有預謀的、有針對性的財務造假和欺詐行為。它與會計差錯有相同或相近的形式，但卻有本質上的不同。舞弊是見不得人的，是不敢公之於眾的，需要伴有一定形式的偽裝和掩飾，透過虛列事實或隱瞞真相等手段將水攪渾，較難被人發現。

根據現行的會計制度和會計準則以及相關的法律法規，會計舞弊主要有以下五類：偽造、變造記錄或憑證；侵佔資產；隱瞞或刪除交易或事項；記錄虛假的交易或事故；蓄意使用不當的會計政策。

2.如何區分會計差錯與會計舞弊

會計差錯與會計舞弊有時在表現形式上極其相似，但從本質上講，它們是兩類不同性質的行為，二者之間有著明顯的區別，也有一定的聯繫，這裏再做一詳細比較。

(1)會計差錯與會計舞弊的區別

表 12-2　會計差錯與會計舞弊比較

會計差錯	會計舞弊
・會計差錯屬無意識的過失行為。	・會計舞弊屬於有意識的不正當行為。
・會計差錯可能產生實質性後果，也可能只產生形式上的後果。	・會計舞弊一旦得逞，往往導致實質性的後果，企業會因而遭受損失。
・會計差錯一般都是個人過失行為，即使是群體過失，例如內部牽制機能得不到有效發揮，也不是出於主觀上的故意。	・內部牽制機能得不到有效發揮，也不是出於主觀上的故意；而會計舞弊一般可能是個人單獨舞弊，也可能是多人串通舞弊，後者更具隱蔽性和危害性。

(2)會計差錯與會計舞弊的聯繫

①會計差錯與會計舞弊的區別並不是絕對的。這是因為：

第一，舞弊者出於隱瞞不法行為的目的，往往將會計舞弊做得好像偶然的會計差錯，以便掩人耳目，製造搪塞抵賴的機會。

第二，有些會計差錯與會計舞弊一樣，在客觀上具有實質性的影響和危害，例如因會計人員業務知識缺乏，多計當期費用的會計差錯，也會導致虛減利潤，少交稅金的嚴重後果。

第三，會計差錯如不及時發現並糾正，往往會被有不良目的的舞

弊者所利用，演變為會計舞弊，例如經費核算人員對費用報銷業務多記借貸雙方會計科目金額的差錯，就容易被出納人員用來侵吞公款。

②會計差錯與會計舞弊在查證技巧和防範措施方面比較接近。由於差錯和舞弊存在著上述聯繫，要想查找和防範，所採用的方法和措施是相同的，如進行覆核、審計，建立和健全內部控制制度等。

3 會計舞弊的手段

會計舞弊者經常採用的舞弊手段有：

1. 利用企業內部控制制度的缺陷和薄弱環節進行舞弊，以達到滿足私慾的目的

例如出納人員利用企業空白支票、財務專用章、法人印鑑未予以分離保管的漏洞，私自開具支票，挪用公款；經費報用核算人員利用企業報銷審批制度不嚴密，而將自己的個人消費票據隨同有關業務支出一起報銷入帳等。

2. 拉攏與自己職責不相容的人員串通舞弊

例如材料核算人員拉攏倉庫保管人員侵吞材料；產成品核算人員勾結產成品出庫人員竊取產品；費用核算人員串通出納人員虛列費用侵吞公款等。

3. 隱匿或篡改憑證

例如出納人員隱匿收款單據侵吞公款，經費報銷人員篡改單據多報費用私吞，企業為隱瞞收入而隱匿銷貨發票或開具「大頭小尾」的

發票等。

4.虛構業務

例如企業為虛報利潤而虛構收入，少計費用；為套取現金而虛構預借差旅費業務；出納人員為侵吞現金而虛構支出等。公司透過虛構房地產業務，偽造了幾個億的利潤，欺騙投資者，造成極壞的影響。

5.利用一些過渡性會計科目進行舞弊

例如企業為調節利潤而故意多記或少記「待攤費用」、「長期待攤費用」、「預提費用」等科目的金額；為隱瞞銷售收入而將其列入「預收帳款」科目長期掛帳；為套取現金而利用應收應付等往來科目來回倒帳等。

6.故意造成一些相關科目相應變動進行舞弊

例如將「現金」和費用科目同幅度多記以侵吞現金等，這種舞弊極具隱蔽性，看起來很像偶然的筆誤所致。

7.利用電腦舞弊

隨著會計電算化的普及，舞弊者會盜用電腦密碼、暗藏電腦程序、擾亂電腦命令來使電腦財務系統生成一套「會計舞弊」。這類舞弊常被忽視，較難被發現。例如，有名的「邏輯炸彈」就是電腦系統中適時或者定期執行的一種電腦程序，它能觸發電腦中未經授權的有害事件的發生條件。「邏輯炸彈」被編入程序後，根據可能發生或者引發的具體條件來產生數據破壞行為。

4 定期核對往來帳

1. 加強應收帳款明細帳的管理案例

誠創公司是一家成立僅 2 年、規模較小的電子產品生產公司。施美特公司與誠創公司有業務來往，施美特公司從誠創公司採購產品進行銷售。2009 年 5 月，施美特公司的王會計提出與誠創公司核對往來帳。王會計仔細核對了誠創公司發來的往來帳，發現誠創公司將一筆 3 萬多的購貨款未做登記。王會計彙報總經理後，總經理說不必提醒誠創公司，能少付就少付款，並因此獎勵了王會計。

誠創公司由於往來帳管理不善，導致 3 萬多元的應收帳款未及時登記入帳，而總經理卻並不知曉。應收帳款是企業重要的債權，如果不能進行有效管理就會成為「糊塗帳」。這樣的錯誤犯一兩次，公司賺取的利潤就會被吞噬掉大半，那麼企業贏利從何談起呢？

對於應收帳款，企業應按照企業的具體債務單位名稱開設明細帳，對往來金額進行逐筆登記，對於企業及時收回債權和控制對特定客戶的信用銷售，均具有一定的參考作用。表 12-3 是某公司與客戶的往來帳，是按債權單位名稱對應收帳款開設明細帳。

從表中總經理可以詳細瞭解到公司對黃山公司的銷售及收款明細，企業需要對有往來的所有客戶銷售及回款情況，分別按公司名稱開設並登記明細帳，這樣，公司的應收帳款總額及其分佈就一目了然了。總經理可以根據各個客戶尚未支付的應收帳款，及時調整公司的信用政策，加強對應收帳款的管理。

表 12-3　應收帳款明細帳（三欄式）

單位：元

2009 年		摘要	借方	貸方	借或貸	餘額
月	日					
1	1	上年結餘			借	6800
	6	銷售 AV4*4 矩陣 25 台 貨款未收	50000		借	56800
	12	銷售 AV8*8 矩陣 20 台 貨款未收	60000		借	116800
	25	收到貨款		100000	借	16800
1	31	本期發生額及餘額	110000	100000	借	16800

2.定期與客戶核對往來帳

為保證企業債權的清晰準確，企業應根據業務量大小及時問等因素，對應收帳款定期進行核對，並由雙方當事人簽章，作為有效的對帳依據；如發生差錯應及時處理。因此，應收帳款的核對顯得尤為重要。

⑴明確責任歸屬

大多數企業應收帳款的發生都很頻繁，涉及的單位也很多，因此在實際工作中，會出現本單位明細帳餘額與客戶單位往來餘額對不上的現象。其中一個主要原因是銷售部門與財務部門責任不清。應收帳款由銷售而起，但卻由財務部門進行管理。銷售部門往往只管將產品銷售出去，而不管款項是否能收回，認為收款是財務部門的工作。由於合約、單據、發票等的傳遞不及時，會導致應收帳款登記不及時。明確銷售部門與財務部門的工作劃分及銜接，是加強應收帳款管理的重要保證。

　　一般對帳工作均是由債權單位主動實施。如果債權單位應收帳款記錄不準確，使得客戶以往來帳目不清楚為藉口拒絕付款或拖延付款，就會給企業造成損失。

⑵加強銷售人員對收款的責任

　　應收帳款的對帳工作可以由銷售人員定期與客戶進行，並將收款情況及時回饋給財務部門。行銷人員可以按其管理的單位對產品發出、發票開具及貨款的回籠進行序時登記，並定期與客戶對帳，由對方確認帳款，從而為及時清收應收帳款打好基礎。將銷售與貨款回籠同銷售者的業績結合起來進行考察，能促進公司貨款的及時回收，最大限度地減少損失，不失為應收帳款較好管理的方法之一。

3.制定恰當的現金折扣政策

　　現金折扣是企業為鼓勵客戶及早付款而採取的一種在總價款上的優惠政策。通常對客戶在商品價格上進行扣減，其主要目的是吸引客戶為享受優惠而提前付款。其優點在於能縮短企業的平均收款期，也可借此擴大銷售量；但缺點是價格折扣會給企業帶來一定的損失。

　　企業採取什麼樣的現金折扣政策，要結合信用期間來考慮，並分析折扣所帶來的收益增量與成本孰高孰低，權衡利弊後確定最佳方案，具體計算方法與確定信用期間的方法和程序一致。

第十三章

企業的內部控制

1 構建內部控制框架

　　構建企業會計系統的內部控制，財務主管可從控制環境、會計系統和控制程序這三個基本要素入手。

1. 控制環境

　　控制環境是指對建立、加強或削弱特定政策、程序及其效率產生影響的各種因素，它反映了企業董事會和管理層關於內部控制對公司重要性的態度。它是一種氣氛，塑造企業文化，影響企業員工的控制意識，影響企業內部各成員實施控制的自覺發生，決定其他控制要素能否發揮作用，因而它是內部控制其他要素作用的基礎控制環境直接影響到企業內部控制的貫徹和執行，以及企業經營目標和整體戰略目標的實現。控制環境包括董事會、企業經理層的責任、品行和企業文化、組織結構與權責分派體系、預算控制和人力資源政策和實務等問

題。

2.會計系統

企業會計系統既是制定決策的一個資訊來源,也是內部控制機制的第二個組成要素。針對內部控制的要求,一個有效的會計系統應能夠做到以下幾點:

- 確認並記錄所有真實的交易;
- 及時、充分、詳細地描述交易,以便在會計報表上對交易作適當的分類;
- 計量交易的價值,以便在會計報表上記錄其適當的貨幣價值;
- 確定交易發生的期間,以便在交易記錄界定適當的會計期間;
- 在會計報表中適當地表達交易和披露相關事項。

交易是因某經營實體與外界交換資產或勞務,以及企業內部轉移或使用資產與勞務而形成的;會計系統的核心是處理交易。企業的會計系統應為每筆交易提供一個完整的「審計軌跡」或「交易軌跡」。所謂交易軌跡,是指透過編碼、交叉索引和連結帳戶餘額與原始交易數據的書面資料所提供的一連串的跡象。

保留交易軌跡對於企業管理層和利益關聯方都很重要。例如,企業管理層可使用交易軌跡來答覆顧客或供應商有關帳戶餘額的詢問,內部審計部門或註冊會計師也可使用交易軌跡來核證和追查交易。

3.控制程序

內部控制的第三個要素是控制程序。控制程序也是為了合理保證企業目標的實現而建立的政策和程序組成的。控制程序可應用於某種交易,也可以融合應用於控制環境或會計系統的特定組成部份。

(1)交易授權。企業中的授權是指上級委派給下屬一定的權力,

使下屬在一定的監督下，有相當的自主權和行動權；授權者對於被授權者有指揮和監督的權力，被授權者對授權者負有報告及完成任務的責任。交易授權程序的主要目的在於保證交易是管理人員在其授權範圍內才產生的。

授權有一般授權與特別授權之分。前者指授權處理一般性的交易，而後者則指授權處理非常規交易事件（例如重大資產處置等），也可用於超過一般授權限制的常規交易（例如同意在特定情形下，對某個不符合一般信用條件的客戶賒購商品）。企業管理層對某項交易的「授權」和員工對交易的批准是不同的。例如，信用部門的員工可以在管理人員授權的信用政策範圍內，批准個別客戶賒購。

(2)職責劃分。職責劃分控制程序是指對某交易涉及的各項職責進行合理劃分，使某一個人的工作能自動地相互檢查另一個人或更多人的工作。職責劃分的主要目的是為了預防和及時發現在執行所分配的職責時產生的錯誤或舞弊行為。

從控制的觀點看，如某員工在履行其職責的正常過程中可能發生錯誤或舞弊，並且內部控制又難以發現他的舞弊，那麼可以認為這些職責是不相容的。對不相容的職責必須實行職責劃分，這是內部控制一個基本原則。常見的做法有：

‧ 某項交易的執行、記錄以及維護、保管相關資產，應該指派給不同的個人或部門；

‧ 某項交易執行包括的各個步驟應該指派給不同的部門或個人；

‧ 某些會計工作的職責應當劃分；

‧ 在電腦資訊系統中，其程序設計應進行適當劃分。

職責劃分會影響三種認定的控制：第一，將資產保管與資產會計記錄的掌管相分離，可以降低盜竊的風險，因為盜竊者無法透過減少

資產的記錄來掩蓋盜竊真相。第二，將處理現金支出交易與銀行調節帳戶相分離，可以降低不記錄支票付款的風險，因為在調節過程中可發現這種風險。第三，付款憑單的批准與支票簽發相分離，可以降低支票書寫出錯的風險。

(3)資訊流動與溝通。企業應按某種形式及其在某個時間內，辨別、取得適當的資訊，並加以溝通，以使員工順利履行其職責。

資訊系統不僅處理企業內部所產生的各種資訊，同時也處理與外部的事項、活動及與環境等有關的資訊。企業的資訊系統不僅是企業控制環境建設的一個重要方面，同時也是企業內部一個重要的特定控制程序，是企業內部控制的一個部份。

一個有效的企業資訊系統，還應能保證企業內部每個人能清楚地知道其所承擔的特定職務和職責。每名員工不僅必須瞭解內部控制制度的有關方面，這些方面如何生效以及在內部控制制度中所扮演的角色、所擔負的責任以及所負責的活動怎樣與同事的工作發生關聯，還應知道在其執行職責時，一旦有非正常的事項發生，除了要關注該事項外，還須分析其發生原因，並採取適當的措施。

資訊溝通系統不僅要有向下的溝通管道，還應有向上的、橫向的以及對外界的溝通管道。具體來說：

①企業經理層要向全體員工發佈有關認真履行各自的控制職責的明確資訊，使其瞭解自己在控制系統中的地位和作用。

②企業要有一條自下而上報告重大資訊的有效途徑，即建立開放、暢通的資訊反饋管道，以便發現內部控制系統的薄弱環節，並及時採取相應的補救和改進措施。

在企業的實施監控過程中，不同層次的內控評價必須詳細記錄，對監控過程中發現的內部控制缺陷，及時向有關部門作出反饋，重大

內控缺陷向董事會報告，以便及時糾正內控偏差。

③建立反映行為責任履行情況的報告系統，對於企業實施內部控制尤其重要。

為了全面反映受託人的受託經濟責任履行情況，美國註冊會計師協會最近提出一套新的公司報告體系，該體系由年度財務報告、控制結構報告、法紀遵循報告、經營目標報告、經濟活動報告和舞弊防範報告組成，它涵蓋了受託經濟責任的全部內容。

⑷內部審計與獨立稽核。企業內部控制是一個過程，這個過程是透過納入管理過程的大量制度及活動來實現的。因此，要確保內部控制制度被切實地執行，並且保證良好的執行效果，內部控制就必須被監督。監督是一種隨著時間推移而評估制度執行質量的過程。監督可透過日常的、持續的監督活動來完成，也可以透過進行個別的、單獨的評估來完成，或者兩者結合。

在內部控制的監督過程中，內部審計、獨立稽核和控制自我評估這三項主要職能發揮著重要作用。

心得欄 _____

----

2 實施內部控制

　　內部控制對於企業而言，還是一個比較陌生的概念，對內部控制的認識，很多企業還停留在職務分離和帳戶核對的層次上，尚未認識到內控機制與現代企業制度有著深刻的內在聯繫，自然也就未意識到內部控制在企業治理和經營管理中的地位和作用。

　　企業要在建立現代企業制度的基礎上取得實質性進展，就必須在不斷規範企業治理結構的同時，建立一套健全、有效的內部控制機制。

　　因此財務主管在實施內部控制時，首先要在企業內部推行其內部控制制度及框架，然後再實施內部控制。

　　同時，在實施內部控制應用層次，財務主管的工作重點應放在企業業務程序的內部控制，從業務程序入手設計內部控制制度有利於加速提高企業內部控制的整體水準。

　　根據內部控制框架，企業內部控制可由三部份組成：

　　‧組織機構，包括法人治理結構、內部管理部門設置和崗位分工；
　　‧人員管理，包括聘用、考核和獎懲；
　　‧業務程序，包括業務循環、處理程序、控制要點等。

1. 業務循環模型

　　業務循環法是 20 世紀 70 年代提出和運用的瞭解和評價內部控制的一種方法，是指企業中密切相關的交易活動週而復始的過程。不同類型的企業，由於其業務構造和規律不同，其業務循環的劃分也有

所不同。

下面以製造企業業務程序的內部控制來說明構造業務循環模型。製造企業一般存在著如下四個循環分類：

(1)銷售和收款循環。這個循環包括向客戶收受訂購單，核准購貨方的信用，裝運商品，開具銷貨發票，記錄收益和應收帳款，記錄現金收入等程序。

(2)購貨與付款循環。這個循環包括購買存貨、其他資產或勞務，發出訂貨單，檢查所收貨物和開具驗收報告，記錄應付銷貨方債務，核准付款，支付款項和記錄現金支出等程序。

(3)生產循環。這個循環包括領取各種原材料及其他物料用品，交付生產，分攤費用，計算生產成本，核算銷售成本等程序；還包括僱用、辭退員工，制定最低薪資標準，核計實際工時，計算應付工薪，計算個人所得稅和其他代扣款項，記錄工薪卡，發放薪資等程序。

(4)籌資和投資循環。這個循環包括授權、核准、執行和記錄有關銀行貸款、融資租賃、應付公司債券和股本、短期投資與長期投資等業務事項。

2.分析常見弊端

在業務循環構造的基礎上分析該業務在運行中可能出現的錯誤和弊端，這個過程實質上也就是風險評估。業務循環的風險來自記錄錯誤、違反會計政策、欺詐和侵吞、非法交易、資產流失等因素。

判斷業務循環常見弊端可透過總結歸納企業歷史上該業務曾發生過的錯弊教訓，也可採用「合理懷疑」，即假設不予控制可能造成損失的機會和可能出現的問題進行主觀推測。例如銷售業務中常見的錯弊有：虛計銷售收入，調節利潤；銷售成本結轉不實，調節利潤；結算方式選用不當，造成壞帳；銷售費用支出失控，成本增大；銷售

憑證保管不嚴，造成產品流失風險。

3.提出內部控制要點

接下來的工作是針對現有弊端設置相關內控要點。所謂關鍵控制點，是指在一個業務處理過程中起著重要作用的那些控制環節，如果沒有這些控制環節，業務處理過程就很可能出現錯誤或舞弊，達不到既定目標。設置關鍵控制點要針對錯弊的發現和紀錄，如為保證會計記錄的正確性，明細帳與總帳之間的核對是關鍵控制點；為保證銀行存款餘額的正確性，由非出納員核對銀行對帳單就是關鍵控制點。

結合上述銷售業務的例子，財務主管可以設置以下控制要點：

· 銷售業務的職務分離（審批者、銷售員、倉庫保管員、收款員與會計相分離）；

· 銷售定價控制（制定價目表並予以執行，特殊情況有專人審批）；

· 授信額度控制（建立客戶信用評估、授信機制、審批信用額度、審批銷售合約）；

· 銷售發票控制（發票編號、空白發票保管、開票審核）；

· 銷售費用控制（銷售費用預算編制、落實責任人、專人審批、定期分析考核）；

· 應收帳款控制（分析應收帳款帳齡、催收應收帳款、壞帳預警資訊反饋、銷售應收和實收的定期核對）；

· 退貨控制（退貨審批、退貨原因分析、有關責任者追究、貨物驗收）。

4.設計內部控制制度

內部控制制度是指導落實內部控制實施的辦法。財務主管可根據企業內部管理的基礎和管理水準，選擇採用混合格式或單獨格式。

(1)單獨格式。單獨格式是將企業內部控制要點按業務領域單獨
列示，具體有兩種格式，如圖 13-1。

圖 13-1　單獨格式的內部控制辦法示意圖

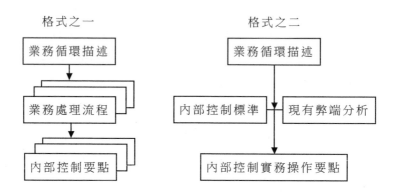

(2)混合格式。混合格式就是將內部控制與管理制度結合起來。

混合式辦法將內部控制融合於企業的業務管理制度中,使業務管
理制度既有業務程序又有控制程序,便於企業有關部門和員工熟悉和
掌握。而獨立式辦法將業務管理制度中內部控制要求分離開來單獨列
示,便於企業經理層、內部審計人員和註冊會計師瞭解和評價。財務
主管在作選擇時,應視企業規模大小和業務複雜程度進行,一般中小
企業、基層可採用混合式辦法,而大型企業和集團企業可考慮採用獨
立式辦法。

第 十 四 章

企業如何防範風險

1 企業的五大財務層面風險

1. 籌資風險

籌資是企業重要的資金活動，與企業的生產經營有著直接的聯繫。企業籌資活動的風險包括五個方面：

(1)籌資決策風險

①企業未進行充分的籌資需求風險，導致籌資決策失誤，進而可能造成企業資金不足、冗餘或債務結構不合理。

②籌資活動違反法律法規的相關規定，遭到相關部門處罰，導致損失和信譽損失。

(2)籌資方案設計風險

①企業未進行有效的籌資管道開發，導致籌資管道開發不足。

②企業未選中有效的籌資方式，導致所籌集的資金不足，難以滿

足企業的發展。

⑶籌資過程控制風險

①企業對現金流量監控不足，導致企業現金流不足，從而導致經常性的經營危機。

②企業籌資記錄錯位或會計處理不正確，導致企業債務和籌資成本債務不真實。

③籌資項目未按期完成，導致籌資成本增加。

⑷籌資效果評估風險

①企業未建立科學、合理的籌資效果評估機制，導致籌資活動效果未得到有效回饋。

②未及時對籌資活動的效果進行評估，導致未能及時評價籌資活動。

⑸負債籌資償還風險

①由於負債利息過重，導致企業承受較大的財務壓力，並影響到其他資金活動的正常運轉。

②企業未能如期清償負債籌資的本金與利息，導致信譽受損，甚至面臨破產危機。

2.投資風險

投資活動由於受到未來的不確定性因素或其他各種原因的影響，而導致預期的投資效益無法實現，或者令企業蒙受損失的相關風險。企業投資活動的風險包括九個方面：

⑴企業未充分地調查投資環境，導致投資目標設置不準確。

⑵企業未對投資項目的關鍵點進行深入分析，導致投資目標設置不合理。

⑶企業未對投資目標進行明確闡述，導致目標不具有操作性。

⑷企業未對自身的財務狀況進行全面分析,導致投資決策影響到其他經營活動的正常運轉。

⑸企業未對投資項目的可行性與收益性進行分析,導致投資決策失誤而造成重大損失。

⑹企業未對投資項目進行有效的管理,導致投資項目管理混亂,從而導致投資風險的增加。

⑺企業未建立有效的投資成本控制機制,且未對投資成本進行有效的監控,導致投資成本的增加。

⑻企業未建立投資收益評價機制,難以及時評價投資收益。

⑼企業的投資收益評價機制存在缺陷,從而導致投資收益評價不準確。

3. 經營風險

經營風險是企業在生產經營管理過程中,由於決策失誤或其他不確定性因素等各種原因,所導致的企業面臨收益下降、成本增加等經營損失的相關風險。企業常見的經營風險主要包括四個方面。

⑴企業資本結構不合理,導致資金流間斷,難以支撐生產經營活動的順利進行。

⑵供應市場不穩定,可能導致產品成本的增加,致使企業收益的減少。

⑶企業生產計劃不合理,難以展開有序的生產活動,導致產能不足,造成企業的損失及信譽損失。

⑷市場需求波動較大,難以準確把握產品的市場需要,從而難以制定科學、合理的經營決策,增加了企業收益的不確定性。

4. 流動性風險

流動性風險指企業的流動性難以滿足生產經營需求,從而導致企

業面臨重大財務困難的風險。企業常見的流動性風險主要包括兩個方面。

⑴企業資產的流動性不足，變現能力差，導致企業當前的現金存量難以滿足正常生產經營活動的需求。

⑵企業資產的流動性不足，導致企業難以按期償還全部債務，使企業蒙受信譽損失，甚至面臨破產危機。

5.存貨管理風險

存貨是企業資產的重要組成部份，是企業正常生產的重要支援。存貨管理應確保合理的存貨量水準，並保證管理品質，減少存貨損失。企業的存貨管理主要面臨六項風險。

⑴存貨盤點工作不規範，可能因盤盈、盤虧未能及時得以發現而導致財務信息不準確。

⑵存貨的收入、發出、結存缺乏真實、準確的記錄，導致企業的存貨現狀無法得到有效的評估。

⑶存貨收發業務核算不準確，導致帳實不符。

⑷存貨管理不善，導致貨損損失。

⑸存貨量水準過高，導致存貨佔用過多的流動資金，不利於企業流動資金的週轉。

⑹存貨量水準過低，難以滿足正常的生產需要，可能導致生產中斷，從而帶來嚴重的損失和信譽損失。

2 警惕財務隱患，防範財務危機

　　企業財務主管應密切關注本公司的財務動向，以防止發生意想不到的危機。可以從以下幾個方面著手，檢查公司財務中可能存在的隱患。

1. 檢查投資和資金是否平衡

　　要使公司成長壯大，當然必須先投資。投資主要是設備投資，還有庫存投資和個人投資，而開發投資以及近幾年來興起的海外投資也很活躍。投資活動還反映出公司資金盈餘現象以及對生產技術的熱心程度。

　　設備投資包括採購機器，設備現代化、合理化以及興建工廠等。這種設備投資，一步走錯就可能導致經營狀況急劇惡化。一般在投資前要充分研究核算。由於設備投資而增加的經費，主要有設備本身以及維護修理等所需的經費，還有折舊費、利息和用於其他方面的費用。要根據這些開支計算出設備投資可增加多少銷售額，再決定是否投資。

　　怎麼籌集資金也是一個問題。一般是長期貸款或增加資本，但有時也利用短期貸款。有些經營好的公司，在短期貸款上採用票據兌現的辦法支付。經營不好的公司，不能按自己的想法籌集長期資金，也就不得不使用一部份短期資金。後一種公司則可能招致資金衝擊的危險，更增大經營惡化的可能性。執意進行設備投資，可銷售額卻沒能按預想的那樣提高，從而造成設備閒置，資金呆滯，於是那些資金不

雄厚的公司，一下子就會面臨倒閉的厄運。

2.檢查有否出現巨額不良債權的可能性

如果你的公司某一天突然出現意想不到的巨額不良債權，將怎麼辦呢？

有的公司可能頂得住這種突如其來的巨額債權，但也有的公司可能頂不住而馬上倒閉。總之，公司的經營總是伴隨著風險的，雖然今天經營得不錯，誰也說不清明天是否還有保證，這種態勢是公司經營面臨的嚴峻現實，因此，財務主管必須關注這種態勢，不要忘記風險，並盡可能地採取預防措施。即使春風得意，買賣興旺，也決不能粗心大意，因為有時會發生連鎖性的倒閉事件。

為防止巨額不良債權的出現，對每位客戶都要規定信任限度，應控制不超過這一限度的債權。例如，決定 A 公司在五萬元以內，B 公司在三萬元以內，則應經常檢查是否在這一範圍內。買賣本身就伴隨著風險，無風險的買賣是不存在的，必須在充分調查客戶的經營狀況和財務內容的基礎上，決定信任範圍。

其次，是明確從客戶那裏究竟能買些什麼東西。如果有可購買的東西，買方和賣方相抵結帳則可減少風險，這種場合不是票據交換。也就是說，兩個公司買和賣不是相互票據支付，而是實物相抵結帳。如不這樣做，而是以票據為憑，以後如拒付就不好辦了。如果事先採用實物相抵的結帳方式，就不存在拒付的問題了。

關於交易條件最好是現金買賣。如果不能用現金支付的，應儘量縮短結帳期限。結帳期限的確定非常重要。公司在籌措資金時，當然應儘量採用現金方式，但票據期限短，折扣費也相對少些，因此對公司是有利的。

為避免巨額不良債權的出現，一個公司的財務主管必須考慮如何

分散風險。在銷售上全依賴大客戶是不行的，萬一發生什麼問題就很危險。

因此，在任何情況下，依靠一家公司的銷售比率應控制在 30%以下，如有可能，應有計劃地開展活動減少風險。當然，應按各公司的規模和個別情況而定，最安全的是一家公司的銷售比控制在 10%以下。

3.檢查經費是否存在慢性增長的傾向

如果對經費的開支放任不管，費用就肯定要增加。經費的增加是在不知不覺中進行的，所以，財務主管隨時都要注意，檢查經費是否出現增長現象。究竟從那裏著手進行檢查最好呢？首先要看經費的增長率是否高於銷售額的增長率。如果經費增長率高於銷售額的增長率，說明經費增長並未對銷售額的增長作出實質性的貢獻。如果這種狀態一直持續下去，銷售額越高，經費開支也越多，從而直接影響經營。如果出現這樣的經費增長態勢，就應檢查經費開支內容，查清什麼原因使經費開支不斷增加，然後努力削減。

在經費的開支中也包括經費的浪費，浪費是經營的大敵，必須徹底消除。尤其是交際費等最容易出現浪費，本來只有一位客人，可主人卻有三位作陪，甚至第二次第三次宴請，公私不分，像這類現象要經常進行檢查，杜絕浪費。

最近特別顯眼的是會議費。會議費名目繁多，好像很少有人認為這是一種浪費，所以，財務主管應果斷作出決定，削減不必要的會議開支。

在經費中，有些費用如公共事業費，價格有時會自動上漲，有時透過交涉可能會下降。還有一旦決定下來無法更改的經費，例如每月支付給職工的定額薪資是不能變的。電費單價雖然是固定的，但節約

用電量可控制電費。有許多經費在某種程度上是可以控制的。通常稱無法控制的經費為不可能管理的經費，可控制的經費為可能管理的經費。經費削減的重點是可能管理的經費。

財務主管特別應注意以下三項經費：

⑴超出的經費（大於銷售額、毛利潤增長率的經費）；

⑵浪費掉了的經費；

⑶可能管理的經費。

總之，經費本身就有自我膨脹的性質，所以必須多多監督和檢查。如果注意到這一點，就能很好地控制削減經費開支，而經營素質也一定能得到提高。

4.檢查資產總額的變化

財務主管必須很好地注意查閱資金平衡表最末欄目填寫的資產合計總額每年是如何變化的，若發現增長過多或資產膨脹，就應大加懷疑。

資產可分為流動資產、固定資產和延期資產，這裏主要說一說檢查流動資產的情況。在流動資產中，財務主管一定要確認的是欠貨款。銷售額增加，當然欠貨款也會隨之增加，但問題是在這筆欠貨款中是否含有不合理的欠貨款項。儘管這些欠款幾乎不能回收，但在欠貨款中一旦混入不合理的欠貨款，則是虛假的資產膨脹。如果你是財務主管，應對本公司的欠貨款規定一個月或三個月必須回收的大致目標，並且隨時檢查是否真正達到這一目標。

總之，財務主管必須對庫存的壓縮、不出現閒置機器及設備的投資等進行充分的考慮。資產膨脹會帶來經營停滯，同時，資產的週轉也會隨之惡化，資產效率也會下降。因此，財務主管必須想辦法使全部資產都運轉起來，不發生資產膨脹化現象。

3 當心經營商海的暗礁

在企業經營管理中，常會面對著大量的不確定性因素，正是這些不確定性因素加大了企業經營管理的難度。對於企業的資金週轉來說，道理也是一樣的。有些事項可能會使企業未來產生現金流出，也有可能不會。這些事項就稱為或有事項，當然也可能沒有現金流入，這些事項也稱為或有事項。這種事項非常少，平常需要關注的焦點就是引起資金流出的或有事項，一般稱之為或有負債，或有負債與突出性支出是有區別的。

突出性支出是沒有預見到的支出。而或有負債是這些交易完成時，企業就預見到了有這麼些負債。但企業不知道的僅是或有負債最終是有還是無，也就是最後到底有沒有現金支出。

正是這樣不確定性置企業於兩難境地，若準備資金來應付現金支出，到時並沒有現金支出，豈不是資金閒置；但若不準備好資金，到時有現金支出，肯定影響資金週轉。有些企業甚至就是垮在或有負債上，很多企業的資金週轉者在資金週轉管理中甚至沒聽過「或有負債」。由此，要稱或有負債為資金週轉的「暗礁」，警惕「暗礁」是防禦它的最好的辦法。不警惕者，運氣好的也許還能闖過去，但運氣不好的就要觸礁了。

常見的或有負債：

1. 應收帳款有可能無法收回

這個問題已在多處提到。會計上的處理是提取一定比例的壞帳準

備，從資金週轉方面來說，穩妥的做法就是在預計應收帳款帶來的現金流入時，打適當比率的折扣，思路與會計上提取壞帳儲備是一樣的。

2.企業對商品提供售後擔保，或其他一些承諾

這可能造成以後的現金流出。若企業對商品提供售後擔保，也就是說在商品售出後的一定時期內，若產品發生質量問題，企業將提供無償的修理服務，費用由企業承擔，在競爭激烈的市場中，提高售後服務水準常是重要的競爭手段。但這也增加了資金週轉的不穩定性。質量是企業的生命，在這種情況下，產品的質量直接關係到企業為產品售後服務所需要費用的金額，因此，要降低此項或有負債，關鍵在於提高自己產品的質量。

3.已貼現票據被拒絕付款

這是最常見的或有負債，也就是說，若企業拿到銀行貼現的票據到期時，付款人拒絕付款，銀行拿不到錢，那銀行就會向企業追索，也就要由企業先支付該款項，然後由企業向付款人再追索。這樣，企業在票據貼現時候就要想到企業在票據到期時可能因為票據拒付而不得發生一筆現金支出。在資產負債表中的附註當中有一項就是記載企業貼現的票據有多少金額。一般情況下，這也就是或有負債的主體部份，這樣的制度也有其合理性，也就是企業應對票據的質量把關負責，如果貼現票據拒付的損失由銀行承擔的話，企業就會放鬆票據的審查，只要能拿到銀行貼現就行了。

那麼銀行就會因為貼現票據風險太大而拒絕貼現票據。因此，企業經營者要認識到，票據雖然貼出去了，但票據到期付款後，企業才能安心，企業嚴把票據質量關是捍衛自己的利益，是資金靈活週轉所不可缺少的。

4.為其他企業債務提供的擔保

企業在為其他企業提供擔保時，要三思而後行，它為企業增加了很大的風險。一旦借款企業還不了債務，那麼本企業就有義務為其償還債務。瞎擔保是一些企業陷入資金不足窘境甚至破產倒閉的罪魁禍首，企業一定要考慮與那個企業關係真的這麼好，或利益相關度這麼高，所以不得不提供擔保嗎？

總而言之，在安排資金週轉時，應該注意為其他企業已經提供擔保的數額。這些企業的經營狀況怎麼樣，有沒有還不了款的危險。若企業擔保的債務有明顯的跡象還不了，那麼企業就得為這筆擔保的債務籌集償還資金，若擔保企業運轉良好，那這一項或有負債對企業資金週轉的衝擊就會少多了。

5.未判決訴訟

這是另一項典型的或有事項。若是可能的收入那就是或有收入了，若是可能的支出，那就是或有負債了。例如企業被告侵權，如果企業勝訴，那就沒有支出了，但企業若敗訴，那就須賠款給被告。只有司法部門判決後，才知道到底有沒有這筆支出。

6.環保未達標可能發生的環保費用或可能要支付的罰金

在環保工作越來越受重視的今天，許多企業不得不增加環保費用或支付罰金。對於不造成環境污染的企業來說，他們用不著擔心這方面額外支出。但對環境污染嚴重的企業來說，他們就可能惴惴不安，不知什麼時候又得為污染環境付出代價。

7.企業計算稅款與稅務機關最後確定稅款的差異

企業在作資金週轉計劃時，並不能準確知道何時會有多少稅款支出，只能估計一個大概的數。因此，若計劃數字與實際稅款相差不大，

那對企業的資金週轉並無多大的影響,若相關甚大,那對資金週轉的影響甚大。

例如,有一小部份企業熱衷於逃稅漏稅。這種不正確行為被稅務機關查出之後,要補充稅款,有時還要罰款,這樣很可能就使企業陷入資金不足的境地,這種資金不足導致的週轉不靈或倒閉是「自作孽,不可活」。

4 如何早期預測出企業衰敗

企業陷入衰敗後當然有可能走出困境,但最好的做法是在衰敗跡象顯露之前捕捉到企業衰敗的信號,提前發現問題,盡力解決問題。企業衰敗之時,存貨銷不出去,沒錢進原材料,薪資欠發,人心浮動,處處都是信號,處處都是衰敗跡象,也用不著捕捉信號了。但如何在企業運轉良好之時,注意捕捉到導致衰敗的信號,卻是未卜先知的學問。雖然,這看來有點神秘、困難,但還是有跡可尋的。

1. 自有資金不足

有些中小企業發展很快,獲利也較多,但正是盈利的豐富常使他們忘記了隨著企業實力的擴大,資產的膨脹,應該及時增加自有資金,即增加資本。他們過分地認為用別人的錢能為自己賺大錢是「以小博大」。

合理負債很重要,但凡事都要適度,也不能走極端,一旦過度就麻煩了。

　　首先，企業經營的目標是利潤最大化。但在獲得利益之前，企業需要墊付大量資金。這些資金主要來自於自有資本和借入的錢，當然從動態來看，也包括企業以前掙下的錢。但是，留存的利潤與企業自有資本本質上是一樣的，都可將其視為企業自己的財產，姑且稱之為自有資金吧！

　　商品出售之後，有時需要在一個較長的時期後才能收到貨款。在這期間，企業墊付的資金有時相當可觀。有原材料貨款的支出，有薪資的支出，有促銷費用的支出，還有其他雜費的支出。

　　如果收支週期吻合的話，企業經營的難度就小的多。但一般來說，支出的期限比收入的期限快。也就是說，等不到有收入，就先要支付的情形居多。在這個複雜的過程中，充足的自有資金是應付這一收支期限不平衡的最安全的方法。

　　因此，隨著經營規模的擴大，如果自有資金沒有相應擴大，這自然成為企業衰敗的信號之一。這裏所說的信號，是指企業可能走向衰敗的預兆，並不是說企業在何時就必定衰敗。

　　事實一再證明，企業有盈利項目不等於必能盈利，缺乏足夠的自有資金會使資金週轉捉襟見肘。只要在購進原材料，加工成品，銷售回籠貨款這一長鏈上的某個環節出現後繼資金不足，那麼在借款額度滿額，各種方法用盡仍無法讓原本盈利的項目支撐到盈利那一天的情況下，就只能變賣存貨，退回原料，這豈不太冤了。因此，在業務蓬勃向上之際，切勿忘記增加自有資金。銀行的錢即使目前比較好借，但那也還是借錢，自己的錢才是抵禦風浪的中流砥柱。

2.存貨的過度增加

　　存貨過度增加引致的增長只是「虛」的增長，只有當存貨轉化為產品，銷售出去了，才證明產品的價值得到確認，在此之前，存貨的

價值是「企業承認,但社會未承認的」。

不過,對於轉包,承攬這類業務,由於存貨由委託企業負債的採購,可以不再注意庫存的多少,但對於絕大多數企業,存貨是資金佔用的大頭之一,在經濟不景氣之時更為明顯。經濟低迷,會造成銷售不暢,從而導致存貨過剩,資金拮据。正因為如此,有些人甚至一提到資金惡化,就條件反射地判定存貨過多。當然這也是不科學的,合理的看法應該是,「庫存的過度增加是影響資金順利週轉的幾大因素之一」。

3.應收帳款不合理的增加

這點也是多次強調的影響企業資金週轉的重要因素。這也是企業衰敗的信號之一。應收帳款不合理增加意味著企業的銷貨政策有問題,更可能的是反映出企業產品的市場競爭力的減弱。一般說來,暢銷產品回籠貨款都較及時,就如 80 年代的彩電業。但當產品競爭力下降之後,為了穩定或增加銷售,企業不得不忍受延長付款期限,銷售貨款被擠佔的痛苦。因此管理者發現應收款增加過快時,首先得瞭解銷售部門盡力與否,若銷售部門確已盡力,那就意味著應該早點想辦法推出新產品了。所以說,應收帳款的不合理增加是企業衰敗的信號之一。

4.設備的過度投資

審視企業的資金週轉是否良好,有一種極簡單實用的方法,即將固定資產的總額與自有資本比較,若固定資產比重過大,一般說來,資金週轉就會感到吃力。這是因為經濟高漲之時,不少企業會依賴銀行借入大筆資金,進行設備投資,但是一般經濟高漲過後就會出現經濟衰退。這時,企業容易面臨銷售量下降,開工不足,收益達不到預期目標的困境,而設備借款的還本付息將成為一個沉重的負擔。所以

說，設備的過度投資是企業衰敗的信號之一。

5.欠缺科學週密的資金計劃

財務部門的人員有擬訂資金計劃的任務，其水準高低，認真與否對以後的資金週轉有極大的影響。擬訂資金計劃，也就是立足現在，預測未來收支的大概情形，考慮應付資金不足的對策，利用各種靈活的週轉方法，維持資金餘裕。

若擬計劃之時馬虎大意，質量不高，那後果是要麼資金閒置，痛失獲利之機。要麼事到臨頭，手足無措，適逢資金不足之際，若事先準備又不足，正如腹背受敵一般，常會使週轉方陷入進退維艱的地步，進而帶來全方面的潰散。因此，無科學週密的資金計劃也是企業衰敗的信號之一。

心得欄

第 十 五 章

企業如何節稅

1 正確認識合法節稅行為

　　面對稅收問題，仁者見仁，智者見智，不同的人有不同的處理方式。野蠻者選擇抗稅，愚昧者選擇偷稅，糊塗者選擇漏稅，唯獨精明者選擇避稅。抗、偷、漏都是苟且之計，是違法的，即使偶然得手，也必然為企業埋下禍患，必然危及企業的長遠發展。精明而理性的企業財務主管通常會採取合法手段來減低稅負，亦即我們所說的避稅。那麼，什麼是合法避稅？避稅方法有那些？避什麼？

　　1. 節稅是合法的行為

　　節稅也稱稅收籌畫，在西方國家幾乎早已家喻戶曉，是納稅人在法律規定許可的範圍內，根據政府的稅收政策導向，透過對經營活動的事先籌畫與安排，進行納稅方案的優化選擇，以盡可能減輕稅收負擔，獲得正當的稅收利益。其特點在於合法性、籌畫性和目的性。此

外，在社會化大生產的歷史條件下，稅收籌畫還反映出綜合性和專業性的要求。

特別是 20 世紀 50 年代以來，稅收籌畫的專業化趨勢十分明顯。面對社會化大生產和日益擴大的國內國際市場以及錯綜複雜的各國稅制，許多企業都聘用稅務顧問、稅務律師、審計師、會計師、金融顧問等高級專門人才從事稅收籌畫活動，以節約稅金支出。同時，也有很多的會計師、律師和稅務師事務所紛紛開闢和發展有關稅收籌畫的諮詢業務，因而作為第三產業的稅務代理便應運而生。由此可見，節稅是一種合法的行為，從法律角度講，應予以保護。

2.合法避稅是經營者智慧的體現

避稅是企業在稅收法律法規許可的範圍內，透過對經營活動、財務活動的巧妙安排，以達到規避和減輕稅收負擔的管理活動。

(1)避稅是政策給的機會

作為企業的財務主管，您必須明白避稅必須發生在稅收法律法規許可的限度內，即是合法的。

因此，避稅具有合法性、靈活性又兼有一定的限制性。

(2)避稅是企業經營理性的選擇

企業之所以稱為企業，就是因為它是以營利為目的。所謂經營的理性也正是這種利益驅動性。沒有不想賺錢的企業，只要企業是在合法的前提下採取各種措施以達到盈利的目的，我們就必須承認該企業的行為是合理的。企業正是本著這一原則，靈活採用納稅方法來減輕稅負。

(3)避稅是企業競爭的需要

稅是一種費用，但財務主管不應只把它看成費用，它深刻影響著企業生產經營的許多方面：首先，作為一項費用，它直接減少了企業

的收入；其次，大部份稅包含在產品價格內(即價內稅)，因此它又影響了產品定價。

稅影響了產品定價，而產品價格又在相當大的程度上體現著企業在市場上的競爭力。因此，只有在遵守和擁護稅法的前提下，您合法的減輕了稅負，便可降低產品價格，提高競爭力，賺取更多的利潤。

(4)避稅是管理者的智慧

既要避稅，又要合法合理，這對任何一個企業的財務主管來說都不是一件容易的事。其實，要想避稅，您首先要懂稅。只有在充分研究稅收法律法規的基礎上，運用科學的方法和巧妙的手段進行經營管理，才能達到目的。

避稅是經營活動與財務活動的有機結合；

避稅是經營時間、地點、方式、手段的精心安排；

避稅是合法合理的會計方法的靈活運用。

簡而言之，避稅體現著上層決策者高超的智謀和優秀的管理水準。

3.建立正確的避稅觀

也許您會問了，我該怎樣建立正確的避稅觀呢？

瞭解稅法、掌握稅法，在依法納稅的前提下，正確理解避稅活動，在稅收政策允許範圍內獲取最佳稅負。

避稅不是根本目的，其根本目的在於促使管理者對管理決策進行更細緻的思考，進一步完善和提高經營管理水準。

最後，財務主管要注意：不要過分玩弄避稅技巧，不要惡意避稅，慎用避稅方法。

2 常見的避稅方法

1. 固定資產折舊避稅法

計提折舊是對公司固定資產予以補償的基本途徑，沒有折舊的提取，公司的簡單再生產和擴大再生產都不可能實現。折舊作為企業的一項經營費用或管理費用，其大小直接影響到企業各期的損益，進而影響企業當期應納所得稅額。

計提固定資產折舊的具體方法有很多，一般可歸納為以下三種：

⑴直線折舊法，也稱平均使用年限法，即按固定資產使用年限平均計算使用期內各年的折舊額。

⑵自然損耗折舊法，即根據固定資產自然磨損程度提取折舊，特點是：前期少提折舊，後期多提折舊。

⑶加速折舊法，即根據固定資產的有形與無形損耗和科技進步造成原有設備的貶值程度，以短於機器設備的實際使用年限的期間來計提折舊，全部折舊在固定資產使用壽命完結的若干年之前就已提完，其特點正好同自然損耗折舊法相反。

不同的折舊方式表現為在固定資產的使用年限內，計入各會計期的折舊額會有所差異。在自然損耗折舊法下，前期折舊少而後期折舊多，從而使企業前期利潤增大而後期利潤減少；在加速折舊法下，情況正與自然損耗折舊法相反。也就是說，折舊方式的不同選擇，影響到企業利潤在年度間是否均衡。

一般來講，加速折舊造成企業各年度利潤波動較大，自然損耗折

舊法次之,而直線折舊法則有利於各年度企業損益的相對均衡。

由此而知,如果企業所得稅適用累進稅率,從長期看,加速折舊法和自然損耗折舊法將會導致平均邊際稅率偏高,進而增加企業的稅收負擔,只有在直線法下企業稅負最輕。

在企業所得稅實行比例稅率的情況下,在固定資產使用期內,上述三種方法使折舊影響納稅金額的總數相同,因為不管利潤在何期實現,只要利潤額不變,其應負擔的所得稅額也就不變。但進一步的分析會發現,同直線法相比,加速折舊滯後了納稅期,在考慮時間價值的情況下,推遲納稅支出的時間可以得到遞延納稅的好處,而自然損耗折舊法則提前了納稅期,將遭受提前納稅的損失。在有利於避稅這一點上,折舊方式的選擇順序是加速折舊法、直線折舊法、自然損耗折舊法。

下面我們再結合幾個案例來具體分析一下折舊期限的長短對企業所得稅的影響。

(1)利用延長折舊年限而產生的時間差進行避稅。

例如 A 公司有一台機器設備,原價為 28000 元,殘值按原價的 10%估計,在一般情況下應該 5 年提完折舊,每年應提的折舊額為 5040 元,如果公司將折舊期延長為 7 年,則每年應提取折舊 3600 元,這樣在開始的 5 年中,每年將少提折舊 1440 元,5 年共計 7200 元;以後 2 年每年各提折舊 3600 元,也是共計 7200 元。前 5 年少提折舊數與後 2 年多提折舊數正好相抵,並不影響公司 7 年的利潤總額,企業也未因此而多交或少交所得稅。只是由於前 5 年少提折舊多算了利潤,從而將後 2 年應繳納的所得稅提前在前 5 年繳納了。

此種情況對享受所得稅優惠待遇的企業來說,則會有所不同。假定公司設備開始提取折舊年度與公司開始獲利年度一致,前 2 年免交

所得稅，後3年減半徵收，則各年應交所得稅額計算如下（見表15-1）：

表 15-1　享受稅收優惠待遇企業
採用不同折舊年限所產生的所得稅差異

單位：元

年度	應提折舊	實提折舊	多計或少計利潤	多交或少交所得稅
1	5040	3600	+1440	0
2	5040	3600	+1440	0
3	5040	3600	+1440	+237.6
4	5040	3600	+1440	+237.6
5	5040	3600	+1440	+237.6
6	0	3600	−3600	−1188
7	0	3600	−3600	−1188
合計	25200	25200	0	−1663.2

可見，折舊期的延長使公司少交所得稅1663.2元，公司可以利用延長折舊期引起的時間差減輕稅負。由於稅法對此並未加以限定，這種減輕納稅義務的行為應該是合理、合法的。延長的折舊期越長，避稅額也就越大。

(2)利用縮短折舊年限而產生的時間差進行避稅

縮短固定資產的折舊年限，進行加速折舊是公司減輕稅負的常用方法。如某公司有一輛價值60000元的貨車，殘值按原價的10%估算，按照稅法規定，折舊期限為5年，每年應提的折舊額為10800元。現在公司將折舊期限縮短為3年，每年提取折舊18000元。這樣在開始的3年每年多提折舊7200元，3年共計21600元；以後兩年每年少

提折舊 10800 元，2 年也是共計 21600 元。總的來看，前 3 年多提折舊數與後 2 年少提折舊數正好相抵，並不影響 5 年的利潤總額，因而不影響公司應交的所得稅總額。但由於前 3 年少算了利潤，後 2 年多算了利潤，以致將前 3 年應交的所得稅推遲到後 2 年去補交，得到了遞延納稅的好處。

2.存貨計價避稅法

存貨是一個企業為了銷售或製造產品而儲存的一切商品或貨物。在某一特定會計期間，對於相同項目的存貨，其期初存貨和本期內各次購進、生產的單位成本(或稱單價)是不同的。要確定存貨發生後的存貨成本的發生額和結餘額，應按一定的方法進行計算，透過確定銷貨成本，進而正確確定企業的淨收益。

實際工作中，期末存貨的計價方法可以概括為兩大類：一是以實際存貨流轉為基礎的實際成本計價法；一是以假設的存貨流轉為基礎的假設成本計價法。前者主要是指分批確認法，後者按假定的存貨收發次序計算存貨成本，主要包括先進先出法、後進先出法、平均成本法。此外，存貨期末計價還要求採用成本與市價孰低法，計提存貨跌價準備。

下面讓我們針對材料價格變動的條件下，材料成本採用不同的假設成本計價法對企業利潤和所得稅的影響進行實例分析。

[例] C 公司 1998 年購進材料情況如表 15-2 所示。

表 15-2　C 公司進貨數量價格表

項目批次	數量(公斤)	單價(元)	總價(元)
1	13000	15	195000
2	6000	22	132000
3	19000	21	399000
4	12000	20	240000
5	13000	22	286000

1998 年，C 公司生產產品 1 萬件，並全部售出，單位產品市場售價為 40 元，單位產品生產耗用材料 1 公斤、其他費用開支 10 元，該企業所得稅稅率為 33%。

採用不同的材料計價方式，C 公司該年度銷售產品的材料成本、銷售收入、稅前利潤、應納所得額分別如下：

(1)採用先進先出法

材料成本＝$15 \times 10000 = 150000$(元)

銷售成本＝$150000 + 10000 \times 10$

　　　　＝250000(元)

銷售收入＝$10000 \times 40 = 400000$(元)

稅前利潤＝$400000 - 250000 = 150000$(元)

應納稅額＝$150000 \times 33\% = 49500$(元)

(2)採用後進先出法

材料成本＝$10000 \times 22 = 220000$(元)

銷售成本＝$220000 + 100000 = 320000$(元)

銷售收入＝$10000 \times 40 = 400000$(元)

稅前利潤＝400000－320000＝80000（元）

應納稅額＝80000×33%＝26400（元）

(3)採用加權平均法

單位材料成本

＝(13000×15+6000×22+19000×21+12000×20+13000×22)

÷(13000+6000+19000+12000+13000)＝19.87（元）

材料成本＝10000×19.87＝198700（元）

銷售成本＝198700+100000＝298700（元）

銷售收入＝10000×40＝400000（元）

稅前利潤＝400000－298700＝101300（元）

應納稅額＝101300×33%＝33429（元）

從以上實例可以看出，企業採用不同的存貨計價方式，其應納所得稅額也有所不同。採用先進先出法，企業所得稅負擔最重，加權平均法次之，後進先出法最輕。這是因為，在通貨膨脹環境中，後入庫的存貨的取得成本高於先入庫存貨。後進先出法下，發出存貨的成本高於按先進先出法發出存貨的成本，從而增大了商品銷售成本，進而減少了當期收益和應交所得稅。先進先出法則正好與之相反，加權平均法對應交所得稅的影響則介於上述二者之間。可見，在通貨膨脹條件下，採用後進先出法對存貨計價有利於減輕企業所得稅負擔。

3.轉讓定價避稅法

轉讓定價又稱轉讓價格，是指關聯公司間轉讓產品、半成品、原材料或互相提供服務、專有權利、秘密配方、資金信貸等活動所確定的企業集團內部價格。

聯屬公司間的定價掩蓋了價格、成本、利潤間的正常關係，反映在母公司能夠用低於成本的價格將商品銷往位於低稅區的子公司，或

者高於市場價格從子公司購進商品，這樣做的結果，使母公司的價格狀況出現一種不真實的反映，似乎母公司的經營管理不善，減少了利潤或甚至是出現了虧損。而位於低稅區的子公司，卻僅僅因為商品進價低等原因而出現良好的財務狀況。

生產經營者在激烈的競爭中，為了獲取最大限度的利潤，滿足其專業分工和協作的要求，通常在一個地方設立總部，在另外幾個地方設立分支機構或子公司。聯屬企業轉讓定價的基本特徵是，它受生產經營者總部的利益分配，脫離市場一般供求關係的約束，對商品和勞務的內部交易往來採取了與獨立公司之間的正常交易價格不同的計價標準，這樣就有可能造成收入與費用的跨越地區、國界的不正常分配，導致了聯屬企業的各個利潤中心帳冊上所反映的「會計所得」與按照各個所在國法律計算出來的「計稅所得」嚴重偏離。

轉讓定價避稅的主要方式有以下幾種：

⑴關聯公司企業間商品交易採取壓低定價的策略，使企業應納的稅變為利潤而轉移，實現避稅。

如某橡膠公司是執行高稅率產品稅公司，為減輕產品稅負，將自製半成品以低價賣給了執行較低產品稅的聯營公司，雖然減少了本以司的銷售收入和產品稅，但是卻使聯營廠多得了利潤，公司從中反而多得了聯營利潤，從而實現了減輕稅負的目的。

⑵關聯公司間商品交換採取抬高定價的策略，轉移收入，實現避稅。

有些實行高稅率所得稅的公司，在向其低稅負的關聯公司購進產品時，有意抬高進貨價，將利潤轉移給關聯公司，這樣就可以降低所得稅負。然後，從低稅負的關聯公司多留的公司留利中獲取不當利益。

⑶關聯公司間採取無償借款或支付預付款的方式，轉移利息負

擔，以實現避稅目的。

有些資金比較寬裕或貸款來源較多的公司，由於其稅負相對較重，往往採用無償借款或支付預付款的方式給其關聯公司使用，這樣，這部份資金所支付的利息全部由提供資金的公司負擔，增加了成本，減少了所得稅負。

還有的企業將產品轉讓給廠辦公司經營，而長期不結算，利息卻由提供產品的公司負擔，減少了利潤，增加了集體積累留利。

⑷關聯公司間勞務提供採取不計收報酬或不按常規計收報酬的方式，轉移收入避稅。

如某些公司在向其關聯企業提供銷售、管理、行政或其他勞務時，不按常規計收報酬，採取不收或少收，或者是多收的策略相互轉移收入進行避稅。當對那一方有利時就向那一方轉移。當前尤為突出的是某些國有企業的富餘人員大量從事廠辦經濟實體或第三產業，但薪資報酬仍由原公司支付，減輕了原公司所得稅負，增加了新辦公司的利潤。

⑸關聯公司間透過有形資產的轉讓或使用，採用不合常規的價格轉移利潤進行避銳。

有些公司(特別是大中型企業)將更新閒置的固定資產以不合常規的低價銷售或處理給某些關聯公司，其損失部份由公司成本負擔，減輕了所得稅負。有的企業在租賃關聯企業有形資產時，以不合常規的高價支付，將高額利潤轉給了關聯公司然後從中再獲取個人和小集體的利益。

⑹關聯公司間透過無形資產的轉移和使用，採用不計報酬或不合常規價格轉移收入，實現避稅。

有些企業將本企業的生產配方、生產技術、商標和特許權無償或

低價提供給一些有關聯關係的鄉鎮企業,其報酬不透過技術轉讓收入核算,而是從對方的留利中獲取好處,可減少了稅收。

4.稅利的分配次序問題與避稅

稅利的分配次序,簡單而言,就是先稅後利、還是先利後稅。具體來說,是指企業的收入減去成本後的餘額,是先按公司的毛利繳納所得稅後,再分配給其他各個投資者,還是先分配給各個投資者,然後由他們分別繳納稅款。先稅後利和先利後稅所導致的結果在實踐中有很大區別。

第一,從稅收負擔上看,在適用累進稅率的情況下,若是先繳稅後分利潤,則由於所得額大而適用較高的稅率,從而使稅收負擔很重。而先分利潤然後分別繳稅,則由於各個投資者分到的利潤數額相對較小,適用較低的稅率,從而使整體稅負較輕。

某公司某年獲得利潤 1200 萬元,其中該公司是由三方共同投資興辦的,三方均衡投資,平均分配利潤,

適用的稅率為五級超額累進稅制(見表 15-3):

表 15-3　公司所得稅稅率表

級距	所得	適用稅率
1	不超過 100 萬元	10%
2	超過 100 萬元至 200 萬元	20%
3	超過 200 萬元至 300 萬元	30%
4	超過 300 萬元至 500 萬元	40%
5	500 萬元以上	50%

現比較兩種情況下的稅負情況:

(1)先稅後利。1200 萬元的應稅所得應承擔的稅款:

$100×10\%+(200-100)×20\%+(300-200)×30\%$

$+(500-300)×40\%+(1200-500)×50\%$

$=490(萬元)$

當年投資者實得利潤：

$(1200-490)÷3=236.7(萬元)$

⑵採用先利後稅。1200 萬元平均分配給每一個投資者，每一個投資者根據自己所得利潤的多少，向稅務當局申報納稅，每一個投資者獲得利潤為 400 萬元。

400 萬元與適用稅率及應納稅額：

$100×10\%+(200 - 100)×20\%+(300 - 200)×30\%+(400 - 300)×40\%=100(萬元)$

在這種情況下，各投資者所交稅額的合計數為：

$100×3=300(萬元)$

每個投資者實得利潤為：$400-100=300(萬元)$

透過上述兩種情況的比較，我們可以看出，採用先利後稅和先稅後利，其稅負是不同的，投資者實得的利潤也不一樣。

第二，從法律地位上看，一般是先徵稅後分利，等於將該企業視同一個法人對待；而先分利後納稅，則該企業不被視同一個法人實體，不具有獨立的法人地位。

在稅利分配的次序上，各國往往都形成了一定的慣例，可供參考：

⑴對若干投資者共同組成的經濟實體，若其在組建時採用股份有限公司的形式，則可採取先徵稅後分利潤的處理辦法，因為，各國在法律上均把股份有限公司和其投資者(股東)區別開來，他們之間不屬同一法律實體，因而可以對公司的毛利潤先徵收一道公司稅，然後

在分配股息後，按股東的不同情況採用不同的徵稅辦法。

(2)對若干投資者共同組成的非法人實體中具有合夥性質的各類企業，則可採取先分利潤後徵稅的辦法。這是因為，法律均不把合夥企業作為具有獨立法人地位的實體對待，從而可以先分利潤，然後由各合夥人就分得的利潤分別納稅。

5.利用稅收優惠進行避稅

減免稅中政策性減免和困難性減免極易被用來進行避稅。

(1)利用政策性減免進行避稅。目前，在消費稅、增值稅、營業稅、所得稅(各種類型或經濟性質)等幾個主要稅種的文件和實施細則中，制定了近百項減免稅優惠，以適應企業在生產經營中複雜多變形勢的需要，體現產業政策和稅收導向。政策性減免稅就是在這種情況下產生的。如新辦企業減免條款、福利企業減免條款以及校辦企業減免條款等。由於上述優惠條款有很多，加上稅收立法經驗不足、執法不嚴，造成稅收徵管上的漏洞很多，這就為企業靈活避稅提供了很大的空間。

(2)利用困難性減免稅進行避稅。為了追逐更大的利益、減輕稅收負擔，一些企業採取「虛虧實盈」的策略，利用困難性減免定性不準的空子，以達到享有困難性稅收減免的目的。還有一些企業(特別是聯營企業或企業集團)透過轉移經營業務給關聯企業的手法，轉移收入和利潤，造成本企業微利或虧損。然後透過困難性減免達到避稅的目的。甚至透過併購虧損企業抵減利潤，造成微利以避稅。

6.利用公司的組建、分拆、嫁接、併購、合併進行避稅

有些老公司將盈利較高的工廠新組建成具有法人資格的公司，或嫁接成三資企業，利用政府對新建公司和三資企業的稅收優惠，實現

避稅。還有的公司透過併購、合併虧損企業,減少稅基,擴大企業自有財產。另外,還有的企業將自己盈利大的產品讓給其關聯企業經營,減少本廠利潤,增加關聯企業的企業留利。

例如,利用新辦企業的優惠政策進行避稅。某企業是經營體育用品的企業,始創於 1990 年,1991 年至 1992 年度出現虧損,1993 年開始盈利,1993 至 1994 年度共獲利 130 萬多元。

1995 年起開始執行減半徵收所得稅,該企業 1994 年又報經批准成立了××有限公司,除經營範圍中增加了加工改制外,其他的經營項目,中外方所佔的股份均與原有企業的情況完全相同,同時從老企業轉入固定資產的價值達 100 萬元,新建公司 1995 年 7 月正式開業運營,7~12 月份創產值達 335.6 萬元,銷售收入為 178.6 萬元,獲利潤 31.46 萬元,按規定享受免稅待遇,而同時原有的企業 1~8 月份雖有產值和銷售收入,但無利潤,9~12 月份停止生產,全年無利潤,不用交納所得稅。

7.利用貸款節稅

該方法就是利用提高利息支付,減少公司利潤,抵消所得稅稅額。特別是在銀行商業化以後,銀行也會處於同樣的目的,與公司達成某種協議,由銀行提高貸款利率,增大公司利息支出,同時銀行再以其他形式將獲得的高額利息返還給公司一部份或以更方便的形式為公司提供經濟擔保、貸款及其他金融服務,如及時辦理結算,縮短結算時間;滿足公司現金需要;辦理商業匯票貼現等。

8.利用公司間資金拆借節稅

該方法是利用拆借資金在利息計算方面和回收期限方面的較大彈性,提高利息支付,減少公司利潤,抵消納稅金額。在稅收法規中已經明確,向社會和公司間拆借資金的利息,如果高於銀行同期借款

利息不得在稅前列支。所以公司為了達到避稅,只能擴大拆借資金的計息基數,或者延長拆借資金的計算期限,相對降低資金利息,使稅後列支的利息轉化為稅前列支。

9.利用集資節稅

這種方法是利用發行公司債券的方式,提高債券的券面利息率,減少計稅利潤。稅法明確規定,公司發行的債券利息率不得高於銀行同期居民儲蓄定期存款的 40%,但實際利息率水準往往高於銀行同期借款利息率水準。因為銀行借款利息率主要受資金市場供求關係的影響和借貸資金數量的限制,處於居民同期存款利息率和社會生產單位平均利潤率之間。

另外透過向公司員工發放債券利息,增加了公司對員工的轉移支付,既不受計稅薪資標準的限制,使員工得到實惠,又可在稅前列支,減輕公司所得稅負擔。

心得欄 ------------------------------

臺灣的核心競爭力，就在這裏！

圖 書 出 版 目 錄

下列圖書是由臺灣的憲業企管顧問(集團)公司所出版，自 1993 年秉持專業立場，特別注重實務應用，50 餘位顧問師為企業界提供最專業的經營管理類圖書。

選購企管書，敬請認明品牌：**憲 業 企 管 公 司**。

1. 傳播書香社會，直接向本出版社購買，一律 9 折優惠，郵遞費用由本公司負擔。服務電話 (02) 27622241　(03) 9310960　　傳真 (03) 9310961
2. 付款方式：請將書款轉帳到我公司下列的銀行帳戶。
   - 銀行名稱：合作金庫銀行（敦南分行）　帳號：**5034-717-347447**
   公司名稱：憲業企管顧問有限公司
   - 郵局劃撥號碼：**18410591**　郵局劃撥戶名：憲業企管顧問公司

3. 圖書出版資料每週隨時更新，請見網站 www.bookstore99.com

275	主管如何激勵部屬	360 元
276	輕鬆擁有幽默口才	360 元
277	各部門年度計劃工作（增訂二版）	360 元
278	面試主考官工作實務	360 元
279	總經理重點工作（增訂二版）	360 元
282	如何提高市場佔有率（增訂二版）	360 元
283	財務部流程規範化管理（增訂二版）	360 元
284	時間管理手冊	360 元
285	人事經理操作手冊（增訂二版）	360 元
286	贏得競爭優勢的模仿戰略	360 元
287	電話推銷培訓教材（增訂三版）	360 元
288	贏在細節管理（增訂二版）	360 元
289	企業識別系統 CIS（增訂二版）	360 元
290	部門主管手冊（增訂五版）	360 元
291	財務查帳技巧（增訂二版）	360 元
292	商業簡報技巧	360 元
293	業務員疑難雜症與對策（增訂二版）	360 元
294	內部控制規範手冊	360 元
295	哈佛領導力課程	360 元
296	如何診斷企業財務狀況	360 元
297	營業部轄區管理規範工具書	360 元
298	售後服務手冊	360 元
299	業績倍增的銷售技巧	400 元
300	行政部流程規範化管理（增訂二版）	400 元
301	如何撰寫商業計畫書	400 元
302	行銷部流程規範化管理（增訂二版）	400 元
303	人力資源部流程規範化管理（增訂四版）	420 元
304	生產部流程規範化管理（增訂二版）	400 元
305	績效考核手冊（增訂二版）	400 元
306	經銷商管理手冊（增訂四版）	420 元

307	招聘作業規範手冊	420 元
308	喬・吉拉德銷售智慧	400 元
309	商品鋪貨規範工具書	400 元
310	企業併購案例精華（增訂二版）	420 元
311	客戶抱怨手冊	400 元
312	如何撰寫職位說明書（增訂二版）	400 元
313	總務部門重點工作（增訂三版）	400 元
314	客戶拒絕就是銷售成功的開始	400 元
315	如何選人、育人、用人、留人、辭人	400 元
316	危機管理案例精華	400 元
317	節約的都是利潤	400 元
318	企業盈利模式	400 元
319	應收帳款的管理與催收	420 元
320	總經理手冊	420 元
321	新產品銷售一定成功	420 元
322	銷售獎勵辦法	420 元
323	財務主管工作手冊	420 元

《商店叢書》

18	店員推銷技巧	360 元
30	特許連鎖業經營技巧	360 元
35	商店標準操作流程	360 元
36	商店導購口才專業培訓	360 元
37	速食店操作手冊〈增訂二版〉	360 元
38	網路商店創業手冊〈增訂二版〉	360 元
40	商店診斷實務	360 元
41	店鋪商品管理手冊	360 元
42	店員操作手冊（增訂三版）	360 元
43	如何撰寫連鎖業營運手冊〈增訂二版〉	360 元
44	店長如何提升業績〈增訂二版〉	360 元
45	向肯德基學習連鎖經營〈增訂二版〉	360 元
47	賣場如何經營會員制俱樂部	360 元
48	賣場銷量神奇交叉分析	360 元

49	商場促銷法寶	360 元
53	餐飲業工作規範	360 元
54	有效的店員銷售技巧	360 元
55	如何開創連鎖體系〈增訂三版〉	360 元
56	開一家穩賺不賠的網路商店	360 元
57	連鎖業開店複製流程	360 元
58	商鋪業績提升技巧	360 元
59	店員工作規範（增訂二版）	400 元
60	連鎖業加盟合約	400 元
61	架設強大的連鎖總部	400 元
62	餐飲業經營技巧	400 元
63	連鎖店操作手冊（增訂五版）	420 元
64	賣場管理督導手冊	420 元
65	連鎖店督導師手冊（增訂二版）	420 元
66	店長操作手冊（增訂六版）	420 元
67	店長數據化管理技巧	420 元
68	開店創業手冊〈增訂四版〉	420 元
69	連鎖業商品開發與物流配送	420 元
70	連鎖業加盟招商與培訓作法	420 元

《工廠叢書》

15	工廠設備維護手冊	380 元
16	品管圈活動指南	380 元
17	品管圈推動實務	380 元
20	如何推動提案制度	380 元
24	六西格瑪管理手冊	380 元
30	生產績效診斷與評估	380 元
32	如何藉助 IE 提升業績	380 元
35	目視管理案例大全	380 元
38	目視管理操作技巧(增訂二版)	380 元
46	降低生產成本	380 元
47	物流配送績效管理	380 元
51	透視流程改善技巧	380 元
55	企業標準化的創建與推動	380 元
56	精細化生產管理	380 元
57	品質管制手法〈增訂二版〉	380 元
58	如何改善生產績效〈增訂二版〉	380 元
68	打造一流的生產作業廠區	380 元

70	如何控制不良品〈增訂二版〉	380 元
71	全面消除生產浪費	380 元
72	現場工程改善應用手冊	380 元
75	生產計劃的規劃與執行	380 元
77	確保新產品開發成功（增訂四版）	380 元
79	6S 管理運作技巧	380 元
80	工廠管理標準作業流程〈增訂二版〉	380 元
83	品管部經理操作規範〈增訂二版〉	380 元
84	供應商管理手冊	380 元
85	採購管理工作細則〈增訂二版〉	380 元
87	物料管理控制實務〈增訂二版〉	380 元
88	豐田現場管理技巧	380 元
89	生產現場管理實戰案例〈增訂三版〉	380 元
90	如何推動 5S 管理（增訂五版）	420 元
92	生產主管操作手冊(增訂五版)	420 元
93	機器設備維護管理工具書	420 元
94	如何解決工廠問題	420 元
95	採購談判與議價技巧〈增訂二版〉	420 元
96	生產訂單運作方式與變更管理	420 元
97	商品管理流程控制(增訂四版)	420 元
98	採購管理實務〈增訂六版〉	420 元
99	如何管理倉庫〈增訂八版〉	420 元
100	部門績效考核的量化管理（增訂六版）	420 元
101	如何預防採購舞弊	420 元

《醫學保健叢書》

1	9 週加強免疫能力	320 元
3	如何克服失眠	320 元
4	美麗肌膚有妙方	320 元
5	減肥瘦身一定成功	360 元
6	輕鬆懷孕手冊	360 元
7	育兒保健手冊	360 元
8	輕鬆坐月子	360 元

11	排毒養生方法	360 元
13	排除體內毒素	360 元
14	排除便秘困擾	360 元
15	維生素保健全書	360 元
16	腎臟病患者的治療與保健	360 元
17	肝病患者的治療與保健	360 元
18	糖尿病患者的治療與保健	360 元
19	高血壓患者的治療與保健	360 元
22	給老爸老媽的保健全書	360 元
23	如何降低高血壓	360 元
24	如何治療糖尿病	360 元
25	如何降低膽固醇	360 元
26	人體器官使用說明書	360 元
27	這樣喝水最健康	360 元
28	輕鬆排毒方法	360 元
29	中醫養生手冊	360 元
30	孕婦手冊	360 元
31	育兒手冊	360 元
32	幾千年的中醫養生方法	360 元
34	糖尿病治療全書	360 元
35	活到 120 歲的飲食方法	360 元
36	7 天克服便秘	360 元
37	為長壽做準備	360 元
39	拒絕三高有方法	360 元
40	一定要懷孕	360 元
41	提高免疫力可抵抗癌症	360 元
42	生男生女有技巧〈增訂三版〉	360 元

《培訓叢書》

11	培訓師的現場培訓技巧	360 元
12	培訓師的演講技巧	360 元
15	戶外培訓活動實施技巧	360 元
17	針對部門主管的培訓遊戲	360 元
20	銷售部門培訓遊戲	360 元
21	培訓部門經理操作手冊（增訂三版）	360 元
23	培訓部門流程規範化管理	360 元
24	領導技巧培訓遊戲	360 元
26	提升服務品質培訓遊戲	360 元
27	執行能力培訓遊戲	360 元
28	企業如何培訓內部講師	360 元

29	培訓師手冊（增訂五版）	420 元
30	團隊合作培訓遊戲(增訂三版)	420 元
31	激勵員工培訓遊戲	420 元
32	企業培訓活動的破冰遊戲（增訂二版）	420 元
33	解決問題能力培訓遊戲	420 元
34	情緒管理培訓遊戲	420 元
35	企業培訓遊戲大全(增訂四版)	420 元

《傳銷叢書》

4	傳銷致富	360 元
5	傳銷培訓課程	360 元
10	頂尖傳銷術	360 元
12	現在輪到你成功	350 元
13	鑽石傳銷商培訓手冊	350 元
14	傳銷皇帝的激勵技巧	360 元
15	傳銷皇帝的溝通技巧	360 元
19	傳銷分享會運作範例	360 元
20	傳銷成功技巧（增訂五版）	400 元
21	傳銷領袖（增訂二版）	400 元
22	傳銷話術	400 元
23	如何傳銷邀約	400 元

《幼兒培育叢書》

1	如何培育傑出子女	360 元
2	培育財富子女	360 元
3	如何激發孩子的學習潛能	360 元
4	鼓勵孩子	360 元
5	別溺愛孩子	360 元
6	孩子考第一名	360 元
7	父母要如何與孩子溝通	360 元
8	父母要如何培養孩子的好習慣	360 元
9	父母要如何激發孩子學習潛能	360 元
10	如何讓孩子變得堅強自信	360 元

《成功叢書》

1	猶太富翁經商智慧	360 元
2	致富鑽石法則	360 元
3	發現財富密碼	360 元

《企業傳記叢書》

1	零售巨人沃爾瑪	360 元
2	大型企業失敗啟示錄	360 元
3	企業併購始祖洛克菲勒	360 元

4	透視戴爾經營技巧	360 元
5	亞馬遜網路書店傳奇	360 元
6	動物智慧的企業競爭啟示	320 元
7	CEO 拯救企業	360 元
8	世界首富 宜家王國	360 元
9	航空巨人波音傳奇	360 元
10	傳媒併購大亨	360 元

《智慧叢書》

1	禪的智慧	360 元
2	生活禪	360 元
3	易經的智慧	360 元
4	禪的管理大智慧	360 元
5	改變命運的人生智慧	360 元
6	如何吸取中庸智慧	360 元
7	如何吸取老子智慧	360 元
8	如何吸取易經智慧	360 元
9	經濟大崩潰	360 元
10	有趣的生活經濟學	360 元
11	低調才是大智慧	360 元

《DIY 叢書》

1	居家節約竅門 DIY	360 元
2	愛護汽車 DIY	360 元
3	現代居家風水 DIY	360 元
4	居家收納整理 DIY	360 元
5	廚房竅門 DIY	360 元
6	家庭裝修 DIY	360 元
7	省油大作戰	360 元

《財務管理叢書》

1	如何編制部門年度預算	360 元
2	財務查帳技巧	360 元
3	財務經理手冊	360 元
4	財務診斷技巧	360 元
5	內部控制實務	360 元
6	財務管理制度化	360 元
8	財務部流程規範化管理	360 元
9	如何推動利潤中心制度	360 元

為方便讀者選購，本公司將一部分上述圖書又加以專門分類如下：

《主管叢書》

1	部門主管手冊（增訂五版）	360 元

2	總經理手冊	420 元
4	生產主管操作手冊（增訂五版）	420 元
5	店長操作手冊（增訂六版）	420 元
6	財務經理手冊	360 元
7	人事經理操作手冊	360 元
8	行銷總監工作指引	360 元
9	行銷總監實戰案例	360 元

《總經理叢書》

1	總經理如何經營公司(增訂二版)	360 元
2	總經理如何管理公司	360 元
3	總經理如何領導成功團隊	360 元
4	總經理如何熟悉財務控制	360 元
5	總經理如何靈活調動資金	360 元
6	總經理手冊	420 元

《人事管理叢書》

1	人事經理操作手冊	360 元
2	員工招聘操作手冊	360 元
3	員工招聘性向測試方法	360 元
5	總務部門重點工作	360 元
6	如何識別人才	360 元
7	如何處理員工離職問題	360 元
8	人力資源部流程規範化管理（增訂四版）	420 元
9	面試主考官工作實務	360 元
10	主管如何激勵部屬	360 元
11	主管必備的授權技巧	360 元
12	部門主管手冊（增訂五版）	360 元

《理財叢書》

1	巴菲特股票投資忠告	360 元
2	受益一生的投資理財	360 元
3	終身理財計劃	360 元
4	如何投資黃金	360 元
5	巴菲特投資必贏技巧	360 元
6	投資基金賺錢方法	360 元
7	索羅斯的基金投資必贏忠告	360 元
8	巴菲特為何投資比亞迪	360 元

《網路行銷叢書》

1	網路商店創業手冊〈增訂二版〉	360 元

2	網路商店管理手冊	360 元
3	網路行銷技巧	360 元
4	商業網站成功密碼	360 元
5	電子郵件成功技巧	360 元
6	搜索引擎行銷	360 元

1	企業經營計劃〈增訂二版〉	360 元
2	各部門年度計劃工作	360 元
3	各部門編制預算工作	360 元
4	經營分析	360 元
5	企業戰略執行手冊	360 元

《企業計劃叢書》

請保留此圖書目錄：

　　未來在長遠的工作上，此圖書目錄

可能會對您有幫助！！

在海外出差的⋯⋯⋯⋯
臺 灣 上 班 族

愈來愈多的台灣上班族，到海外工作(或海外出差)，對工作的努力與敬業，是台灣上班族的核心競爭力；一個明顯的例子，返台休假期間，台灣上班族都會抽空再買書，設法充實自身專業能力。

[憲業企管顧問公司]以專業立場，為企業界提供專業咨詢，並提供最專業的各種經營管理類圖書。

85%的台灣上班族都曾經有過購買(或閱讀)[憲業企管顧問公司]所出版的各種企管圖書。

建議你：工作之餘要多看書，加強競爭力。

建立企業圖書館

當 市 場 競 爭 激 烈 時：

培訓員工，強化員工競爭力
是企業最佳對策

「人才」是企業最大的財富。如何提升人才，是企業永續經營、戰勝對手的核心競爭力。積極培訓公司內部員工，是經濟不景氣時期的最佳戰略，而最快速的具體作法，就是「建立企業內部圖書館，鼓勵員工多閱讀、多進修專業書籍」

建 議 您： 請 一 次 購 足 本 公 司 所 出 版 各 種 經 營 管 理 類 圖 書， 作 為 貴 公 司 內 部 員 工 培 訓 圖 書。 使用率高的（例如「贏在細節管理」），準備 3 本；使用率低的（例如「工廠設備維護手冊」），只買 1 本。

經營顧問叢書 �323　　　　　　售價：420 元

財務主管工作手冊

西元二〇一六年十二月　　　　　　　　初版一刷

編輯指導：黃憲仁

編著：李健利

策劃：麥可國際出版有限公司（新加坡）

編輯：蕭玲

校對：劉飛娟

發行人：黃憲仁

發行所：憲業企管顧問有限公司

電話：（02）2762-2241　　（03）9310960　　0930872873

電子郵件聯絡信箱：huang2838@yahoo.com.tw

銀行 ATM 轉帳：合作金庫銀行　　帳號：5034-717-347447

郵政劃撥：18410591　　憲業企管顧問有限公司

江祖平律師顧問：紙品書、數位書著作權與版權均歸本公司所有

登記證：行政業新聞局版台業字第 6380 號

本公司徵求海外版權出版代理商（0930872873）

本圖書是由憲業企管顧問（集團）公司所出版，以專業立場，為企業界提供最專業的各種經營管理類圖書。

圖書編號 ISBN：978-986-369-052-8